マデレーン・オルブライト
ビル・ウッドワード

ファシズム

警告の書

白川貴子・高取芳彦 訳

みすず書房

FASCISM

A Warning

by

Madeleine Albright

First published by HarperCollins Publishers, 2018

Japanese translation rights arranged with
Harper, an imprint of HarperCollins Publishers through
Japan UNI Agency, Inc., Tokyo

ファシズムの犠牲になった昔と今の人たちへ
そして他者とみずからの内にあるファシズムと闘っているすべての人たちへ

どの時代にも独自のファシズムがある。

——プリーモ・ミケーレ・レーヴィ

〔アウシュヴィッツ強制収容所から生還したイタリアの化学者・作家〕

ファシズム　警告の書　目次

凡例

一、本書は Madeleine Albright, *Fascism: A Warning*, New York: Harper 2018の全訳である。
一、文中の（ ）は原著者による。訳者による補足は〔 〕で示した。
一、年月日や人名など、原書で明らかに誤っている箇所は訂正した。
一、翻訳は献辞から第10章までを白川、第11章から謝辞までを高取が担当し、文体や表記の統一はみすず書房編集部で行った。

ペーパーバック版まえがき

私はいま、バージニア州とウェストバージニア州の境界に近い自分の農場にいる。今朝は目を覚ましてからコーヒーを淹れ、上着を着て牛におはようの挨拶をしにいった。牛たちは「モー」の大合唱で応えてくれた。彼らのおしゃべりが尽きたので、家に戻り、深呼吸をし、テレビのスイッチを入れて、こうしてこの原稿に向かっている。

デスクトップパソコンのカレンダーは、二〇一八年一二月を示している。先月は何千万人ものアメリカ人のひとりとして、投票に足を運び、民主主義独特の儀式に加わってきた。この中間選挙の投票は、大統領当人をはじめ多くの人々に、ドナルド・トランプの指導力が問われる国民投票になると言われてきた。結果は決定的なものではなかったが、私にとっては励みになった。共和党は予想された通りに上院での過半数を獲得したのだが、民主党も下院の主導権を取り戻すことができたのだ。次の大きな選挙に向けての運動は、すでに始まっている。選挙戦が明るいものになるように願っている。しかしそれについては不安もあるのが、正直な気持ちである。

『ファシズム――警告の書』と題された本書は、私たちの多くにとって当惑の年となった二〇一六年が残していったものから生まれてきた本である。二〇一六年には最初にイギリスが、欧州連合と新たな関係を築き直すという偽りの約束によって、ブレグジット（EU離脱）におびき寄せられた。そうすることで責任を回避し、自分たちの権利を守れると考えたからだった。そして一一月には、選挙戦の最初から最後まで従来の政治的常識を（それも衆人の見守る中で）ことごとく破ったドナルド・トランプが、アメリカの選挙人団による過半数の票を獲得した。そんなことが起こり得るのを信じることができた人はほとんどいなかったのだが、実際にそうなったのだ。

私は世界中の民主主義国が直面している試練や罠について本を書くことを、二〇一六年の投票以前から決めていた。私の当初の考えは、ヒラリー・クリントンの最初の任期において、自由な政府への支持を外交政策の優先事項とすることだった。選挙後の政治的な混乱によってこの課題に緊急性が加わることになり、さらにはなりふり構わず突進するトランプのアプローチに対しても、焦点をあてることにした。過去には、アメリカ政府は民主的な制度と価値観に立脚するであろうと考えることができたのだが、トランプはそうせずにアメリカの同盟国、独立系報道機関、連邦検察官、移民の家族、そして物事は事実が大切であるとする考え方——子供たちに対して幼いうちから強調されること——を、全力で攻撃したのだ。

その結果としてこの本が誕生し、二〇一八年四月にハードカバーで出版された。その中で書いた不安については、すぐに誇張であったのが明らかになるのを、私は期待していたのである。残念なことに、その期待はかなわなかった。

本書を執筆してから現在までの間に、ロシア、ハンガリー、エジプト、ベネズエラ、トルコ、アゼルバイジャン、カンボジアで、独裁的な政治家が再選を果たした。どの国においても、競争の天秤は大きく現職政治家の方に傾いていた。行われたのは公正な選挙ではなかったのだ。ブラジルでは、汚職、犯罪、景気後退に耐えかねた有権者が、環境政策推進の完全撤退を基本政策の一部として迅速な解決を約束する、あからさまな女性蔑視の右翼候補に目を向けた。欧州その他の地域では極端な国家主義運動が、議論の様相を変え、議会に入り込み、権力の大きい方のかけらを奪い取って、城壁に攻め寄せつづけている。イタリアの新指導者たちは、屈服せずに地域の規範を退ける姿勢を自賛しており、シリアでは残忍な指導者のバッシャール・アル＝アサドが、アメリカ大統領から退陣を要求されて七年が経った今もなお、支配力を誇示している。中東でも、イスタンブールのサウジアラビア領事館で報道記者が冷酷に殺害され、四肢を切断された衝撃的な事件などのために、亀裂が広がっている。世界中の難民キャンプには、ナチスが降伏してからほぼ四分の三世紀の間に収容された人数を超える数の難民が身を寄せ合っている。アメリカもまた、現代の他のどの時代よりも世界の難民を歓迎しない姿勢を示しているのだ。

チェコには「魚からスープを作るのは造作ないが、スープから魚を作るのは難しい」という古いことわざがある。私はこれからの章で、野心的でしばしば傲慢でもある指導者たちが、私の人生の大部分を通じて世界をひとつにまとめてきた制度や民主主義の原則を意図的に蝕《むしば》んでいることを論じている。彼らは現実的な代替案やより良い提案を示すこともせずに、国際協力、政治的多元主義、節度ある言説、批判的思考や真実の尊重といった理念を、放棄するように求めている。人を惑わせるこうした提唱者たちが自分の道理を押し通せば、その期間が長引くほど被害が広がり、傷を癒やすことが困難になってくる。この傾向は世界中で見られるものであり、最も直接的にその影響を受けているのはアメリカなのだ。

この本について話すために私はアメリカ各地を訪れ、あらゆる地域の何千人もの人々と考えを共有してきた。それは私にとって新鮮ですがすがしい体験だった。それに、面白おかしいこともあった。ラスベガスでは、私の講演がワインと蒸留酒業界の大会に重なったために、テーブルをはさんでしらふの人やほろ酔いの人に本の署名をしていたときには、私の後ろに〈ウイスキーを再び偉大にしよう〉と書かれた横断幕が掲げられていたりした。〈ミートゥー（ＭｅＴｏｏ）〉運動が注目されているにもかかわらず、マイアミではひとりの老紳士が立ち上がり、「私は九〇になりますが、視力は衰えていません。あなたは美人のギャルですな」と声をかけてくれた。他方で『ワシントン・ポスト』紙の記事は、私のことを「フェミニストの健気なおばあちゃま」と書いていた。それとは対照的に、ロシアの新聞によると、私の話を聞いた後で記者に意見を求められ、「戦争を煽るモンスター」だと答えたブルックリンの男性もいた。どこで話をしても、ご質問があればどうぞと呼びかけると、すぐに一〇〇人ほどが手を挙げていた。

私はその旅を通し、アメリカの人々が全体として不機嫌なムードにあることを感じ取った。国民がイライラしているのは、無理もないことだと思える。政党同士が戦争をしていて、そのうえ内部で分裂している。国民を引き離すのが善政であると考えている私たちの大統領は、国際問題への取り組みで国民の多くを恐怖で縮み上がらせるか、胸を張らせるかしている。両者の間で共通の土台を見出すのは難しい。それればかりか、互いが激しくいがみあっている。今この場でも、テレビの音量は下げているにもかかわらず、ののしりの声が聞こえてくるほどだ。

本書には、歴史的な視点とグローバルな視点の両面を取り上げている。私たちが現在目にしている動向は、その多くが数十年前にも見られたものだ。そこからは、いくつかの重要な問いが導かれてくる。ムッソリーニやヒトラーの信奉者たちがはるか昔に手を染めた恐ろしい行為から、どのような教訓を導き出すことができるのか。単純な権力の濫用とファシズムと呼ばれる重大な悪政との間では、どこで線引きがなされるのだろうか。反民主主義的な傾向が驚くほど高まり、伝染病のように広がっている現象は、どのように説明すればいいのか。これまで揺るぎないものだった欧米の絆は、揺らぎつつあるのだろうか。そうであるとすれば、まだ修復することができるのか。子供たちと後につづく人々の自由を守るために、私たちは何をしなければならないのか。

この農場は、そのような問題を大局的に眺めて熟考するのに格好の場所になっている。民主主義の機能と同じように、ここは突然の嵐や、シロアリ、害虫、ウイルス、雑草などに弱い。森の中には肉食動物がいるし、地面には爬虫類がいる。頭上で稲妻が走ったりもする。農場を生きながらえさせるには、維持をするための厳密な段取りを組み立て、着実にこなさなくてはならない。しかし農場には、何世代にもわたって耐えてきた回復力も備わっている。常緑樹は堂々としているし、地盤もまた、昔からある岩盤なのだがそれなりに堅固なのだ。

近年では、テロへの対抗措置として「何か不審なものや不審な人物に注意しよう、見つけたら何らかの声をあげよう」と呪文のように言われていることを、私たちは知っている。本書ではこのフレーズに、もうひとつ言葉を付け加えることを強くお勧めしている。「何らかの行動を取ろう」ということである。それが何であるかは、各自の機会や才能に応じてそれぞれが判断することになるが、これまで以上の強い抵抗こそが、冷笑的な考え方という病根を弱らせる取り組みの出発点になる。

ファシストの態勢が定着するのは、社会的な拠り所が見つけられず、誰もが嘘をつき、盗み、自分のことしか考えていないように思えてくるときである。そうなったときには、対象がユダヤ人であれ、イスラム教徒であれ、黒人であれ、〈レッドネック〉と呼ばれる田舎者であれ、エリートであれ、邪悪な「他者」から身を守るための強硬な力を行使してほしいと切実に思うのだ。私たちの制度には欠陥もあるかもしれないが、四千年の文明を経て作り上げられてきたこのうえない制度であり、それよりはるかに害悪のあるものに門戸を開け放つのでない限り、捨て去ってはならないものである。耐えられないものごとに賢明に対処する方法とは、いっそう不寛容になり、一段と独善的になることではないのだ。民主主義をより効果的なものにしようとする人々が、イデオロギーの違いを超えて結集することなのである。リンカーン、キング、ガンディーやマンデラなどの称賛される英雄たちは、私たちの中にある最高のものに語りかけてくれたのだということを忘れてはならない。何が収穫できるかは、私たちが播いた種にかかっている。

窓の外を見やると、冬の太陽が今は空高く昇っている。空気も温かそうだ。これから長い散歩をしながら考えをまとめて、群れの本能について、四脚の友人たちと意見を交わしてくることにしよう。

この本に関心を寄せてくださったことを感謝している。

マデレーン・オルブライト

二〇一八年一二月

バージニア州ラウドン郡にて

第1章　怒りと恐怖を操る教義

　ファシストたちに初めて暮らしを方向転換させられたのは、私がよちよち歩きを始めたばかりの、一九三九年三月一五日だった。その日、生まれ故郷のチェコスロバキアにドイツ軍がなだれ込んできたのだ。ドイツ軍はアドルフ・ヒトラーをプラハ城に入城させ、ヨーロッパを第二次世界大戦に突入させる方向へと追いやった。私は身を潜めて一〇日間を過ごし、父母に連れられてロンドンに逃げた。ロンドンにはヨーロッパ各地から亡命者が集まっていた。私たち一家は彼らと共に陰で連合軍の奮戦を支えながら、試練が終わるのを不安の中で待った。

　苦しい六年間が過ぎ、ナチスは降伏した。自由な世界で新しい生活を始める意欲と希望に満ちて、私たちも母国に戻った。父は、チェコスロバキア外務省の仕事に復帰した。いっさいが順調に運んでいるように見えたのだが、それは短い間のことだった。一九四八年、政権がチェコスロバキア共産党の手に落ち、民主主義が封殺されてしまった。私たち一家は再び亡命を余儀なくされた。アメリカ合衆国にたどり着いたのは、ちょうど第一次世界大戦の休戦記念日にあたる日だった。監視を怠らない自由の女神に見守られながら、一行は亡命者として温かく迎え入れられた。妹のキャシー、弟のジョンと私にふつうの暮らしをさせるために、両親は何十年も本当のことを打ち明けずに守ってくれていた。ファシズムの究極の残虐行為であるホロコーストの犠牲になった、何百万人ものユダヤ人の中には、私たちの三人の祖父母をはじめ、おじ、おば、いとこたちが何人も含まれていたのを、ずっとあとになって知ったのだった。

アメリカにやってきたときの私は、一一歳だった。アメリカの典型的なティーンエージャーに憧れて、ヨーロッパ風の発音を払拭し、アメリカのコミックを読みふけり、トランジスターラジオにへばりつく、風船ガムが手放せない少女だった。アメリカになじむためであれば、私はどんなこともためらわなかった。けれどもそれは、はるか彼方の海の向こうで下される政治的決定であっても、それで生死が決まるかもしれないことを、忘れるわけにはいかない時代でもあった。高校に入ると国際問題を論じ合うサークルを立ち上げ、自分で部長を務めて、チトー主義からガンディーが提唱したサティヤーグラハ（「真実と愛から生まれる力」を意味する非暴力抵抗運動）まで、あらゆるテーマを話し合った。

両親も、新しい土地で手にした自由を享受していた。父はほどなくしてデンバー大学の教授職に就き、暴政の危険を警告する本を何冊も出して、自由に慣れ親しんできたアメリカ市民――「全くもって、実に自由である」と父はつづっている――は、民主主義を当たり前のことと受け止めるのではないかと懸念を抱いていた。母は、私が自分の家庭を持ってからも、毎年アメリカ独立記念日の七月四日に電話をかけてきては、孫たちはちゃんとパレードに参加したのか、アメリカを讃える歌を歌ってきたかと気に病んでいた。

アメリカ市民は、第二次世界大戦終結直後の時代をロマンチックに思い描く傾向がある。空色の純粋さに包まれて、誰も彼もがアメリカの偉大さを感じていた時代を思い浮かべ、家庭には頼りになる稼ぎ手がいて、どの家にも最新の電化製品があり、どの家の子供たちも勉強がよくできた、バラ色に輝いていた時代を想像している。だが冷戦の時代はそれどころか、ファシズムの暗雲に別種の黒雲が覆いかぶさり、絶え間ない不安に脅かされていた時代だった。私が一〇代だったその頃は、たび重なる核実験のせいで、乳幼児の歯に検出される放射性同位体ストロンチウム90の濃度が、通常時の五〇倍にはね上がっていたのだ。そしてほぼすべての町が民間の防衛組織を設け、市民は裏庭に核避難シェルターを用意するように、そこに野菜の缶詰やモノポリーゲームや煙草を備蓄しておくようにと呼びかけられていた。都市圏の子供たちは最悪の事態に備え、身元が分かるように氏名を記した金属札を身につけるように言われていた。

成長してからは父の歩んだ道をたどり、私も大学教授の職に就いた。専門分野には東欧研究も含まれていた。この地域は、全体主義の太陽を周回しているだけの取るに足らない衛星諸国とみなされ、大部分の人々が、そこでは注目に値する出来事が起きたためしもなければ、今後も重要な変化は見られないだろうと考えていた。マルクスが思い描いた労働者の楽園が、ジョージ・オーウェルの作品を思わせる悪夢の世界に姿を変えてしまったのだ。服従が最高善とされ、区画ごとに情報提供者が監視の目を光らせ、国民は鉄条網の中で暮らし、下を上、黒を白と言いくるめる政府が支配権を振るっていた。

やがて訪れた変化は、凄まじい速さですべてを変えていった。一九八九年六月、ヴァドヴィツェ生まれの当時の教皇の影響や、港湾労働者の長年の抗議運動が実を結び、ポーランドが民主的な統治を実現した。同年一〇月には、ハンガリーでも民主制による共和国が誕生した。一一月初旬になると、ベルリンの壁が解体された。あり得ないと思われた変化が起きていた驚くべき日々の様子は、毎朝テレビがニュースで届けてくれていた。私の祖国チェコスロバキアで、衝突も流血も伴わなかったことからそう呼ばれる〈ビロード革命〉が起きた日のことは、忘れられない。一一月の終わりに近い、凍えるような午後だった。三〇万人の市民が、プラハの歴史が刻まれるヴァーツラフ広場を埋め尽くし、手にした鍵束を鈴のように打ち鳴らして、共産党政権の崩壊をもたらしたのだ。群衆を見下ろすバルコニーには、劇作家ヴァーツラフ・ハヴェルが姿を現した。その半年前まで〈良心の囚人〉〔政治犯〕として拘束されていた勇敢なハヴェルは、二ヶ月後、自由を得たチェコスロバキアの大統領に就任した。

その光景を目にした私は、世間の大多数と同じように、ついに民主主義が厳しい試練を乗り越えたのだと感慨を覚えた。猛威を振るっていたソ連は経済も思想も弱体化して、花瓶のように砕け散ってしまい、ウクライナ、コーカサス地方、バルト三国、中央アジアを手放した。核兵器開発競争も、誰も吹き飛ばすことなしに下火になった。アジアでは大韓民国、フィリピン、インドネシアが長年の独裁から解放された。ラテンアメリカでも、軍事政権が投票で選出された大統領に道を譲ることになった。アフリカでは、釈放されたネルソン・マンデラ（この人も囚人から大統領になった人だ）が地域の再興に希望の火を灯した。全世界で〈民主主義〉を掲げる国家は、三五ヶ国から一〇〇ヶ国以上に拡大した。

一九九一年一月、ジョージ・H・W・ブッシュ大統領はアメリカ連邦議会でこう述べた。「冷戦の終結は全人類にとっての勝利である［…］これを可能ならしめたのは、わが国のリーダーシップだった」。他方、大西洋の向こう側でも、チェコスロバキアのハヴェルがこのように話していた。「ヨーロッパは統一化による新たな秩序の構築を模索している。［…］より権力を持つ者が持たない者を抑圧せず、争い事を暴力で解決することのないヨーロッパが生まれようとしている」

当時から四半世紀を経たこんにち、私たちはそうした意欲的な展望に何が起きたのかを、問いかけなくてはならない。当時のビジョンが明快になるどころか、色あせていくように見えるのはなぜなのか。国際NGO団体フリーダム・ハウスの報告によれば、民主主義が「攻撃を受け、退却している」のはなぜなのか。権力の座にある人々が選挙、裁判、マスコミ、さらには――地球の未来にかかわる根本的な問題をめぐり――科学の領域で、国民の信頼を損なう振る舞いをしているのはなぜだろう。貧富の差、都会と地方の格差、高等教育を受ける者と受けない者に、なぜかくも危険な隔たりが広がったのか。一時的であるにせよ、なぜアメリカは国際問題の指導的役割から退いたのか。そして、二一世紀がここまで進んでいながら、私たちはなぜファシズムを再び俎上に載せているのだろうか。

端的に言えば、それを説明する要因のひとつはドナルド・トランプである。ファシズムをほとんど癒えた古傷にたとえるとすれば、ホワイトハウスにトランプを迎えたことで、絆創膏を剝がしてカサブタをつつくことになったと言える。

ワシントンDCの政治指導層にとって、トランプの大統領当選は、共和党、民主党、無所属の別を問わず、誰もが驚く青天の霹靂《へきれき》だった。昔のサイレント映画であれば、両手で帽子のつばをつかんでぐいと耳の下に引っ張り、飛び上がって、ばったり仰向けに倒れるシーンになっていただろう。アメリカはこれ以前にも、欠点のある大統領を迎えてきた。ありていに言うと、そうでない大統領はひとりもいなかった。しかし現代という文脈では、民主主義の理想からこれほど言動がかけ離れた最高責任者はほかには見受けられない。

選挙活動の序盤から大統領執務室に収まるまで、ドナルド・トランプは開かれた政府の基盤をなす制度や原則に厳しい批判を浴びせてきた。アメリカの政治論議を執拗に貶め、呆れるばかりに事実関係をないがしろにし、政敵には〈投獄〉をちらつかせて脅しをかけ、主流メディアを〈アメリカ国民の敵〉呼ばわりし、大統領選挙の整合性をめぐって嘘を広め、国家主義的な経済政策、貿易政策を無思慮に喧伝し、移民とその出身国を侮辱し、主流を占める宗教の信徒に対する偏執的な偏見を助長した。

独裁的な傾向のある海外の指導者にとって、こうした暴言には媚薬《びやく》効果がある。トランプは反民主主義勢力に抗うどころか、彼らにとっては言い訳を提供する安全弁になっている。外国を旅行すると、私はいつも次のような質問を受ける。「アメリカ大統領がマスコミは嘘つきだと言っているのなら、ウラジーミル・プーチンがそれと同じ主張をしても非難にはあたらないのでは？」「裁判官は偏見を持っている、米国司法制度はもの笑いの種だ。トランプがそう言い張っているのであれば、自国の司法を歪めているフィリピンのドゥテルテのような独裁的指導者に対して、どんな歯止めがあるのか」「トランプが自分の発言に拍手しなかったというだけで野党政治家を反逆者と非難するのなら、外国が良心の囚人を拘束することに対し、アメリカはどんな立場で抗議ができるのか」「世界最強国の指導者が、国同士の関係とはいずれか一方の犠牲なしには何も得られない骨肉の争いだと考えているのなら、国際的連携によって解決するしかない難題に立ち向かう際には、だれが先頭に立つのか」

一国の指導者には国益を最優先させる義務がある。これは自明の理だ。ドナルド・トランプが「アメリカを最優先する（アメリカ・ファースト）」と述べるのは、当然のことを言っているにすぎない。真面目な政治家でアメリカを二の次にしようと提案した人は、いまだかつてひとりもいない。目標に問題があるわけではないのだ。ハーディング、クーリッジ、フーバー、気が滅入る三人の大統領とトランプとの違いは、いかにしてアメリカの利益を促進するかの考え方である。トランプは世界を、相手より優位に立とうと各国がしのぎを削り合う戦場とみなしている。それは不動産開発業者のように敵を出し抜き、利益を絞り上げる国家間競争の世界だ。

トランプの経歴を考えれば、こうした考え方になるのもうなずける。確かに、国家間外交や国際通商には、勝者と敗者の明確な線引きがなされる場合もあるだろう。しかし、少なくとも第二次世界大戦終結後のアメリカは、ものごとを成功裡に収め、これを維持するには、一国の単独行動より協調行動の方が有効であるとする見方に立ってきた。

フランクリン・ルーズベルトやハリー・トルーマン大統領の世代は、安全保障、繁栄と自由の共有を促進することが、国家にとって最善の道であると主張してきた。一九四七年に発表されたマーシャル・

プランも、それを表す一例だ。アメリカの農家や製造業者の生産物を買い入れるヨーロッパ市場がなくては、アメリカ経済が停滞してしまう。その認識から策定された計画だったのだ。ヨーロッパ（およびアジア）の同盟国の自立的な経済復興とダイナミックな経済活動を後押しすることは、アメリカ・ファーストを実践することでもあった。ラテンアメリカ、アフリカ、中東に技術援助を提供したトルーマン大統領のポイント・フォア計画も、これと同じ理念にもとづくものだった。同様のアプローチは安全保障面においても功を奏した。ルーズベルトからオバマまで、歴代アメリカ大統領は同盟諸国の自衛を助け、共通の危険に対しては共同で集団的防衛にあたる方針を示してきた。これは慈善の精神によるものではなく、国外の問題を放置しているといずれ自分たちが危険にさらされるということを、高い授業料を払って学んだからなのだ。

国際的な指導力を発揮する役割は、終わりが定まっていない。昔からある危険が完全解決するのはまれであり、他方では夜が明けるように着実に、新しい問題が誕生してくる。そうした課題への効果的な取り組みは、お金や腕力のみで実現できる性格のものではない。諸国とその人民が互いに力を合わせなくてはならないが、これは自然にはそうならない。アメリカは波乱に富んだ歴史を通じて数多い失敗も重ねたが、大多数が志向する方向——自由、正義と平和——へと全体を導く覚悟を固めて臨んできたがゆえに、指導役として他国を動かす力も保持してきた。私たちが直面している課題とは、国際協力や民主主義的な価値観にはほとんど重きをおかないように見える大統領のもとで、そうした指導的役割が継続できるかという問題だ。

その答えは重要な意味を持つ。自然界は空《から》になった場所を嫌うが、ファシズムは大歓迎するからである。

少し前に、新しい本を書いていると友人に打ち明けると、「何の本？」と聞かれた。「ファシズムよ」と答えると、怪訝そうな顔で「ファッションかい？」と言われてしまった。その友人の言葉は、あながち間違っていなかった。ファシズムは確かに、こんにちではファッショナブルな概念になっている。つる植物がはびこるように、密かに社会や政治についての会話に入り込んでくるのだ。意見が食い違う相手がいれば、〈ファシスト〉呼ばわりすればいい。そうすれば、根拠を示して自分の主張を裏づける手間を省くことができる。二〇一六年にメリアム＝ウェブスター英英辞典で〈シュール〉に次いで検索が多かった語が、〈ファシズム〉だった。〈シュール〉の方は一一月の大統領選の後に、検索件数がはね上がったのだった。

〈ファシスト〉という語を口にするのは、自分の立ち位置を知らしめることでもある。極左からみれば、大企業の大物はほぼ全員がそう呼ばれる必要条件を備えているだろう。中道寄りの右派であれば、バラク・オバマもファシストにあたる。オバマはそれに加え、社会主義者で隠れイスラム教徒にもなるだろう。反抗期のティーンエージャーには、携帯電話の使用を制限する両親の締めつけがこの言葉に当てはまる。日々の鬱憤を晴らしながら、数え切れない人々がこの言葉を口にしている。教師がファシストと言われ、フェミニストもファシストと呼ばれる。排外主義者、ヨガのインストラクター、警官、ダイエットをしている人。ブロガー、サイクリスト、コピーエディターもそう呼ばれる。禁煙を始めたばかりの人、子供に開けにくい包装を考案した人も。こうした条件反射的な習慣を改めずにいると、気に障る相手を誰彼なしにファシストと呼ぶことになるだろう。力強いこの言葉から、そこに秘められた力を搾り取ってしまうことになるのだ。

では、本物のファシズムとは何か。ファシズムの実践者は、どうやって見分ければいいのか。このふたつの問いを、私が教鞭をとっているジョージタウン大学の大学院生たちに考えてもらうことにした。

二四人ほどの学生が、ラザーニャを載せた紙皿を膝に置き、わが家のリビングで輪になって座っていた。質問に答えるのは、彼らが考えていたほど簡単なことではなかった。これまでにも学識者たちが膨大な量のインクを費やしてそれを説明しようとしてきたが、満足できる答えも、全体の合意が得られる解釈も得られていないのだ。誰かが「見つけた《ユリーカ》！」と喜びの声を上げて納得する見解が得られたと思っても、誰かに猛然と反対意見を返されてしまう。その繰り返しだったと言える。

困難なテーマだが、学生たちは熱心に取り組んだ。彼らはゼロから始めることにし、まずはこの語にかかわりが深いと考えられる特徴を挙げていった。「〈われわれ対彼ら〉の考え方ですね」。ひとりが意見を述べ、「国家主義者、権威主義者、反民主主義者です」と別の学生が言う。三人目は「暴力的な要素がある」と指摘した。四人目は「スターリンもヒトラーに引けを取らないファシストだったのに」と述べて、なぜファシズムはほぼつねに右派と位置づけられてきたのか、疑問を呈した。

ファシズムはほかとは異なる集団、民族集団や人種集団に結びつく傾向があると指摘した学生もあった。それは経済的重圧を受け、受け取る資格があるはずの報酬を得ていないと感じている人々であると彼女は言い、「他者が何を所有しているかの問題ではないんです。報酬というのは、自分たちが所有していてしかるべきもののことです。また、何を恐れているのかの問題でもあります」と説明した。恐怖は、ファシズムを社会のあらゆる階層に浸透させる感情である。大衆の支持がなくてはどんな政治活動も成功しないが、ファシズムは裕福な権力者と一般の庶民、つまり失うものが多い人々と少ない人々の、いずれからも支持されているのだ。

こう見てくると、ファシズムは政治的なイデオロギーとしてよりも、権力を掌握する手段としてとらえるべきではないのか。私たちは考えさせられた。たとえば一九二〇年代のイタリアには、左翼（土地財産を奪われた人々のための独裁制を提唱していた）、右翼（組合協調主義《コーポラティズム》による権威主義国家の樹立を唱道していた)、中道派(専制君主制度への王政復古を望んでいた)のすべてに、自称ファシストが存在していたのだ。国民社会主義ドイツ労働者党(ナチ党)に集まった党員が当初掲げていたのは、反ユダヤ、反移民、反資本主義だった。だがそのほかにも、老齢年金引き上げ、教育機会の均等、児童労働の禁止、妊産婦の産科ケアなどを、課題リストに挙げていた。ナチスは人種差別主義者だったが、彼らはみずからを改革者ともみなしていたのである。

ファシズムは特定の政策というより、権力掌握に至る過程としての性格が強いとすれば、その指導者はどんな戦略にしたがって行動しているのか。学生たちは、名前が知られるファシストのリーダーには、カリスマがあったことを指摘した。彼らはそれぞれのやり方で民衆との間に情緒的な結びつきを築き、カルト教団の教祖がそうするように、民衆の奥深い感情を表出させた。引き出されてくるのは醜い感情であることが少なくなかった。ファシズムの触手はこのやり方で資本主義を侵食する。ファシズムは君主制や軍事独裁政権のような上から押しつける形態とは異なり、敗戦、失業、屈辱的な出来事、国家の急激な凋落感で苦しんでいる民衆から、逆にエネルギーを吸い上げる。怨恨や鬱憤が深ければ深いほど、現状を刷新する見通しを示したり、失ったものの奪回を誓ったりすることで、ファシストのリーダーは追随者を取り込みやすくなる。

もっと穏やかな政治運動の先導者と同じように、世俗世界の伝道師であるファシストたちも、概して普遍的な人間の欲望を操り、意義ある探求へと導く。大掛かりな催しを演出する資質に恵まれていれば、軍楽隊の演奏、扇動的な演説、大歓声、腕を伸ばす敬礼といった仕掛けを凝らす。忠実な信奉者に対しては、特権的な付属団体のメンバーに迎え入れる褒美を与えたりする。嘲りを向けられる対象者は、そうした団体への立ち入りが許されない。熱意を注ぐために、ファシストには挑戦的で軍国主義的な傾向が見られる。事情が許す場合には、拡張主義的な性向も加わる。将来の地盤を固めるべく、学校の代わりに信奉者養成所であるセミナリオを設け、躊躇なく命令に従う〈新しい人間《ニュー・マン》〉を育成する。学生のひとりは、こうも言っていた。「投票によって政権の座に就き、政治活動に踏み出したファシストは、そうでない人とは違い、合法性によって立つことができる」

権力の座にたどり着いた後は、何がつづくのだろう。ファシストはどのように権力を確立するのか。学生は次々に意見を述べた。「情報操作によってです」。別の学生が補足した。「それが、こんにちの私たちが憂慮すべき多くの問題を抱える要因のひとつです」。技術革新はさまざまな立場の人々を結びつけ、互いの思想交換を助け、一人ひとりの行動をより深く理解する手段となった。言い換えれば、真理の認識が深まった——大多数は、そう考えてきた。それは間違っていないが、いまやそう言い切れるかどうかが揺らぎ始めている。ソーシャルメディアには膨大な個人情報が集積されていることから、角度を変えれば、情報監視社会、〈ビッグ・ブラザー〉の厄介な問題が浮上してくるのだ。利益目的の広告主が、そうした情報を利用して特定の消費者に働きかけることができるのであれば、ファシスト政府がそれと同じことを企む場合に、阻止することができるだろうか。ある学生はこんな意見を述べた。「たとえば、私が〈ウィメンズ・マーチ〉のデモ行進に参加して、その写真をソーシャルメディアに投稿するとします。すると参加者リストに私の名前が加えられます。そのリストは誰の目に留まるか、分かったものではありません。そんな仕組みから身を守るには、どうすればいいんでしょう」

それ以上に頭が痛い問題は、強権国家の工作員が、いかがわしいウェブサイトやフェイスブックに嘘を流布することができることだ。それに加え、エコーチェンバー〔共鳴室〕を設けることにより、過激派組織が発信する陰謀論、嘘、人種や宗教にかかわる無知な見解を、インターネット上で増幅して強化させることもできる。欺瞞の第一原則、それは言説、証言、中傷、何であれ、十分に繰り返し聞かされれば、だんだんもっともらしく聞こえるようになるということだ。インターネットは自由の味方であり、知識の扉でなくてはならない。ところがいずれもそうでない場合がある。

歴史家ロバート・パクストンは著書でこのように断じている。「ファシズムは二〇世紀の重要な政治改革だったが、二〇世紀の苦悩を生み出した最大の要因ともなった」。パクストンをはじめとする諸学者は、何年もかけてファシズムに付随する流動的要素を列挙してきた。そこで学生たちもディスカッションの終盤に、同様のリストを作成することにした。

ファシズムは極端な権威主義体制を擁するということで、おおかたの学生は意見が一致した。人民は指導者の指令に忠実に従わなくてはならない。それ以上であっても、それ以下であってもならない。服従の教義は、熱烈な国家主義に結びついている。これは伝統的な社会契約の概念を根底から覆す教義でもある。国家に権力を委ねて人民の権利を守らしめるのでなく、権力の源泉は指導者の方で、人民は権利を持ち合わせていない。ファシズム体制の下では、人民の使命は尽くすことであり、政府の仕事は統治することなのだ。

この主題を論じると、ファシズムは全体主義や独裁政治、暴政、圧政、専制政治などとどう違うのか、混乱が生じることが多い。私も一学徒としては、それを考える藪の中に踏み込みたいと思わないではないが、元外交官として言えば、レッテルよりもその遂行形態に関心がある。私が考えるファシストとは、特定の集団や国家に自分を重ね合わせてみずからをその代弁者とみなし、人々の権利に無関心で、目標達成のためには暴力も辞さずにどんなことでもする人物だ。このように考えると、ファシストは暴君に近いと言える。しかし暴君がファシストであるとは限らない。

両者の違いは、武器の扱いにおいて信頼をどこに置くかという点に現れることが多い。一七世紀ヨーロッパでは、カトリックの貴族とプロテスタントの貴族が争っていた。彼らは聖書の解釈をめぐって衝突していたものの、交戦は傭兵に委ねた方が良いと考え、農民には武器を持たせないことで合意していた。近現代の独裁者にも同じ傾向が見られる。人民を警戒し、近衛兵や特殊部隊を編成して身の安全を図っている。ところがファシストは、群衆に守ってもらおうと考える。国王たちが民衆の鎮静化を図ったのに対し、ファシストは彼らを扇動する。いざ戦いが始まれば、歩兵が奮起して武器をとり、攻撃の先陣を切るように仕向けるのだ。

ファシズムは二〇世紀の初頭に出現した。それは知的活動の活気とナショナリズムの再燃が、技術主導型の産業革命についていけない議会制政治への失望と背中合わせになっていた時代だった。それに先立つ数十年の間には、経済学者トマス・マルサス、政治哲学者ハーバート・スペンサー、自然科学者チャールズ・ダーウィン、ダーウィンのいとこで人類学者のフランシス・ゴルトンらが、人間の一生は情感が入り込む余地が少なく、進歩の保証されない、適応のための絶え間ない葛藤であるとする考え方を世に広めた。ニーチェからフロイトまでの影響力の大きい思想家たちは、長年の係留を解いて自由を得たように見える世界の意味合いに考えをめぐらせた。サフラジェット〔女性参政権活動家〕たちは、女性にも権利があるとする画期的な考え方を啓蒙した。政治、人文分野のオピニオン・リーダーは、人為淘汰による人類進化の可能性を公然と論じていた。

他方では驚くような発明が生み出され、電気、電話、馬のない馬車、蒸気船などが世界のつながりを密にした。だがそうした発明は何百万という農民や熟練の職人から職を奪い、いたるところで人口移動が生じていた。農村部の人々が大挙して都会に移り住み、ヨーロッパの何百万もの人々が土地を捨てて海を渡り、新たな土地へと移住した。

移動せずにとどまった人々の大多数にとって、啓蒙主義運動、フランス革命、アメリカ独立革命で謳われていた約束は空洞化していた。失業者があふれ、仕事が得られた人々も搾取に苦しみ、後には第一次世界大戦の残虐なチェスゲームに駆り出されて犠牲になった。ウィンストン・チャーチルはこの悲劇について、「人類社会はその構造に及ぶまで、一〇〇年経っても消えない損傷を被った」と記している。貴族政治が衰退し、宗教が精査の対象となり、オスマン帝国やオーストリア＝ハンガリー帝国など旧来の政治構造が崩壊していく流れにあっては、解決策を示す答えを模索している余裕はなかった。

そんな時代に真っ先に人々の想像力をかき立てたのは、ウッドロー・ウィルソンが掲げた理想主義的な自由民主主義だった。ウィルソンはアメリカの参戦以前から「すべての人民は自らが所属する主権を自由に決定する権利を持つ」と宣言していた。〈民族自決権〉と呼ばれるこの理念は、東欧の小国諸国が戦後に独立を獲得するにあたっての後ろ盾となり、ウィルソンが提唱した新しい国際機構の設立構想は、国際連盟として結実した。しかしウィルソンは政治家としてはナイーブに過ぎ、病弱でもあったため、アメリカのグローバル・ビジョンはその任期中に立ち消えた。アメリカは国際連盟への加盟を断り、ウィルソンの後につづいた大統領のもとで、復興に苦しんでいたヨーロッパの問題から手を引いた。

終戦後にリベラルな政治をスタートさせた国々の多くは、社会的緊張の危険な高まりに直面し、より抑圧的な政治の必要性を考えさせられた。ポーランド、オーストリア、ルーマニアやギリシャでは、民主主義の幼鳥が巣から羽ばたいたが、間もなく墜落してしまった。東側ではソ連があらゆる労働者の声であると称して峻烈なイデオロギーを掲げており、イギリスの銀行家、フランスの閣僚、スペインの司祭たちに眠れない夜をもたらしていた。中央ヨーロッパでは苦々しい思いを抱えるドイツが再び足元を固める努力をしていた。そしてイタリアでは、野獣のような男がついに自分を活かすときを迎え、力強い一歩を踏み出していた。

第2章　地上最大のショー

トーマス・エジソンは彼を「現代の天才」と評し、ガンディーは「超人的な男」と呼んだ。ウィンストン・チャーチルも「レーニン主義の貪欲な牙と闘う」と評価し、支持することを約束した。バチカン市国が発行するローマの新聞は、「神の化身」と書いた。だが彼は、その一挙手一投足を崇拝していた人々により、ミラノのガソリンスタンドの近くで、愛人と共に死体を逆さ吊りにされる結末を迎えたのだった。

この男、ベニート・ムッソリーニは一八八三年、フィレンツェの北東六四キロメートルに位置する小さな農業の町に生まれた。鍛冶屋をしていた父親は社会主義者だった。母親は学校の教師をし、キリスト教の敬虔な信者だった。彼は母親が教えていた学校に併設された、二部屋の田舎家で育った。貧しい暮らしではなかったものの、九歳で入学したカトリックの寄宿学校では、学費を全納することができなくなった。そのため食事の時間になると、裕福な生徒はあるテーブルに、ベニートは仲間と一緒に別のテーブルにつかされた。自分に向けられた不当な仕打ちへの怒りは、長年にわたって尾を引くことになった。少年時代はいたずら好きで、よく農家から果物をくすねたり、取っ組み合いの喧嘩をしたりしていた。一一歳のときに仲間の生徒の手を刺したことで、放校になった。一五歳のときには、今度は同級生のお尻をナイフで傷つけたとして停学処分を受けた。

しかしベニートは読書家でもあった。日刊紙や一〇〇〇ページ以上の『レ・ミゼラブル』を手に、ひとりで活字を追う時間を好んでいた。父親から大胆な性向を受け継ぎ、母親からは忍耐力を教わった。進む方向は、父親が歩んだ方へと傾くことになった。師範学校では、生徒仲間がこんな固いパンは食べられたものじゃないと文句を言い合っていたため、ムッソリーニは校長との直談判に臨んだ。同級生たちは彼を応援し、結局校長は折れて、焼きたてのパンが食卓にのぼるようになった。

学業を終えると、教員免許状を取得し、教師として働き始めた。だが教室での規律を欠いていたため、ほどなくして任を解かれた。一九歳になっていた彼はスイスに移り、力仕事をしながら、荷造り用の木箱を寝台にして夜を凌《しの》いだ。生涯で何度も拘禁されたが、このときに浮浪罪で初めて留置所に入れられた。釈放されると煉瓦職人の仕事に就き、すぐに地元の組合で活動するようになった。それはちょうど、ヨーロッパでは労働政策が左傾化し、社会主義の扇動者たちが政府に怒りの声を上げ、教会の蔑視と労働者の権利を守るための闘いを説いていた時代だった。ムッソリーニは独創的な思想家ではなかったが、役を演じる才能には恵まれていた。プライベートではきちんとした身なりをしていたが、群衆の前に立つときはあえて髭を剃らなかったり、髪をとかさなかったりした。演説をするときは、自然に聞こえるように前もって熱心にリハーサルをしていた。大衆性をアピールする大切さを承知していたので、たいていは群衆の喝采を浴びることに成功していた。やがて彼はみずからを、運命を担う男なのだと考えるようになった。次なるナポレオンやローマ皇帝アウグストゥスを自負するようになったのだ。

しかしながらスイス当局は、新進の皇帝を自任する男には感銘を受けず、目障りな人物として国外に追放した。イタリアに戻った彼はくじけずに、好色な枢機卿*を題材にした連載を人気雑誌に執筆し、それにつづけて社会主義新聞の編集に携わり、支持者を増やし始めた。タバコの煙が立ち込めるホールで演台に立ち、闘って奪い取らない限り、エリート階級は特権を放棄しない、またいかなる議会もブルジョアジーを敵にまわして自分たちの側につくことはないのだと説いた。宗教によって提供されてきた昔ながらの答えや、愛国的な義務感によって表されてきた時代遅れの答えは、偽りであることが明らかになった、それらは放棄すべきである、正義は暴力的闘争によってのみ得られるものである、したがって革命が不可欠なのだと彼は説いていた。

ところが、革命は不要になった。一九一四年の夏、戦争が間近に迫っていたヨーロッパで、ムッソリーニは何の前触れもなく、社会主義者の芋虫から愛国的な蝶へと変貌を遂げたのだ。上流階級の愚か者たちが招き寄せたとみられる厄災には、いっさい関わらない姿勢をとっていた左翼の仲間と手を携えるのをやめ、社会主義の独立新聞『イル＝ポポロ＝ディタリア〔イタリア人民〕』を発刊して、イタリアに参戦をうながした。ムッソリーニのイデオロギー的コミットメントは決して深くはなく、彼の性格に平和主義はそぐわないことを考えれば、この転向は本心からの変化によるものだったかもしれない。だがそれについては、他の可能性も考えられる。フランスの財界人たちが、イタリアをドイツやオーストリア＝ハンガリー帝国との交戦に駆り立てる協力と引き換えに、それが実現した場合には報酬を与える約束をしていたのだ。新聞の発行には経費がかかるという事情もあった。武器製造業者から、『イル＝ポポロ＝ディタリア』に気前よく資金を提供してもらえたのである。

＊　後にムッソリーニの連載小説『枢機卿の愛人』が英訳で出版されたとき、作家のドロシー・パーカーはこう書いている。「これは安易に脇に追いやってもよい本ではない。強い力をもって投げ捨ててしまわなくてはいけない」。小説はこんな内容だった。「私の良心の奥底に、あなたのために秘密の祭壇を設けます。あなたは私の内なる神殿のマドンナです。私はあなたの奴隷になりましょう。私を殴り、蔑み、たたき、繊細な短剣で私の血管を開いて下さい。私はあなたがご自分をさらけ出すと保証してくださればいいのです」

一九一五年五月二四日、イタリアはイギリスとフランスの側について戦争に加わった。ムッソリーニは陸軍に徴兵され、一七ヶ月にわたって忠実に任務を遂行しながら、自分の新聞にも毎週記事を載せていた。やがて伍長に昇進したが、訓練中に榴弾が爆発し、破片が内臓に数十個の穴を開ける怪我を負ったときには、もう少しで死にかけた。イタリア軍が屈辱的な敗亡を喫した一九一七年一〇月には、負傷から回復中だった。このカポレットの戦いは戦死者一万人、負傷者三万人を出し、敵軍の砲撃にさらされて二五万人が投降したのだった。

イタリアは最終的に勝利を収めた連合国側についていたが、勝利の美酒を味わう時間は短かった。多数の死傷者を出した傷は簡単には癒えず、パリとロンドンの朋友が領土割譲の密約を反故にしたことで、傷口がさらに広がった。英仏両国は、国家元首であるイタリア国王のヴィットーリオ・エマヌエーレ三世を和平交渉に招きもしなかったのだ。このすげない扱いは、ムッソリーニの左翼の元同僚たちを勢いづかせ、だから戦争に反対したのだと彼らは説得力のある議論を展開した。イタリア社会党は急速に党員を増やし、一九一九年の総選挙では、他のどの党よりも多くの票を集めた。

形勢の好転に活気づきながらも与党連合からは排除されたままだった社会党は、おとなしく座って法案に投票するだけの役回りには満足していなかった。民主主義により、労働者階級には以前より権利意識が深まっていた。技術の進歩は産業労働者を大規模な工場に集めたため、先導者が協力を呼びかけたり、扇動者が彼らの怒りをかき立てたりすることが容易になっていた。ロシアのボリシェビキ革命に触発された社会主義者たちは、プロレタリアートの地位を高め、ブルジョアジーを根絶するための武装闘争を始め、不穏な圧力が高まりはじめた。社会党は武装集団を雇ってスト破りに脅しをかけ、多くの地方自治体を支配下に置き、ミラノ、ナポリ、トリノ、ジェノバの製造工場に赤旗を掲げた。地方では、社会主義の農民たちが、みずからの手で耕してきた土地の所有権を要求し、ときには私怨による報復から領主を殺したりもし、恐怖が広まった。

こうした抗議行動は産業界や農業界にとって、非常に不安なものであった。労働者がわずかな額の時給増額を求めたり、週給を変えずに労働時間の短縮を要求したりするのと、上司を完全に排除し、工場を乗っ取り自分たちで稼働させ、土地を差し押さえて再分配する権利を主張することは、別の話だった。緊張の極度の高まり、事態に伴う危険の大きさ、流血騒ぎがすでに起きていた事実が、中道を探る人々の障壁となり、双方をなだめようとする政治家たちはいずれの側からも信頼されなかった。

ストライキや土地をめぐる紛争があいつぎ、イタリア経済は大混乱に陥った。食料不足が深刻化する一方で物価が高騰し、基本的な公共サービスが崩壊し、労働争議に阻まれた鉄道は予定より何時間も、ときには何日も何週間も遅れて運行されていた。他方では復員した何万人もの退役軍人が、名誉の歓迎どころか野次を受け、職場も労働組合によってすでに門戸が閉ざされていたために、職にあぶれることになった。

イタリアは崩壊寸前だった。議会は、議員たちからさえ、政治的、社会的にコネのある人々に利権を優遇する腐敗の巣窟とみなされていた。国王のヴィットーリオ・エマヌエーレは、小柄で内気で、優柔不断な性格だった。国王としての二二年間には、二〇名以上の大臣から信任状を受け取っていた。主流の政治指導者たちは、自分たちの間では絶えず議論を戦わせていたが、市民とコミュニケーションを図る努力をほとんどしていなかった。イタリアをひとつにまとめ、世界に冠たる国家を再興することのできる真の指導者《ドゥーチェ》を国家首領として迎えるのに、機は熟していたのである。

一九一九年三月二三日、雨の降る日曜日の朝、数十人の怒れる男たちが、サン・セポルクロ広場にある商工業同盟の蒸し暑い会議室に集まっていた。何時間も話し合った彼らは、やがて立ち上がると拍手をし、イタリアを敵から守るために〈殺すか死ぬか〉の覚悟で臨むことを誓い合った。会の結束を表す証として、彼らは古代ローマの執政官が行使していた権力を象徴する、ニレの木の束で斧を巻いた〈ファスケス〉を紋章に選んだ。一同が署名した宣誓書には、わずか五四人の名前しか記されていなかった。その年の秋には普通選挙への進出を図ったのだが、ほとんど注目されずに終わった。だが彼らファシストの運動は、数年のうちに二〇〇〇以上の支部を抱えるまでになり、ベニート・ムッソリーニがその指導者となっていた。

ファシスト党が成長したのは、何百万人ものイタリア市民が自分の国で起きていることに嫌悪を抱き、世界がロシアのボリシェビキの運動の中に目撃していたものを恐れていたからだった。ムッソリーニは精力的に演説を行い、そのたびに代替案を提示してみせた。自分たちを搾取しようとする資本家、生活を破壊しようとする社会主義者、愛する祖国が深淵に沈んでいくのを横目にとめどなく弁説を展開するだけの、いんちきな腰抜けの政治家たちを、排斥するように説き聞かせた。階級間で対立するのをやめ、労働者、学生、兵士、実業家のすべてのイタリア市民が一丸となり、共同戦線を張らなくてはいけないと呼びかけた。支持者たちには、自分の運動が向かっている互いに協力しあう未来を思い描くように求め、国家の足を引っ張る寄生虫たち、すなわち外国人、意気地なしや政治姿勢が信用ならない人々は、独力で生きていくように放置するよう訴えた。自立したイタリアとして繁栄し、恐れられると同時に尊敬されるイタリアになるのを信じるように説いたのだ。二〇世紀のファシズムはこのようにして始まった。人を引きつけるリーダーが登場し、あらゆることを約束することによって、蔓延していた不満に働きかけたのである。

新しい一〇年が始まった頃に議会で最も有利な立場を確保していたのは、社会主義者たちだった。彼らは全国で大きな存在感を示していた。ファシストたちはこれに対抗するために、失業中の退役軍人を大量に動員し、武装集団の〈戦闘者ファッシ〉（ファッシ・ディ・コンバティメント）を組織した。それは労働運動の指導者たちを銃撃し、新聞社を破壊し、労働者や農民に暴力を振るう集団だったが、警察には彼らに共感する者が少なからずおり、左翼勢力に加えている暴力に気づかないふりを装ったため、勢いは衰えなかった。ファシストはイタリアの北部地方を中心に、市町村から社会主義者を追い出した。自分たちが何者であるかを知らしめるために、彼らは黒いシャツに緑がかった灰色のズボンという間に合わせのユニフォームを着用し、タッセルのついたトルコ帽のような帽子をかぶっていた。社会主義者は人数では彼らを圧倒していたが、ファシストは急速に勢力を拡大し、武力行使の頻度が高まっていった。

ムッソリーニは、激化する暴動を導くための台本を持っていなかった。彼はまぎれもない指導者だったが、統率していたのはどこへ向かうのか方向性の定まっていない運動だった。ファシストは数多くの目標を掲げていたものの、バイブルやマニフェストはまったく用意されていなかったのだ。生まれたばかりの彼の政党は、一部の熱心な支持者にとっては、レーニン主義者の大群から資本主義とローマ・カトリック教会を救う手段だった。ファシストの運動は伝統と君主制を守ることを意味していると考える人々もいた。また他の多くの人は、イタリアの栄光を取り戻すチャンスと考えた。さらに相当数にとっては、給料をもらい、誰かを殴りつけるためのゴーサインになっていた。

ムッソリーニ自身は、紆余曲折の道を歩んだ。大企業や銀行から資金を獲得する一方で、彼は退役軍人や労働者の言葉を使っていた。何度か社会党との関係を修復しようとしたのだが、元同僚たちは彼を信用しておらず、他方ではより過激なファシストたちがそのような試みに激怒していることが判明しただけで、関係修復の努力は徒労に終わった。政治環境が悪化していく中で、彼は統率を図ろうとしている勢力との歩調を合わせるために、ますます戦闘的な方向へと向かわざるを得なかった。あなたの計画を要約して教えてくださいと新聞記者に頼まれたときは、こう答えている。「民主主義者の屋台骨をへし折ってやることだ。それは早ければ早いほどよい」。一九二二年一〇月、ムッソリーニは全国からファシストを結集し、政府に直接対峙することを決めた。そして党大会で次のように述べた。「道は二つにひとつしかない。われわれの統治を受け入れてもらうか、ローマに進軍して権力を掌握するかのどちらかだ」

中道勢力は分裂し、機能を停止していたため、ヴィットーリオ・エマヌエーレ国王のか細い両肩に、ムッソリーニの不敵な行動に対処する責任がのしかかった。中道が崩壊していた状況にあって、王政の打倒を目論む社会主義者と、粗野なファシストのどちらかを選ばざるを得ず、王はファシストの方により柔軟性があることに期待を託した。軍部と宰相は、ファシストの行進を阻止し、ムッソリーニを逮捕して、社会主義者とは別交渉に臨むよう国王に進言していた。王は当初この忠言を聞き入れなかったが、ファシストの集団が報道の拠点や政府の建物を占拠し始めると、考えを変えた。一〇月二八日午前二時、王はファシストの鎮圧を命じた。しかしそれから七時間後に、ファシスト集団は軍を倒すに違いないと思い直し、再び方針を転換したのだ。その時点においては、そのようなことは考えられなかったのだが。撤退を命じられた軍隊と入れ替わりに、何万人もの〈黒シャツ隊〉がローマの外れに押し寄せてくると、エマヌエーレ国王は最も安全な道を選んだ。王はミラノで気をもみながら待機していたムッソリーニに電報を送り、ローマに来て、すでに多数派の支持を失い、世話役の座に甘んじていた首相の後任を務めてもらいたいと頼んだのである。ムッソリーニの賭けが、実を結んだのだった。ムッソリーニはわずかに週末をはさんだだけで、政界のトップに躍り出た。選挙に勝つことも、憲法に違反することもなく、自分の目標を達成したのである。

一〇月三一日にローマで行われた黒シャツ隊による五時間の進軍は、当初の目的だった反乱の色合いが薄れ、祝賀ムードに沸いていた。多様な人々が混ざりあったこの集団は、ファシストがどのような恰好をし、どんな人々であるかの固定観念を打ち砕くような構成だった。ナポリから出てきた漁師たちが行進する傍らには、黒っぽいジャージーを着て野球帽風の帽子をかぶった事務員や小売店主が歩いていた。トスカーナ州の農夫たちは狩猟用の上着を着ていた。一六歳の高校生だったジョバンニ・ルッツィーニは、新しいシャツが買えず、使い古しのシャツを黒く染め直し、近所のゴミ捨て場から掘り出した軍隊のヘルメットをかぶっていた。彼らの多くは靴を買うことができなかったため、裸足だった。ハンマーと鎌をあしらったロシアのバッジを、五〇個ほどもつけている男もいた。本人いわく、それらは共産主義者の遺体から取り上げたものだった。グロッセートからやってきた一団を率いるのは、八〇歳に手が届く盲目の男で、半世紀前にイタリアの名高い英雄、ガリバルディ将軍と共に戦った経験の持ち主だった。にぎやかな集団の面々は、古色蒼然としたマスケット銃、ピストル、古びたサファリ銃、ゴルフクラブ、大鎌、テーブルの脚、短剣などを携えていた。ウシのあごの骨を持っていた男もいれば、耐えられない臭いの塩漬けタラの干物を何匹も背負ってきた人もいた。アスコリ・ピチェーノの裕福な青年は、フィアットにマシンガンを積んでやってきた。フォッジャから来た五〇人は農耕馬にまたがっていた。その日は二〇〇人のユダヤ人も群衆に混じり、「ムッソリーニ万歳《ビバ・ムッソリーニ》！」と歓声を上げてファシズムの入城を歓迎したのだった。

　それは印象深い行進だったが、党の政治基盤はまだ固まっていなかった。またたく間に台頭したムッソリーニには、いつ凋落してもおかしくない不安定な足場しかなかった。議会は依然として社会主義者とリベラル派に支配されており、保守派もこのファシストのリーダーを与《くみ》しやすい相手とみなし、適当に操って都合のよいときに交代させればいいと考えていた。ところが間もなく〈イル・ドゥーチェ〉と呼ばれるようになったムッソリーニは、演技の才能があっただけでなく、敵対勢力の蛮勇を心配してなどいなかった。就任して二週間後、議会での初めての演説に臨んだ彼は、大股で議場に入ってくると、腕を上げて古代ローマ式の敬礼*をし、無言で向こうの隅々に視線を向けた。そこには筋骨たくましいファシスト党の警備要員が整列し、自分たちの短剣に手を添えて待機していた。ムッソリーニはそれから両手を腰にあて、「私はこの味気ない陰気な議場を、黒シャツ隊の宿泊所にし、議会を転覆させることもできました。それを実行する権限はあっても、そうするのを望まなかっただけでした。少なくとも、今のところは」と一同に向かって釘を刺したのだった。

このように警告を発し、自分の権限を要求したムッソリーニは、望むことを実施する権限を与えられたが、驚くべきことに最初の優先事項は、善政を敷くことであった。年々肥大化し、効率が悪くなる一方の官僚機構に市民がうんざりしていることを承知していた彼は、毎日点呼をとるように官庁に要求し、遅刻する者や長時間の昼食をとる者を厳しくいさめた。また、〈沼地の干拓〉運動を進め、公務員三万五〇〇〇人を解雇した。貨物列車を列車強盗から守るため、ファシストの武装集団を再び利用した。橋梁や道路の建設、電話交換局の設置、乾燥地帯に水を引くための巨大水路の建造に資金を割り当てた。彼はイタリアに八時間労働制を導入し、高齢者や障害者のための保険給付体制を成文化し、出産前の健康管理医療費に予算をまわし、子供のためのサマーキャンプ場を一七〇〇箇所に設置し、陪審員制度を停止して一連の裁判行程を簡略化することで、マフィアに打撃を与えた。脅迫できる陪審団がいなくなり、裁判官は質問に対して率直に答えることが可能になったため、裁判所は行政府に従順になると同時に腐敗とも無縁になった。伝説に反し、独裁者ムッソリーニは列車を時間通りに走らせることには成功しなかったが、その努力は大いに称えられたのだ。

ムッソリーニは最初から統治の仕事を楽しんでいた。広報担当者たちが吹聴していたほどには、激務にのめりこんではいなかったが、彼は怠け者ではなかった。無類の好色家であったこと、水泳を好んでいたこと、フェンシングが趣味だったことのほかには、外に向かうような娯楽を持っていなかった。彼は良い統治を目指したが、そのためには絶対的な統治の必要性を感じていた。自分の判断を全面的に信頼しており、権力への渇望もとどまるところを知らなかった。

一九二四年には、ファシストが議会の主導権を握る選挙法を強引に通過させた。不正投票の証拠を挙げてこれを非難した社会党の幹部は、ごろつきの一団に誘拐され、殺害された。イル・ドゥーチェは一九二六年末までにすべての競合政党を排除し、言論の自由を奪い、労働運動を無力化して、自治体の首長を自分で指名する権利を確保した。命令の強化を図るため、彼は国家警察を掌握して組織を拡大させ、内部の監視を何倍にも増強した。王政を抑制するために、国王の後継者には自分の承認が必要となることを認めさせた。またバチカンを懐柔するために、売春宿を閉鎖し、司祭の俸給を増額したが、その見返りに司教の就任を承認する権限を手に入れた。さらに、将来を見越して学校を人間の養成工場に変えたことから、そこでは黒いシャツを来てマスケット銃をかついだ少年たちが、英雄としての死を称え、「信じろ！　従え！　戦え！」とスローガンを唱和していた。

ムッソリーニは、「私が生きているこの時代に、しるしを刻みつけたい。カギ爪をつけた宇宙人のようにして」とも愛人に言っていた。彼はそんな怪しげな目標に向けて、人間の平等などというロマンチックな概念を捨ててしまうよう、イタリア市民に力説し、それよりも〈権威の世紀〉〈正しさに向かう

＊　手のひらを下に向けて腕を伸ばす敬礼は、一八世紀になってからヨーロッパの芸術家たちにより、古代ローマ人の慣習とみなされてきた。だが古代ローマ人がそのような敬礼をしていたという証拠はない。ムッソリーニのファシスト党は一九二三年にこの敬礼を正式に取り入れた。アメリカではその三〇年前から「忠誠の誓い」を暗誦する際、学童たちにこのスタイルが使われていたが、第二次世界大戦がはじまると徐々に廃止され、民間人はそれに代えて右手を左胸の上に置くことを奨励された。

世紀〉〈ファシストの世紀〉を受け入れるように勧めた。「いまだかつて、権威的な権力、方向づけ、秩序を、国民が渇望した時代はなかった。時代にはその時どきの信条があるのだとすれば、われわれの時代は、ファシズムを信条とする」と。

市民の意識を高揚させることはできても、前進の感覚が伴わなければ、動員の状態は長くはつづかないものだ。ムッソリーニは壮大な弁説を振るうことで群衆にそれを与え、彼らに地中海一帯に権勢を振るい、広大なスパッツィオ・ヴィターレ〔生存圏〕をもつイタリアの覇権を想起させた。このような楽園を手にするためには戦争をするしかないと訴え、快適さを放棄してその道を受け入れなさい、「危険な生き方をしなさい」と国民に呼びかけた。その言葉を裏づけるように、積極的な外交政策を展開し、アルバニアをイタリアの保護領にした後、アフリカ唯一の独立王国だった無防備に等しいエチオピアに侵攻した。傍若無人なこの企てに資金を調達するため、王妃エレナの呼びかけに応えてイタリア全土の婦人たちが、金に溶かしたり現金と交換したりするために自分の金の結婚指輪を供出し、海外に暮らすイタリア女性たちもそうすることを奨励され、何千人もが同じようにした。ムッソリーニはエチオピア遠征を「史上最大の植民地戦争」であると言っていた。マシンガンや毒ガスでエチオピアを降伏させると、「旗を掲げ、腕を伸ばし、心を軽くして、帝国を称えて歌いなさい。歴史に彩られたローマの丘が、一五世紀を経て生き返ったのだ」と民に呼びかけた。

ムッソリーニは個々の人物を判断するのは苦手だったが、自分は大衆が求めているものを知っている、彼らはショーを欲しているのだと確信していた。身勝手な空想ではあったが、人民を、強い男性を前にした非力な女性のようなものだと考えていた。政府が管理していたメディアを通し、スポーツカーを走らせたり、シャツを脱いで麦畑に佇んだり、白馬の愛馬フルフルにまたがったり、磨き上げた軍靴を履き、胸いっぱいに勲章をつけた軍服姿になったりして、ポーズをとった。結婚披露宴や工場の開所式、愛国的なイベントに招待されれば、スケジュールが許す限り、断らなかった。

演説をするときは（私もそうしているが）小さな台の上に立ち、身長を高く見せていた。演説の直前に太陽が雲間から顔を出すと、そのことも自分の功績にしたりした（これについては、私はそんなことはしていない）。いつもの聴衆は、必ずそこにいた黒シャツ隊のほかに、カーキ色の野戦服を着た兵士、半袖の白いワンピース姿の農家の女性、赤と黄色のサッシュをつけた、〈スクアドリスティ〉と呼ばれる退役軍人で構成されていた初期のファシストたちが主体だった。外国人記者の小グループがその傍らに陣取ることもあった。彼らは演説の前座を務める人々から指を差されたり、揶揄されたりし、それにつづけて聴衆の野次やブーイングを浴びせられたりしていた。当時を知る証人によれば、「シニョーレ・ムッソリーニが姿を現すと、群衆が活気づき、銃剣、短剣、帽子やハンカチを振り立てて、割れんばかりの歓声が上がっていた」という。

政権を握っていた絶頂期には、ヘアトニックからベビーフード、ランジェリー、パスタにいたるまでのさまざまな製品にムッソリーニの姿がついていた。暗殺を企てた男に鼻の頭を撃たれたときは、傷に包帯をしただけで、その日の午後に開催された外科医の集会に出席し、あなた方にメスを振るってもらうはめになりました、と言ったりした。街頭の垂れ幕には、「私が前進するときには後につづけ。退却すれば殺せ。死んだときは、仇を討て」と書いてあった。ムッソリーニは鋳物工場に自分のブロンズ像も造らせた。八〇メートル近いその立像は、サン・ピエトロ大聖堂の円屋根を見下ろし、顔はイル・ドゥーチェに生き写しで、身体つきは半裸のヘラクレスのようだったが、完成をみずに終わってしまった。

一九三〇年代の終わりには、彼に礼を尽くすための手続きが、ほとんど茶番の域に達していた。ムッソリーニの執務室を訪ねた人は、ドアから一八メートルほども離れた机まで歩いていかねばならず、そうするときはいったん立ち止まり、ファシスト流に腕を伸ばした敬礼の姿勢を保っていなくてはならなかった。退出するときも、これと逆の手続きを繰り返さなくてはならなかった。

政治家としては成功を収めたにもかかわらず、彼には外交官としてぎこちないところがあった。当時の西欧における国際外交は、オーダーメイドのスーツを着こなし、洗練されたマナーを身につけ、何時間でも軽妙に社交的な会話を操ることのできる、貴族の領域だった。首相になるまでのムッソリーニは、正装をしたことがなかった。社交的な夕食会でも、スプーンやフォークの使い分け方を身につけていなかった。握手の習慣は衛生的ではないと考えていたし、タバコを吸わず、酒も味の区別がつかず、イタリアの高級ワインでさえ違いが分からなかった。他人が話していることを聞くのを好まず、聞き役になることを嫌っていた。また、自分のベッド以外の場所で寝ることを嫌がり、食事に割り当てていた時間は、ひとりで食べるのであれ家族と一緒であれ、平均して三分程度だった。

ムッソリーニはイタリアに計り知れない豊かさをもたらすと約束していたのだが、外交のほかに経済の分野も、精彩を欠いていたもうひとつの領域だった。偉大な国には強い通貨が必要だと考え、イタリア・リラをドルに固定した結果、公的債務を急激に増加させた。金利の仕組みをよく知らなかったことも、事態をいっそう悪化させる要因となった。重ねてその野望がどれほど非現実的なものになったかを理解しないまま、完全国内自給を推し進めた。そのうえ労使をひとつにまとめようとした努力も、行き当たりばったりで組織化された非能率的な法人国家を創り上げることになった。価格が低迷していたときに小麦の増産を推進し、それ以上の収入をもたらしたはずの他の穀物をおろそかにしていた。優れた相談役を任命し、その助言に耳を傾けていたならば、これらの誤りは回避できたかもしれない。彼はしかし、内閣が自分の直観を揺るがせる意見を述べることを嫌っていたのだ。知識人の集まりでは、「イタリアには決して過ちを犯さない人物はひとりしかいない」と言い、ある報道記者にはこうも言っていた。「私はしばしば、間違っていたいと思うことがある。だがこれまでのところ、間違っていたことはなかった」と。

一九三〇年代が進むにつれ、ファシストの帝国である新ローマ帝国は、凋落の兆しをみせはじめた。サーカス団の団長だったムッソリーニは、他者の追随を許さない存在だったが、イタリアはヨーロッパの世界地図を塗り替えるために必要な資源も、戦略的手腕も欠いていたのだ。だがアドルフ・ヒトラーには、それは当てはまらなかった。

第3章　蛮族を目指す

ドイツ、ハイデルベルクにて

その晩は宿屋で、隣のテーブルにいた柔らかい糸くずのような髪をした青年が、冷ややかに私を見つめているのに気がついた。彼は唐突にぎこちなく席を立つと、こちらに近づいてきた。「イギリス人ですか？」とドイツ語で言い、嘲るような笑みを浮かべて「たいしたもんだ！」とつづけた。それから憎々しげな表情になり、言い募ってきた。なぜドイツの植民地を奪い取ったんですか？　なぜドイツは艦隊も軍隊も持つべきではないんですか？　ユダヤ人が取り仕切っているような国の命令に、ドイツが従うとでも思っているんですか？　非難はつづいた。大声ではなかったが、彼の言葉は明瞭でどこにも無駄がなかった。ほとんど私に触れそうに顔を寄せてくるので、シュナップスの臭いがする息が長々とかかってきた。「アドルフ・ヒトラーがそれをすべてひっくり返すんです。あなたもその名前を聞いたことはありませんか？」彼は最後にそう言っていた。

——一九三三年一二月。あるイギリス人旅行者の回想より一九三三年三月二三日の朝、ベルリンのクロール・オペラハウスに巨大な横断幕がはりめぐらされた。横断幕の中央には、ナチ党のシンボルである巨大なスワスティカ*（鉤十字）が描かれていた。その四週間前に放火で破壊されたドイツ帝国議会の臨時議事堂《ライヒスターク》として、オペラハウスが用いられることになったのだ。演台に向かっていたのは、ドイツの新首相だった。オーストリアに生まれた彼は一月三〇日に首相の座に就いたのだが、権力を握ったのは大衆の支持を得たからではなく、暴力の限りを尽くすギャング団を指揮し、それに加えて共産主義を敵に回していたからだった。彼が演説を始めようとしていた建物は、ハインリヒ・ヒムラーが率いる秘密警察が外まわりの警護を担い、内部では褐色のシャツを着たナチ党の準軍事組織、突撃隊（SA）が警備にあたっていた。ナチスの突撃隊は、このときすでにドイツ軍を上回る規模になっていた。

新首相のアドルフ・ヒトラーは静かに、穏やかな口調で話しはじめた。四三歳になる彼は、議員たちに向かい、私を信頼してくださいと呼びかけ、あまり難しく考えず、自分で自分を忘却のかなたへ追いやるような投票をしないように願っていますと述べた。ヒトラーの目論見は、憲法を無視し、議会の採決を通さずに、政令による統治を承認する法案を可決に持ち込むことだった。彼は一同に心配はいりませんと諭し、ナチ党にはドイツの政治機関を弱体化させようなどという意図はありませんと保証した。さらに、法案が通過しても議会はこれまでどおりで変わりません、言論の自由が妨げられることもありません、キリスト教の価値観も従来どおりに大切にされますと説いた。この「人民と国家の苦悩を排除する法案」のもとで行使されるのは、敵対国から国を守るためにしか使われない権力です。ご安心くだ

＊　ナチスは一九二〇年に、英語でスワスティカと呼ばれる鉤十字、ハーケンクロイツ（鉤状の十字架）を彼らの運動のシンボルに定めた。ハーケンクロイツは古代インド・ヨーロッパ文化に起源しており、幸運のお守りとされていた。

さい、ナチ党は誠意をもって行動しますと述べたのだった。

ヒトラーはそれから自分の席に戻り、順に演壇に立った他政党の党首の演説に耳を傾けた。カトリック派、保守派、中道派。ひとりずつ、ヒトラーの放ったハミを噛み、彼の手中に落ちていった。ただひとり抵抗を示したのは、無防備であっても名誉が保てないことは意味していないと主張した、社会民主党の代表だけだった。それを聞いたヒトラーは調停役をかなぐり捨てて演壇に駆け上り、「あなた方の票はいりません。ドイツの星は昇りつつあるが、あなた方の星は消えかかっている。あなた方は終わりを迎えたのです」と言い放った。

投票が行われると、全権委任法案は大差で可決された。だが数週間もしないうちに、言いなりになった政党は解体され、社会主義者も逮捕された。第三帝国は、このようにして誕生したのである。

アドルフ・ヒトラーは一八八九年四月二〇日に、ドイツのバイエルン州と国境を接するオーストリアの町ブラウナウで生まれた。下級官吏だった父親と、息子に甘い母親のもとで育ち、学校では教師に「頑固で気難しく、横柄で、怠け者だった」と評されるような、平凡な生徒だった。一六歳で学校を出てからは、将来性が低い道へと踏み出した。スケッチブックにぎっしりと建築図面を描き込んだり、ワーグナーのオペラにのめり込んだり、名門美術学校に入学を試みて失敗したりしていた。二〇代の前半はウィーンの男性専用の簡易宿泊所で暮らし、雑用をしたり、絵画の小品を売ったりして小銭を稼ぎながら、大量に本を読んでいた。傍目には、魅力がなく、栄養不良で、住む家も仕事も持たない、親しい友人がいない青年にしか見えなかったことだろう。しかしヒトラー自身は自分を卓越した、選ばれたひとりであると考えていた。彼を知る人々からは、非現実的なことばかり思い描き、政治に夢中で、愚かな連中に対してほとんどいつでも怒りに燃えている男と見られていた。社会主義者や聖職者たちのたわごとを鵜呑みにしている労働者階級を軽蔑し、国家が重大な脅威に直面していながら何もしない帝国議会に憤り、当時は広く流布していた、ユダヤ人はよこしまな途方もない陰謀を企んでいるという説を受け入れていた。

二五歳になったヒトラーは、第一次世界大戦の勃発を歓迎した。バイエルンの陸軍に入隊し、開戦直後の戦闘を目撃し、その後四年にわたり、連隊本部と前線の間を行き来して伝令兵をしていた。彼は戦争をドイツ国民の気概を示す機会であると考え、多くの兵士とは異なり、不満をこぼさなかった。一九一六年一〇月に脚を負傷したが、翌年春には任務に復帰し、伍長に昇格した。一九一八年の夏には、毒ガス攻撃にさらされて一時的に失明した。

彼の視力は一一月に回復したが、それとともにドイツ敗北のショックに見舞われた。その最後の秋まで、ベルリンの政府は勝利しか口にしておらず、戦争が終結すれば大きな見返りが得られるとしか語っていなかったのだ。ところが銃声が静まると、ドイツには降伏の屈辱がもたらされただけでなく、戦勝国からは賠償金の支払い、帝国の解体を求められた。ヒトラーをはじめとする多くの兵士にとって、それは理不尽で屈辱的な、とうてい受け入れがたい仕打ちだった。戦争は一九歳から二二歳のドイツ人男性を三五パーセントも減少させていた。戦闘による疲弊、経済的な困窮にさらされ、国家は打ちのめされていた。生き残った人々は憤慨にたえず、心の中では、こんな無念を味わわされるのは戦場の勝敗とは無関係だ、ドイツは貪欲な官僚、ボリシェビキ、銀行家、ユダヤ人らの反逆者集団に裏切られたのだと思っていた。

前途多難な状況にあったドイツは、皇帝ヴィルヘルム二世の退位により、多党制の民主主義を導入する方向へと向かった。この新しいワイマール共和国は、悪意に満ちたヨーロッパ、無関心を決め込むアメリカと、傷ついた市民たちに向き合うことになった。また政府には、ドイツの戦争責任を認め、武装解除、領土の割譲、賠償金の支払いを義務づけたヴェルサイユ条約の過酷な条件を受け入れざるを得ない責任があった。ワイマール共和国の指導者たちはさらに、その後すぐに進行し、中産階級の多くから貯金を奪い去ったハイパーインフレーションへの対処も求められた。イタリアと同様に、戦争の終結は労働組合運動を活性化させ、ストライキや抗議運動が頻発していた。心身に傷を負って前線から復員してきた何百万人もの兵士は、職を求めて奔走しても、仕事がどこにも見つけられなかった。ドイツ人が抱いた疎外感は、自分たちは崇高な使命を担い、独自の文化遺産を守らなければならないと考える、一九世紀から芽生えていたドイツをほかの国とは区別する意識によって、いっそう増幅された。自分たちは勝者であったはずだった。それがいまでは、喪失感を抱くことになってしまったのだ。

一九一九年の秋、ヒトラーはバイエルン州に本拠を置くドイツ労働者党に入党した。労働者党は民衆を扇動するナショナリストの小集団であったため、彼はすぐに役職を与えられることになった。実際には五五人目の党員だったのだが、もっと多くの人数を集めていると見せかけるために同志番号五五五号を与えられた。広報を任されたので、ヴェルサイユ条約の破棄、ドイツ国民の統一、ユダヤ人の市民権剥奪、富裕層に富の均等分配を要求する綱領といった政策を掲げ、公開集会を開き、新加入者の誘致を目指した。左派を引き入れるために、党はその名前を〈国民社会主義ドイツ労働者党〉(略してナチ党)に改めた。

ヒトラーは早くから、陸軍大尉のエルンスト・レームと手を結んでいた。レームは退役軍人をこの新しい政党に引き入れるようになり、自分の率いる民兵組織の突撃隊に新メンバーを配属し、共産主義者を叩きのめす任務を担わせた。彼はまた、新聞の刊行に充てるために軍から資金を横領したりもしていた。だがナチ党にとって最大の財産は、仲間から〈ドラマー〉《太鼓叩き》と異名をとっていたその広報担当者、ヒトラーであったに違いなかった。

三〇代に入ったヒトラーは、奔放ではあったが弁説で人を魅了した。軍隊時代に得た鉄十字勲章が精神的な支えとなり、放浪者まがいの生活をした経験から、聴衆を喜ばせるものが何であるかを直観的に理解していた。聴衆が受け入れるのは、抽象的な理論や客観的な議論ではないことを知っていた彼は、シンプルな言葉を使い、後にみずから認めた〈超特大級の嘘〉をつくこともためらわなかった。裏切り者への憎しみを煽ることに努め、その裏切り行為がドイツに高くつく戦争の代償を払わせた、〈一一月の犯罪者〉〔講和条約を締結した人々〕を売国奴と呼んでののしった。また、ニーチェが「騙されたと感じている人々」のイデオロギーと呼んでいた主題を毎日のようにむし返し、反ユダヤ主義を標榜した。

町の広場、ビヤホール、サーカスのテントで演説をしていたヒトラーは、叩きのめす、打ち壊す、根こそぎにする、息の根を止める、など同じ表現を何度も繰り返し使っていた。典型的な演説では、激しく腕を振り、国家の敵に向けて怒りをぶちまけ、ドイツが勢いを増していく新しい時代の展望を話し、そのあいだに落ち着きを取り戻していた。ナチ党は次第に党員が増え、ショービジネス的な側面を拡大していった。彼らは腕をまっすぐに伸ばすスタイルの敬礼を取り入れ、ムッソリーニに敬意を表して褐色のシャツを着るようになった。彼らが組織する集会では、レームが率いるならず者の一団が威嚇のオーラを放っていた。ヒトラーは帝政時代と同じ配色の三色旗を考案し、それについてこのように記した。「われわれ国民社会主義ドイツ労働者党は、党旗をわれらが政党の綱領を具象化したものとみなす。赤は運動の根底にある社会思想を表現し、白は国家的思想を表している。そして鉤十字は、アーリア人の勝利に向けて闘うわれわれの使命を意味しているのだ」。これらの努力が功を奏し、ナチ党は存在を確立していったが、一九二〇年代初期の混乱の中では、ほとんど注目されていなかった。

一九二三年一一月、ヒトラーは焦りに負けて、ムッソリーニの伝説的なローマ進軍を再現しようと考えた。それは無謀な企てだった。ナチスはバイエルン州を制圧して全国的なクーデターを起こそうとしたものの、勝利するためには不可欠であった軍の支援が得られなかったのだ。首謀者たちは逮捕され、クーデターは失敗に終わった。このときの謀反人の中で、政府の転覆を図ったことを臆面もなく自白したのは、ヒトラーだけだった。初めて全国規模の舞台に登場した彼は、これはドイツ全土を浄化するための蜂起であったと抗弁し、「独裁者になるために生まれてきた男」として、自分には使命を遂行する義務があったのだと裁判官に主張した。彼は五年の刑を言い渡され、一三ヶ月後に執行猶予付きで釈放されたが、服役中も生産的に過ごしていた。ヒトラーは刑務所を出るときに、『虚偽と愚行と卑怯さに対する闘争の四年半』と書かれた原稿を小脇に抱えていたのだ。このタイトルは後に出版元によってすっきりと『マイン・カンプ』(『わが闘争』)に改められた。

反乱の失敗はヒトラーにいっそう決意を固めさせたが、同時に、以前より慎重にさせた。今後は彼が〈合法的な政治活動〉と呼んだ方針によって権力を奪取することを決意したのだ。このアプローチは、暴力の行使を排除するものではなかったが、それ以上のものが要求された。ナチ党を全国的な政治組織にすることを決めたのである。ナチスは基盤を広げる活動を開始し、一九二九年までには日刊紙や週刊紙を発行し、青少年、婦人、教員、法律家、医師などの付属団体が設立された。士気を煽るために、ヒトラーは戦争賠償金の支払い義務に対しても非難をつづけた。彼の考えでは、懺悔論に屈するのは不甲斐なさの極みでしかなかった。また、ドイツの困窮と弱体化を企んでいるとして、イギリスとフランスを非難し、国民のニーズに応えようとしない主流派の政治家をこき下ろした。とりわけ共産主義者に毒舌を吐いた。このことは金融界を味方につけ、主要メディアの好意的な報道を得るうえでも奏功した。

しかし、一九二〇年代が激動の終盤に向かうあいだも、ナチ党は出来事に翻弄されるだけのマイナーな政党に過ぎなかった。彼らにとって、良い知らせは悪い知らせだった。経済が好転しはじめ、インフレが収まると、人々は将来に希望を抱きはじめ、ヒトラーが売りつけようとしていた万能薬に対する関心を示そうとしなくなってきたのだ。

だがそこへ大恐慌が襲いかかり、景気回復への道が閉ざされて、ドイツはどん底に追い込まれた。余剰資金は戦争賠償金に充当されていたため、国の投資はすべて借金で賄われていたのだが、借金は返済しなければならず、貸し付けも得られなくなってしまった。世界市場が縮小し、輸出の需要を圧迫した。生産が落ち込み、失業率は四倍になり、企業が倒産する一方で質屋が店を開いていった。旧来の政党を率いる人々は議論ばかりに終始し、帝国議会は暗礁に乗り上げてしまった。その後一連の選挙が行われたが、何の解決にもならなかった。怒れる時代の怒れる男だった未来の総統《フューラー》ヒトラーは、ついに求めていた聴衆を与えられたのだ。いままた崩壊寸前に追い込まれたドイツについて、ヒトラーはその悲惨な状態を声を大にして訴える役を買って出た。〈一一月の犯罪者〉たちを改めて糾弾し、国民を救い出し、敵を打ち倒す、祖国の運命を実現する政党、われわれのもとで、いまこそ勇敢な新世代が立ち上がるときを迎えたのだと訴えた。

一九三〇年九月、不満を抱えた有権者たちが、抗議の意思を胸に秘めて投票所へ足を運んだ。ナチ党は得票を伸ばし、ヒトラーが女性、小規模事業者、農民、若い世代による大きな支持を獲得したことから、帝国議会での地位も向上した。それまでは九番目の政党に過ぎなかったナチ党は、一夜にして社会民主党に次ぐ位置に躍り出たのだった。共産党も健闘し、両極が双方向から民主主義の要塞を挟み撃ちにする形になったために、中間部は堅苦しい貴族たちと当惑したリベラル派を残すだけの、小さな孤島になってしまった。

ドイツの大統領パウル・フォン・ヒンデンブルクは、長身で威厳があり、第一次世界大戦の英雄として尊敬を集めていた。彼は昔から名声を博していた人物でもあった。この老将軍が最初に戦いに参加したのは一八六六年の、忘れられて久しいオーストリア帝国との戦争だった。その全盛期には任務の遂行を至上とし、変化を最大の敵とみなして、カイゼルと国旗に忠誠を尽くしていた典型的なプロイセンの将校だった。だが現代の政治家としては、政治に必要な技術を持たず、時流を読み解くことのできないタイムトラベラーのようだった。高齢の大統領は、側近にも恵まれていなかった。周囲にいたのは、救命胴衣のように自分たちの野望にしがみつき、沈みつつある救命ボートの最上席をわれ先に奪い取ろうとする人々ばかりだったのだ。

二年後の一九三二年春、老ヒンデンブルクは再選のために立候補するよう説得された。その結果、得票数はヒトラーを上回ったが、大恐慌がまだ国を停滞させていたため、ナチ党は再び票を伸ばし、他党を一〇〇議席以上引き離す議席数を獲得した。衝撃を受けたヒンデンブルクは、ヒトラーに連立内閣の樹立を提案した。だが新進気鋭のヒトラーは執行権の全権を要求し、この提案は大統領が勇敢にも退けた。そのため再度選挙が行われることになった。選挙が実施された一一月には、ナチ党の勢いは弱まったものの、影響力を行使するのに十分な議席数を獲得した。共産党を連立政権に引き入れるのは問題外であったので、ヒンデンブルクはヒトラーを指導者として受け入れるか、決定的な結果を得ることは期待できない選挙をつづけるかの選択を迫られることになった。大統領顧問団の意見は割れていたが、ヒンデンブルクの息子だったオスカーはナチ党を支持しており、賄賂になびく人物でもあったことから、オーストリア出身の粗暴な男の弁護にまわった。結局一九三三年一月三〇日に、ヒンデンブルクはヒトラーに握手の手を差し出した。一〇年前のムッソリーニがそうだったように、ヒトラーも他に選択肢がないと考えた年配の相手から、権力を握るための鍵を与えられたのである。そしてムッソリーニと同じように、憲法上の手段で過半数の票を得ることなく、合法的に国家権力の最高峰に昇りつめた。ドイツの新しい首相となったヒトラーは、この歴史的な政権交代を〈合法的革命〉と言い表した。

大企業、軍部、キリスト教会で構成されていたドイツ政界の既成勢力は、当初はナチ党を広範な支持を得ることなど考えられない、口先だけのごろつきとみなしていた。時間が経つにつれ、ナチ党に共産主義に対する防波堤としての価値を認めるようにはなってきたが、それ以上の評価ではなかった。彼らはヒトラーに対しても、そうしてしかるべきだった脅威をそれほど感じていなかった。高等教育を受けていなかったことでヒトラーを見くびっていたのだが、ヒトラーの人を惹きつける術策には抗えなかった。ヒトラーは必要なタイミングで笑顔になり、安心させるような嘘をついて彼らの質問に答えるように気を配った。昔かたぎの彼らは、ヒトラーは自分の手に余る状況に置かれた素人に過ぎず、その人気も長くはつづかないと考えていた。ヒトラーを見誤っていたのだ。他方、若き首相のヒトラーは、そんな彼らを鋭く見抜いていた。一九三三年の二月に、同僚にこう打ち明けている。「反動勢力は私を操っているつもりでいる。私が失敗をしでかし、墓穴を掘るのを期待しているが、われわれの最大のチャンスは、先手を打って動けることにある。われわれには良心の呵責も、ブルジョアのためらいもないのだから。あいつらは私を無教養な野蛮人だと思っている。野蛮人だとも。われわれは野蛮人になることを目指しているのだ。名誉ある称号だ」と。

全権委任法によって権限を与えられたヒトラーは、ドイツに残された民主主義を破壊するための政治的な電撃戦を開始した。まず、手始めに地方議会を廃止し、各地の長官をナチスにすげ替えた。突撃隊を派遣して政治的反対者を襲わせ、必要と認めた者を新たに開設された強制収容所へと連行した。一九三三年には五月一日を有給の祝日と定めることによって労働組合を一掃し、五月二日に全国の組合事務所を占拠した。公務員の不誠実な分子を追放し、ユダヤ人が職業に就くことを禁止する法令を出した。さらに演劇、音楽、ラジオ番組の制作をヨーゼフ・ゲッベルスの監督下に置き、非協力的なジャーナリストをその仕事から外した。そして秩序を確保するために、政治的機能、諜報活動、警察機能をひとつにまとめ、ゲシュタポと呼ばれる組織を設置した。

ナチスの革命は破竹の勢いで進行したが、党員の中には掘り下げ方が甘いと不満を抱く人々もいた。即座に見返りが得られることを期待して入党した人が、何十万人もいたのだ。彼らは都市では仕事を求め、地方では土地を求めていた。肥大した突撃隊も、正規軍に取って代わることを渇望していた。だがヒトラーは彼らの言いなりにはならなかった。ヒトラーの目標はドイツの国力の基盤を再建することであり、そのためには党外の人々の技術や経験にも頼らなくてはならなかったのである。彼には、大規模な農業事業を解体したり、基幹産業を破壊したり、軍部に戦いを仕掛けたりする意図はなかった。その代わりに、個人外交の手腕を発揮し、みずからの手で播いた恐怖で人々の恐怖心を煽ることによって、党の秩序を強化した。その戦略は概して成功を収めたが、ひとつだけ注目すべき例外があった。

ナチスは権力への道筋に立ちはだかる邪魔者をなぎ倒すために、突撃隊を編成していた。しかし目標を達成したいまとなっては、突撃隊はその任務を失っており、党幹部は組織の縮小を図り始めた。だがこの民兵隊の隊長エルンスト・レームは、これに反対し、企業、大地主、突撃隊が略奪できる財産を持っている者など、攻撃する標的はまだたくさん残っていると主張していた。レームの視点からは、革命運動には革命的な軍隊が必要であり、革命的な軍隊とは邪魔なものを一掃する軍隊だった。ヒトラーは旧友を説得しようとしたが、レームは譲らず、ベルリンの部隊に火力兵器を増強させて脅しをかけた。

一九三四年の六月四日、ヒトラーとレームは再び会合した。ヒトラーは愛想のいい顔を見せ、突撃隊には一ヶ月の休暇を与え、任務に復帰するまで最終決定は棚上げにし、冷却期間を設けることを提案した。レームは――愚かにも――警戒を解き、敬礼をもって提案を承諾したのだった。ところが六月三〇日、ゲシュタポがレームを逮捕し、共謀を図ったとみなされた数百人を検挙した。弾丸を一発だけ装填した拳銃を渡され、一〇分間のうちに自殺するように命じられたレームは、「私の死を望むなら、ヒトラーが自分の手でそうするがいい」と挑戦的に言い放った。一〇分が過ぎると、ヒトラーの側近二人がレームに狙いを定めて銃を撃った。レームは「我が総統《マイン・フューラー》、我が総統《マイン・フューラー》」と苦しい息でつぶやきながら息絶えたと伝えられている。

〈ハチドリ作戦〉または〈長いナイフの夜〉と呼ばれるこの作戦により、正規軍を脅かす存在となった突撃隊は排除された。その結果ヒトラーの軍部とのつながりが強化され、高齢のヒンデンブルク大統領が間もなく死去した際には、その後を継ぐ道が開かれた。ヒトラーは危機を脱し、政府の長、国家元首、軍の最高司令官として浮上した。軍隊はそのときから、国家や憲法に対してではなく、総統閣下に忠誠を誓わねばならなくなったのである。

ヒトラーが自分を卓越した存在であると考えていたのは、優秀な発想を自負していたからではなく、歪んだ概念ではあっても、それを現実に変えるための並外れた推進力があったからだった。他の人間であれば躊躇したり、良心のためらいを感じたりすることであっても、彼は行動を重んじ、冷徹な姿勢を貫くことが不可欠であると考えていた。政治の道に入った初期の頃から、大衆の心理を読むことにかけては天才的な才能があり、臨機応変に演説の中身を調整することができた。顧問らとの会話では、そのことを正直に認め、ほとんどの人間は何かを信じることを心から望んでいるが、信じる対象が何であるかを論じ合うほどの知力は持ち合わせていないのだと言っていた。そこで彼はしたたかに、聴衆に対しては問題を理解しやすい言葉で表現し、多くの問題の原因は、その背後に単一の敵が潜んでいるからだと思わせるように仕向けた。ヒトラーは彼らにこう説明したのだ。「見通しはふたつに割れます。アーリア人が勝利するか、アーリア人が全滅してユダヤ人が勝利するかの、どちらかひとつしかありません」

国民は自分たちの怒りを論じ、自分たちの不安に理解を示し、奮起をうながす大義に自分たちの参加を求めるリーダーを望んでいる。ヒトラーはそう感じ取っていた。自分の演説に対して諸外国で膨れ上がった怒りを、落胆するどころか喜んでいた。ヒトラーを黙らせることができると考えている相手をこき下ろす言葉を支持者たちが聞きたがっており、そのために自分が攻撃されるのを歓迎しているのだと考えていた。強大な敵に立ち向かう勇敢な男のイメージほど、人を魅了するものはないに違いないと。ヒトラーはこのようにして、無防備な者への迫害さえも、正当防衛であるかのように見せることができたのだ。

ヒトラーは中背で髪が黒く、逞しさとは無縁の体つきをしていたため、アーリア人種の理想像とはかけ離れていたことも、支持を集める一因だったのかもしれない。彼は自分自身を国民の真の代表者であり、銀行口座も投資収入も豪邸も持たない労働者、退役軍人であると自称していた。「労働者諸君。私をあなた方の保証人であると思ってほしい。私は人民の子として生まれてきた。生涯を通じてあなた方のために苦闘してきたのだ」と。

ドイツ国民は、職場や集会、急速な進化を遂げつつある媒体だったラジオを通し、のべつ幕なしにプロパガンダを浴びていた。ヒトラーは全体に招集をかければ、八〇〇〇万人がその言葉に耳を傾ける力のある、最初の独裁者であった。一九三〇年代のラジオは、今日のインターネットのようなものだったが、一方通行のコミュニケーション手段であったことから、聴取者のコントロールが容易だった。人心を操作するのにこれほど効果的な手段は、かつてなかったのである。ヒトラーの主要な演説はしばらくのあいだ、ラジオを通じて世界に向けて放送されていた。学校では、『わが闘争』が神聖な教科書だった。「私たちはこの本を聖典にして勉強しました。そして憎悪を信条として掲げていました」と当時の生徒は振り返っている。

こんにちの識者たちは、政治における真正さの重要性を論じている。しかしヒトラーは自分についても敵についても、臆することなく嘘を口にしていた。何百万人もの男女に、自分は心からあなた方を気にかけていると信じ込ませていた彼は、進んでその全員を犠牲にすることもできただろう。凶悪な野望、人種差別の公言、道徳の完全な欠如には、透けて見えるようなベールしかつけていなかったのだが、何百万ものドイツ人がヒトラーに引きつけられたのは、彼がまさに真正さを表しているように見えたからだった。群衆が嬉しそうに「ジークハイル！」〔勝利万歳！〕と声を上げていたのは、より良い世界になることを疑っていなかったからだったのだ。

騙されていたのはドイツ国民だけではなかった。ウィンストン・チャーチルも一九三五年に、次のように記している。

公の場であれ社交の場であれ、直接ヒトラーに会ったことのある人は、非常に有能で、冷静で、情報に精通した役人であり、好感の持てる物腰と屈託のない笑顔を持っていることがわかる。こうした印象を抱くのは、権力の輝きのためばかりではない。彼は運がどん底にあったときでさえ、闘争のあらゆる段階で仲間にそれを発揮していたのだ。ヒトラーの方式を嫌う人であっても、愛国的な業績は称賛することができるだろう。我が国が戦いに敗れることがあれば、国家間の中のもとの場所へと導いてもらえるよう、彼のような不屈の闘志を見いだせることを願っている。

ヒトラーには、経済改革には手をつけない賢明さがあった。最初の二年間に、大恐慌の闇に光がさしはじめ、失業率は半減した。好景気は三〇〇万人の新たな雇用を生み出し、その大きな割合を占めていたのが、軍需産業だった。それは絶妙なタイミングでもあった。そうでなかったとすれば、ドイツの軍隊は貧相なものになっていたはずである。ドイツは空軍も海軍もほとんど持っておらず、陸軍にも近代的な装備が備わっていなかったのだ。ドイツにはしかし、戦争を起こそうと考えていたからこそ、戦争に備える必要性を十分に理解していた指導者がいた。イギリスとフランスは起こる可能性のある衝突を回避したいと考え、資金をつぎ込むことには消極的だったが、ドイツは隠密裡にとは言いがたい大掛かりな再軍備推進運動をスタートさせた。ヒトラーは何年もの間、自分には平和的な意図しかない、ドイツが受けた不公平な仕打ちを埋め合わせようとしているだけだと主張していた。一九三六年に、さらに一歩を踏み出してラインラント〔ライン川沿いの一帯〕の再武装化を進めたときにも、これは限定的な行為であって、正義に対するドイツの要求は満たされたため、これ以上のことをするつもりはないと説明した。だがそこには、必ず次の段階があったのだ。

ヒトラーはやめるつもりはなかった。支持者たちに、目を覚ませ、「偉大なる詩人たちが夢見ていた大ゲルマン帝国を育てるのは、諸君にかかっている」と呼びかけた。彼は歴史に残る世界の偉人、運命の担い手、超人的な人物が、強大な意志の力で時代を変えてきたという概念を、そのとおりだと考えるのに十分な哲学の書を読んでいた。自分も本質的にはそのひとりであることを疑っておらず、ヨーロッパには彼に比肩する者はいなかったのだ。ただひとりを除いては。

第4章　同情無用

チャーリー・チャップリンの映画で初の完全トーキー作品である『独裁者』は、一九四〇年に公開された。無類の俳優チャップリンは、この映画でユダヤ人の床屋と、中央ヨーロッパにある架空の国の暴君、アデノイド・ヒンケルのひとり二役を演じている。わずか四日違いで生まれたチャップリンとヒトラーは、いずれも世界で最も名前が知られ、身長も身体つきも、顔の髭*までよく似ていた。映画では近隣国の独裁者、ベンジーノ・ナパローニがヒンケルを訪ね、ふたりで戦争計画について意見を交換する。滑稽なふたり組は、並んで床屋の椅子に座り、それぞれが少しでも高いところから相手を見下ろせるように、必死になって椅子の高さを競い合うのだ。

ヒトラーとムッソリーニは十数回ばかり顔を合わせている。いずれもが自分の使命について壮大なビジョンを掲げ、どちらも若い頃に才能を認めなかった世の中に対し、抑えがたい怒りを抱いていた。両者ともに、高学歴で社会に迎合するだけの同時代人たちに反感を持ち、ヒトラーはナチスだったが、ム

＊　チャップリンは偽の口ひげをつけていたのだが、米国の映画会社が政治的なイメージを持たれるのを嫌がったため、『独裁者』はチャップリンが個人資産を投じて制作した映画だった。イギリス当局はヒトラーを怒らせることを恐れ、制作を阻もうとしたが、映画が完成したときにはすでに第二次世界大戦が始まっていた。

ちらもファシストだった。政界での地位を高めていくあいだのヒトラーは、ムッソリーニを手本にするに値する先達として評価していた。ムッソリーニは、最初はヒトラーにほとんど注意を払っていなかったが、顔を合わせてからは、常軌を逸した人物だが有用になり得ると考えを改めた。

ムッソリーニはヒトラーの人種論を否定し、「愚かで野蛮な、ヨーロッパの国家には似つかわしくない理論だ」と陰で言っていた。イタリア人だった彼には、北方の支配民族にかかわる神話を熱狂的に語る理由などなかったのだ。ムッソリーニはまた、政治活動をはじめた初期の頃は、ユダヤ民族を擁護する世界でも有数のキリスト教徒のひとりとして、ユダヤ系の新聞各社に一目置かれていたのである。

イタリアが第一次世界大戦時と同様に、第二次世界大戦でもフランスやイギリスと同盟を結んでいたとすれば、二〇世紀の記憶は大きく変わっていたことだろう。だが残念なことにムッソリーニにはかつての同盟国への不満がくすぶり、イギリスやフランスの首脳たちから無作法なまたいとこでも見るように見下されていると感じていた。決定的な決裂が訪れたのは一九三五年、国際連盟がエチオピアを侵略したイタリアに経済制裁を加えたときだった。ヨーロッパを代表する帝国主義勢力が、みずからの帝国を求めるイタリアを罰するのは、ムッソリーニにとっては理不尽な話だった。

ヒトラーがムッソリーニに惹かれたのは、大胆さ、ナショナリズム、反共産主義、戦争といった男らしさに満ちた彼の弁論術が自分によく似ているのを、好もしく思ったからだった。『わが闘争』にも、「アルプス山脈の南にいる偉大なる男は、人民への熱烈な愛により、イタリアの敵とはいっさい手を組まなかった」と記してムッソリーニを称えている。ヒトラーが権力の掌握とその強化のために採用した戦術は、暴力集団の活用、議会での威嚇、おのれの権力の増強と濫用、行政府の隷属化、大規模な舞台演出の愛好など、その多くがムッソリーニが以前に採用していたものだった。フューラーのヒトラーにしてもイル・ドゥーチェのムッソリーニにしても、指導者に間違いはないと主張していた点においても、ふたりは同じだった。

ヒトラーとムッソリーニは真の同胞として気持ちを通わせたこともあった。イタリアの独裁者が初期に収めた成功を、ヒトラーは最後まで高く評価していた。しかしチャップリンのコミカルな風刺は、現実を映した鏡でもあった。ふたりのリーダーも、彼らが代表していた国同士も、ぴったり合うようにはできていなかった。ヒトラーが初めてイタリアを訪問したのは、一九三四年六月にベネチアを訪れたときだった。この外交訪問は、いたずら好きの妖精が準備したかのような様相を帯びていた。両者のすれ違いは早くも空港から起きはじめた。飛行機が着陸し、カーキ色の野暮ったいレインコートを着てタラップを降りたヒトラーは、軍服で正装したムッソリーニの出迎えを受けた。会談に臨んだムッソリーニは通訳をつけていなかったため、ヒトラーが何を言っているのかほとんど理解できなかった。翌朝、ムッソリーニはヒトラーとのパレードに三〇分遅れて現れ、サン・マルコ広場ではヒトラーの存在を忘れたかのような演説をした。昼食時には、シェフがヒトラーのコーヒーに塩を入れる悪さをした。ヒトラーはその午後、舟で遊覧中に、地中海沿岸地域の人々の民族的劣等性をムッソリーニとの話題に選んだ。その晩に催されたレセプションでは、ムッソリーニは途中で退出し、その後うっかり口を滑らせたふりを装い、報道記者にまるでチンギス・ハーンだとゲストを評した。対するヒトラーは、イタリアの君主ヴィットーリオのことを、「くるみ割り王」のようだと口にしていた。

両者の関係は時間の経過とともに改善されたが、大幅にではなかった。ヒトラーは同盟国としてのイタリアに不満を抱き、ムッソリーニも、実務的な話になるとドイツ人の相手が機関銃さながらに統計数字をまくしたて、口を閉じようとしないことに業を煮やしていた。イル・ドゥーチェの義理の息子は、当時をこう語っている。「ヒトラーは話して話して話しまくり、ムッソリーニは耐える――ムッソリーニは自分が話したいたちでありながら、それができずに口をつぐんでいるしかなかった」〔娘婿のガレアッツォ・チアーノは一九三六年以降外相を務め、四〇年に日独伊三国同盟を締結した）。一度、会談が終了してから、ヒトラーの飛行機で一緒にベルリンに飛んだことがあった。このときは離陸するや否や、ムッソリーニが復讐を果たした。自分が操縦桿を握ると言い張り、ヒトラーの肝を冷やしたのだ。

イタリアのファシズムの醜さは、ファシスト党が政権を握る以前に、二〇〇〇人と推定される左派の反対勢力を武装集団が殺害したときと、ローマから任を託された占領者たちによるエチオピアでの非道な暴虐行為に、顕著に示されている。しかし在職中のムッソリーニは、ヒトラーが行ったような国内粛清の必要は認めておらず、彼自身も厳しい言葉を口にしていたにもかかわらず、そのような行為に驚愕していた。一九三四年にヒトラーが自分の支持者を一〇〇人ほど粛清したときも、かつての朋輩に対する行為の残虐さに愕然とした。その少し後でナチスの暗殺部隊がウィーンでオーストリアの首相を襲撃し、喉を撃たれた首相が苦しみながらソファで絶命するまでの三時間を、その場にとどまって見届けたという事件があった。ちょうどその頃、首相の妻と小さい子供ふたりは、ムッソリーニの招待を受け、彼の別荘に近いアドリア海沿岸の別荘に滞在していた。ムッソリーニはこのとき、家族が宿泊していた家に足を運び、ぎこちないドイツ語でみずから夫人に訃報を伝えている。

ムッソリーニのエゴは彼を権力の頂点に押し上げたが、後に自身のエゴに裏切られることにもなった。直観を信じ、言っていることの正しさをまったく疑っていなかったために、適切な助言を求めたり、受けたりすることを怠っていた。そして在任中の大部分を通じ、自分で主要な閣僚ポストを務め、六つものポストを同時に独り占めしたりした。労力を要する煩雑な仕事はその大部分を他人任せにしていたヒトラーとは異なり、ムッソリーニは政治に腕を振るうことを誇りにしていた。ただ、その技術に長けていなかったのだった。

わけても大きな失敗は、来るべきイタリアの将来に備えて準備を怠ったことだった。紛争の際に実力を発揮してみせるイタリアを思い描くことほど、彼を熱くする展望はなかった。「男にとっての戦争は、女にとっての母性のようなものだ」とムッソリーニは好んで言っていた。名誉ある古代ローマ人のように、敵を憎み、戦いに臨む覚悟を固め、国のために命を捧げるように、拳を振り上げて国民に訴えていたのだ。

カエサルを演じていたムッソリーニは、エチオピアの征服が幸先の良いスタートになると考えた。そして一九三八年三月には、スペインのフランシスコ・フランコ将軍と右翼軍のために、空軍にバルセロナの空爆を命じ、スペイン内戦で戦っていた共和国軍を攻撃させた。恐怖に満ちたその二日間には、無防備な市街に液体気化爆弾が降り注ぎ、路面電車やバスをなぎ倒し、住宅群を破壊して、窓ガラスを吹き飛ばし、救助隊員が血まみれの路上から人間の断片を拾い集めて回収する仕事に追われることになった。ムッソリーニは攻撃の成果を喜び、イタリア人が「ギターで世界を魅了するのではなく、攻撃の精神で世界を震撼させる時を迎えた」とほくそ笑んだ。彼は「容赦のない全面戦争」を望んでいたドイツにも一目置かせたいと思っていたのだが、その目的が恐怖を生み出すことであったとすれば、見事に成功を収めた。ローマ教皇が爆撃を止めるよう要求し、死者が一三〇〇名を超えると、フランコも、そしてヒトラーさえもが、爆撃の中止を求めたのである。

無抵抗の人々を標的にするのは簡単だったかもしれないが、一五年にわたりファシスト政権下にあったイタリアは、近代戦で強敵に立ち向かうことなど実際にはとうていおぼつかない状態にあった。兵士、戦闘機、軍艦、武器はおろか、軍服でさえ、十分に供給されていなかった。イタリアはドイツやチェコスロバキアとは違い、本格的な国内軍需産業に投資してこなかったのだ。ムッソリーニは国民に経済的自給を約束していたが、石炭も肥料も輸入に頼っており、船や港を守るための海上兵力も欠いていた。

軍需省の試算ではイタリアの戦闘準備が整うのは、一九四九年になると見込まれていた。ムッソリーニはそのことを承知していながら、自分に忠実であろうとしたのである。保有する師団数の多さを誇りたいがために、各師団の規模を半分に縮小して発表したのだが、あまりにも性急にそれを口にしたため、後でそのことを忘れてしまった。イタリアの総人口は二〇パーセント増加していたにもかかわらず、第二次世界大戦では第一次世界大戦よりも少ない兵力しか動員することができなかった。

一九三九年にドイツとイタリアが相互防衛条約に調印した際に、ムッソリーニは戦争の開始を五、六年ほど遅らせるよう、ヒトラーに強く申し入れた。だがヒトラーには、そのつもりは毛頭なかった。彼は八月二二日に高官たちに向かい、こう宣言している。「同情は無用だ。残忍になれ。八〇〇〇万の人民は、彼らの権利であるものを手に入れなければならない。彼らの生存を確保しなくてはならない。[…]それが妥当であろうとなかろうと、プロパガンダをもって開戦の理由を与えるつもりだ。勝者となれば、真実を語ったかどうかは、後で問われることはないのだ」

九月一日の早朝、ポーランド西部に一五〇〇機の航空機に援護されたドイツの五六個師団がなだれ込んだ。東側半分はソ連が侵略を任された。ドイツ国防軍《ヴェアマハト》は一九四〇年の冬から春にかけて、ノルウェー、デンマーク、ベルギー、ルクセンブルク、オランダに軍を進め、ヒトラーはムッソリーニに、次のステップであるフランス侵攻に参加をうながした。イル・ドゥーチェは躊躇し、ナチスがマジノ線を突破してパリに入城する直前になって、宣戦布告に踏み切った。いつもどおりに参謀に相談せずに独断でそうしたことは、ムッソリーニにとって高くつく間違いになった。海上に相当数の商船を持っていたイタリアは、ほとんど一度も砲撃に応射することなく、その三分の一がイギリスに拿捕されてしまったのである。

ムッソリーニは戦争が短期で決着し、平和が戻って戦利品の分配が行われるときには戦勝国側にいることを望んでいた。顧問たちには、金銭と領土を要求しようというなら、最低でも一〇〇〇人のイタリア兵を戦場で失う覚悟がいるのだ、それは国をあげて戦わなくてはならないという意味だと話していた。北アフリカ駐留のイギリス軍を攻撃し、主導権を握ることもできたのだが、軍部が消極的だったためにそれはかなわなかった。彼はつづけてヒトラーの裏切りを受けた。イタリアが切望していたルーマニアの油田を、ドイツに確保されてしまったため、親族に「ヒトラーはいつでも既成事実をつきつけてくる」と不満を吐き出し、「今度は同じやり方で仕返しをしてやる。私がギリシャを占領したことを新聞で知ることになるのだ。それで釣り合いがとれる」と言っていた。

ギリシャ侵攻は、ムッソリーニには名案に思えた。将軍たちの警告を無視し、同盟国のドイツにも事前に知らせずに、一九四〇年一〇月に彼はそれを実行に移した。ムッソリーニはバルカン半島にイタリアの名前を焼きつけ、勝ち誇ってウィーン、プラハ、パリに入城したヒトラーに負けないような、アテネへの勝利の行進を思い描いていた。顧問団に潜在的な危険性を指摘されても、心配するな、内々の話だが、ギリシャの高官たちを買収して手は打ってある、彼らには戦うつもりがないのだと説明した。だがそれは誤報だった。ムッソリーニの戦車は泥の中で立ち往生し、軍用機は濃霧に阻まれて飛ぶことができず、強風と荒海のために船も効率的に運航できず、装備が不十分なイタリア軍は猛反撃を浴びた。アテネに進軍するどころか、アルバニアへ五〇キロメートルほど後退を強いられ、イル・ドゥーチェは二週間ほどで、恥をしのんでヒトラーの助けを求めることになった。イタリアの救出にかかわったことで、ヒトラーはソビエト連邦への侵攻計画を一九四一年六月まで遅らせることを余儀なくされ、ナチスがモスクワに軍を進める期間は、ソ連最強の秘密兵器である冬が配備されるまでの四ヶ月間に狭まることになったのだった。

みずからが仕掛けた戦争がヨーロッパ全土に広がっていく中で、ヒトラーはフランコとスペインを味方に引き入れるのは良案だと考えた。ムッソリーニも同じ意見だった。彼らはこのスペインの将軍を、地中海地域を制圧するのを助け、戦いで鍛えられた軍隊を将来の遠征に提供できる独裁者仲間とみなしていた。

一九三一年、スペインでは国王のアルフォンソ一三世が退位に追い込まれ、民主的な共和制が宣言された。ときは大恐慌のさなか、イタリアやドイツ同様に、スペインの有権者は右と左に真っ二つに割れていた。脆弱な政府が権限を確立しようと交代劇を繰り返すただなかで、壊滅的な打撃を与えるストライキが横行し、政治的動機による暗殺が相次いでいた。一九三六年になると、生彩を欠いた独断的なフランシスコ・ラルゴ・カバリェロ首相が、社会党の連立政権を率いてスペインの舵を取る機会を与えられた。軍の指導者たちは、民主主義はもう十分に見せてもらった、社会主義もそれ以上に十分わかったと考え、スペインを代表する資産家一族らの支持を得て、フランコをリーダーに据えた反乱を起こした。

スペインの将軍フランコは軍人らしい風貌をしておらず、威勢のいい声でもなかった。短軀でずんぐりし、髪は禿げかかり、打ちしおれたような顔つきをして、泣きがちで、命令を出すときは甲高い声になった。同僚たちは陰で彼のことを「ミス・カナリア諸島」と呼んでいたが、振る舞いがそう思わせたことと、最初に交戦が行われたときにこの遠隔地に配置されていたことが、その理由だった。だがフランコは地雷原のなかでも一歩も間違えることなく道を見つけることのできるリーダーであった。大多数とは異なり、彼は内戦の長期化、泥沼化、接戦化を予想していた。そして準備のためにヒトラーとムッソリーニに援助を求め、その提供を受けていた。

大胆な行動を取るようにうながすヒトラーとムッソリーニの圧力に対し、フランコは過剰なリスクを負うことになると判断して抵抗を示し、ふたりを苛立たせた。金庫破りがひとつずつダイヤルを回すように、慎重な戦いを繰り広げるのがフランコのやり方だった。陸戦では攻撃に先立って空爆を行い、敵の攻撃力を低下させた。兵站に細心の注意を払い、弾薬や装備、兵士の浪費を避けた。司令部を戦場の近くに移し、先頭に立って奪われた領土を奪還するよう、指揮官を奮い立たせた。一九三六年から三九年にかけて行われたスペイン内戦は諸外国の注目を集めていたことから、世界的な舞台での自分の立場もつねに意識しながら、彼はこれらを行っていた。

共和国政府とフランコのナショナリスト派の反乱軍との対決は、西側のリベラル派にとって、ファシズムの勢いを阻止するための最初に訪れた好機と思われた。アメリカからの三〇〇〇名を含め、五四ヶ国から集まってきた義勇兵が国際旅団を結成し、共和国政府側についた。ラルゴ・カバリェロ首相に率いられた共和国陣営は、さらなる兵力の増強に迫られ、スターリンにも協力を求めた。スターリンはこれに応え、スペインが保有する金《きん》を丸ごとすべて供出し、内密に輸送すれば、兵士と装備を提供すると約束した。著者な写真家や詩人、作家のアーネスト・ヘミングウェイらは、闇の陣営と光の陣営の戦いで自分たちの観点から目撃したことを、ときには美化をまじえて記録にとどめた。

だが内戦は決してロマンチックなものではなかった。約三年にわたった交戦は、五〇万人を超える死者を出した。長い小康状態がつづくことはあったが、衝突は激烈だった。両陣営ともに容赦なく捕虜を処刑し、それぞれが敵のシンパを逮捕するために広い網を張っていた。フランコにとって、潜在的な敵を組織的に根絶やしにすることは、優れた戦略だった。部下のひとりは、同じ陣営に属する市長たちにこう伝えていた。「恐怖の雰囲気を広める必要がある。支配しているのはわれわれであることを印象づけなくてはいけない。公然とであれ密かにであれ、人民戦線を支持する者は、撃ち殺さなくてはならない」

イデオロギーと階層によって分断されたスペインは、宗教によっても分断されていた。ナショナリスト派に対立する司祭も一部にはいたが、階級制を設けるローマ・カトリック教会は、明確にフランコ陣営側と同一視されていた。教会の関係者は声高に厳しい措置を提唱しており、なかにはみずからの手で〈アカ〉を射殺するのを好んだ司祭もいた。一方、左派は総じて教会を敵視し、教会の土地を奪い取ることに熱心だった。共和国陣営は推定一万人の司教、司祭、修道女、修道士を殺害した。そうした残虐行為は外国の報道記者のいい材料になったことから、アメリカでは主要新聞のほとんどがフランコの支持にまわった。アメリカ大統領夫人のエレノア・ルーズベルトが、スペインの共和国政府に武器を援助するよう夫に勧めたとき、そんなことをすればカトリック教徒はだれも私に投票しなくなるだろう、と大統領は答えたのだった。

軍事的には、どちらの側も強力な戦力を持っているとは言いがたかった。だが共和国政府側では派閥の統一がとれずにいたことは、フランコに有利に働いた。スペインの左翼は、共産党に忠誠を誓う共産主義者、追放されたボリシェビキの理論家でスターリンの仇敵だったレフ・トロツキーに傾倒する労働者、善意はあっても戦闘の役に立たない国際主義者、同胞も含め全員を嫌っていたアナーキスト、世界に対していい顔を見せようとする社会主義政権が入り乱れ、政治的な戦場になっていた。フランコが慎重に駒を進めるあいだに、共和国政府陣営は内部抗争に明け暮れ、物資をめぐる小競り合いを繰り広げて、誰よりも献身的なパルチザンの何人かを牢屋送りにしたりしていた。ファシズムと戦うためにスペインに行った作家のジョージ・オーウェルは、共産主義者の狙撃手に撃たれ、共和国政府の警察に捕まる前に、危機一髪でスペインを脱出したのだった。

スペイン内戦には、こんにちの世界にも関係している側面があった。内戦の流血は近隣諸国に論議を巻き起こす結果となり、特にフランスでは、戦禍を逃れてきた何万という難民を受け入れるかどうかをめぐって意見が分かれた。スペインに送られてきたソ連軍とその戦車は、ソ連であることを識別する標識や紋章をどこにもつけていなかった。これは後の指導者のもとで一九六一年に東西ベルリン境界封鎖が行われた際にも、またその五〇年以上後のウクライナにおいても同じだった。[*] ピカソの作品によって後世に伝えられるドイツ空軍によるゲルニカの爆撃は、戦争犯罪調査を求める国際的な世論を引き起こしたが、これに対する調査はなされずに終わった。加害者側は当初、爆撃など行われなかったと言い逃れ、次にそれは犠牲者らの自作自演だったと釈明していたのである。

フランコはスペインでは最年少の将軍だったが、最も残酷な将軍でもあったと考えられる。みずから命令を下し、血も涙もない非情さをもって、敵の戦闘員やシンパとみなされる人々を何千人も処刑した。フランコは慎重だったが、野心家でもあった。戦争に勝利する前から、彼には完全な独裁的権力を持つ将来の国家元首の地位が約束されていた。行く先々に、「一つの民族、一つの国家、一人の指導者」と書かれたナショナリスト派のポスターが掲げられていた。それはナチスのスローガン、「一つの民族、一つの帝国、一人の総統」の合わせ鏡であった。

一九三九年四月一日、最後の共和国軍がフランコ陣営に降伏した。フランコ将軍は、侵略から国を守るため以外には、二度と剣を手にしないとその際に誓っていた。そのためヒトラーがスペインも枢軸国同盟に加わるよう求めたときは、建前上いったんは断ったが、その後でドイツはいくら払うつもりでいるのかと確認した。フランコが提示した条件は、多額の経済的・軍事的援助と、ヴィシー政権下にあったフランス領モロッコの割譲だった。ドイツ側はこれを法外な条件と考えた。モロッコをスペインに引き渡せば、ヴィシー政権を激怒させ、協力が得られなくなることは必至だったのだ。

＊ ベルリンでの決戦時、ソ連の戦車は国籍マークを不明瞭にし、兵士の黒い軍服にも標識がついていなかった。CBSラジオの特派員ダニエル・ショールは、そのため彼らを「戦車にあらず」と言い、「彼らはいずれ、余った戦車を買い取って勝手にやってきた、ロシア語を話す志願兵だったことを知らされるのではないか」とコメントしていた。

ヒトラーは膠着状態を打開すべく、ベルリンからフランスとスペインの国境沿いにあるアンダイに飛び、一九四〇年一〇月二三日にフランコと会談した。フランコに会うために、一七七〇キロメートルも遠征する労を払ってまで出向くのであれば、突破口が開けるに違いないとヒトラーは考えていた。ヨーロッパを支配しているのは、この自分ではないのかと。ところがフランコは、九時間におよんだ会談の席ですべての要求を退けた。ヒトラーが確約を迫ると、質問でかわし、要求の譲歩を求められると、同じ言葉を繰り返して取り合わなかった。ヒトラーがイギリスとの戦いは短期間で決着がつくと予測し、勝利の恩恵にあずかるのであれば躊躇している余裕はないことを匂わせると、はたして計画通りに運ぶだろうか、とフランコは首をかしげ、よしんばドイツがロンドンを陥落させても、イギリスはカナダを拠点に戦いつづけるだろうと私見をつけ加えた。

ヒトラーは怒りを噛み殺しながら、手ぶらで長い帰路につくしかなかった。翌年二月、彼は最後の試みとして、フランコへの手紙にこう書き送った。「貴兄とイル・ドゥーチェ、私のわれわれ三人は、歴史の苛烈な圧力によって結ばれた者同士です。［…］このような困難な時代に［…］国々を救うことができるのは、ひとりの豪胆な魂でしょう」。だがフランコは社交辞令になびかず、ナチスと運命をともにする機会を丁重に辞退した。ヒトラーは再び手紙を書いたが、それはムッソリーニに宛てられ、八二歳まで生きてベッドの上で死去したフランコについて、「彼は人生で最大の過ちを犯しました」と書き送ったのだった。

第5章　カエサル勢の勝利

第一次世界大戦の終結とともに、オーストリア＝ハンガリー帝国は解体された。ハンガリーは領土の三分の二を失い、近隣諸国に割譲された。ブダペストではしばらくの間、機に乗じたボリシェビキが政権を掌握したが、戦闘で疲弊したハンガリーの敗残兵によって間もなく放逐された。ハンガリー市民の大多数は、戦間期を通して貧困に陥っており、旧世界の上流階級の多くは、以前に享受していた富と威信の回復を切望していた。富める者も貧しい者も、失われた貴重な国土を奪回したいと願う気持ちは同じだった。

そんな不幸な状況の中から、いくつかのファシスト勢力が誕生してきた。その代表的な集団のひとつが、〈矢十字〉（アロークロス）と命名された〈ハンガリー主義〉を標榜する集団だった。彼らが掲げていたのは、雇用確保、報復、外国の支配からの自由、永遠の救済、奪われた領土の奪還といった、折衷的な公約だった。矢十字党は一九三九年には右派の最大政党になり、彼らの政策が大衆の支持を得たことが示される。しかし党員は辛辣な毒舌家ばかりだったため――そしてハンガリーの高官たちが、驚くほど彼らに協力的だったことから――、第二次世界大戦が勃発した際に、ヒトラーは彼らファシストの協力を求めるにあたり、労力を割く必要がなかったほどだった。

ハンガリー政府は、迅速に勝利を収める期待をかけて枢軸側に加わった。しかしその見込みが薄れてくると、西側の連合国と単独で和平交渉を図った。ナチスは裏切りを容認せず、矢十字党に全権を与えた。党の指導陣はすぐさま一〇代の青少年の武装集団を編成し、街頭に送り込んで市民を恐怖に陥れた。戦争末期の数ヶ月間には、ぞっとする凄惨な光景が展開し、何万人ものユダヤ系ハンガリー人が死ぬまで強制労働を課されるか、家を追われて列車や徒歩で強制収容所に送り込まれた。そこから戻ってくる者はほとんどいなかった。矢十字党員は国際的な保護の証明を提示するユダヤ人までをも、ブダペストのゲットーで躊躇せずに殺害したのだ。

一九二〇年代から四〇年代の初頭にかけては、ナショナリズムが高揚した時代だった。それに加えてテクノロジーの進化による不安と、過去の遺物としか見えない腐敗した政府への不満が高まっていた時代でもあった。広範囲にわたり信頼がぐらつき、揺さぶりをかけられる中で、やがて台頭してくるファシストの指導者たちは、拍車のかかった運動や大衆のブームを取り入れる形での腕試しを挑まれた。それは神秘論や妖精の実在への信仰、旗柱の上に座って主義主張を伝えるデモンストレーション、人種論にもとづく優生学を織り交ぜて政界を懐柔する方策などの、ありとあらゆる方面にわたっていた。

ムッソリーニの初期の成功は、ボリシェビズムを、あるいはボリシェビズムと考えられる思想を恐れていた人々を力づけた。ボリシェビズムが展開していたのは、たとえば強硬な賃上げ要求や農地改革運動だった。どの国にも、戦争中にどちらの陣営で戦ったかにかかわらず、文民政治家を軽蔑している退役軍人がいた。グローバリゼーションの急激な進行は多くの人々を圧倒し、自分の民族、文化や信仰の、慣れ親しんだリズムに慰めを見出す方向へと押しやった。どの国の人々も、現代社会の込み入った問題に対し、満足のいく分かりやすい解答を示すことのできるリーダーを求めているように見受けられた。教師から哲学者に転身したドイツのオスヴァルト・シュペングラーは、歴史は循環すると考え、一九一八年に次のように記している。

前世紀は西欧の冬の時代、唯物論と懐疑論、社会主義、議会主義、貨幣が勝利を収めた時代だった。しかし今世紀は、血と本能がその権利を取り戻すだろう。［…］個人主義、自由主義と民主主義、人道主義と自由の時代は、終わりに近づいている。大衆は諦めの気持ちからカエサルらの勝利を受け入れ、彼らに従うだろう。

そうした指導者のひとりとしてみずからを自負していたのが、オズワルド・モズリー卿だった。彼は冒険好きなイギリス人で、ヒトラーが生やしていた髭のような、もしくはムッソリーニに似せたいというリビドーの働きを表すような、短く刈った口ひげをたくわえていた。知人たちはその髭について、「自分は支配するために生まれてきたという圧倒的な傲慢さと、揺るぎない信念」を表していると評していた。家柄が良く、（内反足だったにもかかわらず）フェンシングの達人で、第一次世界大戦は骨折した両足首の療養に費やした。最初の骨折は、酔っ払い同士の乱闘騒ぎによるもの、二度目の骨折は、母親に自慢しようとして宙返り飛行をして見せ、飛行機が墜落したことによるものだった。一九一八年以降は保守党の議員になり、その後離党して無所属を経た後に、一九二〇年に労働党へ移籍した。だが彼の革新的な構造改革案を却下した党の体質に幻滅し、労働党も辞めた。モズリーはひるまずに新党を結成し、一九三一年に総選挙に臨んだが、全員が落選する結果に終わってしまった。彼はそれでもリングを降りず、ムッソリーニが推進していた〈新生ローマ〉を視察するためにイタリアを訪れた。大きな夢を抱いていた失意の政治家にとって、経費は未精算だったものの、完成されたばかりの橋梁、水路、大ホール、幅の広い街路など、イタリア式のモデルは、まさに求めていた理想の姿に見えた。

ロンドンに戻ると、モズリーは〈イギリス・ファシスト同盟〉(BUF)を立ち上げた。BUFは彼が以前から提唱していた公共事業促進計画、反共産主義、保護貿易主義を掲げ、「ヘブライ人であろうと、他の何人であろうと」外国人からイギリスを解放することを、設立の趣旨としていた。ムッソリーニのやり方を踏襲して屈強な警護隊を組織し、取り巻きにはローマ式の敬礼を教え、フェンシングで着用するジャケットのデザインを取り入れた黒いシャツを構成員に配った。一九三四年までには、モズリーの集会には労働者、商店主、ビジネスマン、貴族、不満を持つトーリー〔保守党〕の政治家、それよりは少数の報道記者、兵士、非番の巡査などの群衆が集まるようになった。党員数は四万人に達し、BUFは組織の拡大を推し進めて飲酒クラブやサッカーチームを設けたほか、美人コンテストも企画したものの、これは応募者が確保できず失敗に終わった。モズリーが一九二〇年に挙げた最初の結婚式には、イギリス国王ジョージ五世が出席したが、一九三六年の二度目の結婚式はヨーゼフ・ゲッベルスが取り仕切り、六人程度の招待客にはヒトラーも列席していた。イギリスの愛国者からドイツの追従者になったモズリーの進化は、このときをもって完成をみたと言えるだろう。

イギリスのファシズムはすぐには消えず、徐々に消滅していった。政府がナチスの支持者を社会的に尊重する有和政策を実行したことが、その一因である。しかしモズリーの黒シャツ隊の士気を削いだ本当の理由は、ヒトラーの軍隊がラインラント、オーストリア、ズデーテン地方、プラハに進軍し、戦争の導火線になったポーランド侵攻を進める展開を目にしたことだった。危険が一気にはね上がり、ファシストであることが社会に是認されにくくなってしまったのだ。BUFの宣伝責任者だったウィリアム・ジョイスは、ベルリンに逃亡し、二度目のキャリアを開始した。ラジオ放送のアナウンサーに転身した裏切り者の彼は、ホーホー卿と呼ばれる悪名を馳せた。モズリーは戦いの最初の年にイギリス軍によって逮捕されたのだが、イギリスの話だけあって、チャーチルは名門の囚人モズリーとその妻に菜園つきの小さな家に住み、仲間の囚人を使用人とする権利を認める度量を見せた。

モズリーもそうだったように、ムッソリーニやヒトラーに倣おうとして権力ピラミッドの頂点に立った者は、欧州にはひとりもいなかった。スペインのファシスト政党だったファランヘ党は、フランコに連立を持ちかけられ、やがて吸収されてしまった。ポルトガルで独裁体制を敷いていたアントニオ・デ・オリヴェイラ・サラザールは、ファシズムの権威主義的な属性は尊重したが、キリスト教会とその教義に対する反逆は許さなかった。フランスでは、青いシャツで知られる〈フランス連隊団〉が右翼グループの一角を担い、左翼のスパーリングパートナー役を務めていた。公然とナチス寄りだった彼らは、「フランス人のためのフランス」をスローガンに掲げていたのだが、人民戦線内閣によって一九三六年に解散させられた。アイスランドの〈国民党〉党員はグレーのシャツを着て赤い鉤十字の腕章をつけ、アーリア人の覇権を謳っていたものの、得票が一パーセントを超えたことは一度もなかった。ルーマニアには軍部から弾圧と協力の錯綜した扱いを受けていた〈大天使ミカエル軍団〉と呼ばれるカリスマ的な集団があり、伝道主義的宗教観、革新的な政治、暴力的な反ユダヤ主義を掲げて、地方の貧しい人々の支持を得ていた。

これらやその他の事例に見られるように、ファシズムは戦いに敗れるというよりは、消滅する道をたどってきた。多くの国で、階級の低い一般兵士たちの熱意が国粋的な情熱を駆り立てる力になっていたが、反乱の要素は権力者を脅かす前に封じ込められていた。イタリアとドイツではもと伍長たちが采配を振るっており、それ以外の国では、将軍や上流階級の文民が権力を握っていた。

第三帝国の影で緊張した状態に置かれていたチェコスロバキアは、特殊なケースだった。そこでは抜け目のない、近視で太鼓腹のもと体操教師、コンラート・ヘンラインが、ナチスという機関車に牽引されるがままになっていた。ヒトラーの指示とベルリンからの資金を得ていたヘンラインは、政治的に多様なチェコスロバキアのドイツ人コミュニティーに対し、ファシストの要素を伝える役を担い、外国の官僚やメディアに向けて、プラハでは残忍に市民が虐待されているという話を次々に紡ぎ出した。彼の捏造話はナチスによって広められたことからその効果を発揮して、ヨーロッパの多くの人が怒りに満ちたヒトラーの演説に共感し、民族的兄弟である国のために介入を希望するヒトラーに理解を示した。

審判の日が近づいた頃のヘンラインは、以前の否認をなかったものにし、敬礼その他のすべてを含めてナチズムを受け入れた。彼の追随者たちがナチスと異なっていたのは、白いシャツの色と、緋色に白い盾をあしらった、鉤十字がついていない旗のデザインだけだった。ナチスの欺瞞と法規範とのあいだに生じていた軋轢は、一九三八年九月に頂点に達し、欺瞞が勝利した。一九三八年のミュンヘン会談において、フランスとイギリスは、チェコスロバキアの領土の三〇パーセント、人口の三分の一と、戦略物資となる鉱物資源の半分以上をドイツに割譲する正当性に合意したのである。ヒトラーはその後半年もしないうちに、チェコスロバキアの残りを奪いに戻ってきたのだった。

ファシズムの台頭、その方向性と行く末をめぐる議論は、ヨーロッパの境界を越えていった。〈アーリア人種〉という言葉は、青い目をした金髪の北欧人を連想させるが、ナチス寄りの人種論者の一部には、その起源は「数千年前に中央アジアの高原から移動してインダス川、ガンジス川の渓谷に入り、厳格なカースト制度を遵守することによって純潔を保っていた人々だった。［…］彼らは自分たちをアーリア人［…］〈高貴の者〉と称していた」とされている。

インド人の多くは、この説を支持した。彼らはイギリスの支配者たちに怒りを抱き、イスラム教徒による侵略を危惧していた。ヒンドゥー・ナショナリスト運動を牽引する人々は、気楽なイタリア人を好戦的な勇士に変えようとするムッソリーニの試みを称賛し、自分たちの追随者にも同様の変化が起きてほしいと願っていた。ヒンドゥー至上主義の政党のスポークスマンは、ドイツ国防軍がチェコスロバキアに侵攻してから一〇日後の一九三九年三月に、ドイツの「アーリア文化の復活、ヴェーダ学への支援、インド・ゲルマン文明の伝統に対する熱烈な擁護」を褒めちぎっている。第二次世界大戦中には闘志にあふれる何千人ものヒンドゥー教徒がドイツに渡り、ナチスの軍隊に編入されて、インド亜大陸のイギリス軍と戦う部隊として活躍した。

ファシズムを育てる力となった経済的苦難、野望、偏見の要素は、アメリカにも存在していた。独学で学んだ作家のウィリアム・ペリーが〈アメリカ銀シャツ隊〉を結成したのは、ヒトラーがドイツの首相に就任してからわずか数時間後の一九三三年一月だった。ノース・カロライナ州アシュビルに本部を置いていた銀シャツ隊は、およそ一万五〇〇〇人の会員を集め、メンバーはＬｏｖｅ、Ｌｏｙａｌｔｙ、Ｌｉｂｅｒｔｙ（愛、忠誠、自由）を表す緋色の「Ｌ」を左胸に配した銀色のシャツと、青いズボンを制服にしていた。彼らは闘争的な反ユダヤ主義に徹し、武装集団を組織するナチスのモデルを再現することに努めた。米海兵隊の覆面捜査により、ペリーの工作員がカリフォルニアの兵器庫から武器を入手する見返りに、裏金を積む密約を交わしていたことが明るみに出たのだが、捜査は逮捕には至らなかった。ペリーは一九三六年に、「アカを打倒せよ、ユダヤ人を追放せよ」のスローガンを打ち出して大統領選に出馬したが、ワシントン州での立候補にとどまり、得票数は二〇〇〇票に満たなかった。

銀シャツ隊は間もなく消滅していった。だが彼らが支持した偏見は消えずに残り、クー・クラックス・クラン〔ＫＫＫ〕や、デトロイトから全国放送のラジオを通して説教を行い、意見の対立を招いた孤立主義の司祭、チャールズ・カフリンなどに引き継がれた。とはいえ偏見の持ち主たちは一様に同類だったわけではない。ファシストの傾向を持つ人々の多くは反移民主義者だったが、アメリカに渡ってからさほど時間が経っていない人々もいたのだ。

当時のアメリカは、人口のおよそ四分の一がドイツの血を引いており、そうした人々のほとんどが、祖国と帰化した国との間で再び戦争が起こることを望んでいなかった。その中には、わずかではあったが、ヒトラー支持を表明する一群もいた。フリッツ・クーンもそのひとりだった。一九二八年にアメリカに移住した化学技師のクーンは、八年後にドイツ系アメリカ人協会（GAB）を創設した。メンバーはカーキ色のシャツと黒いブーツを着用し、集会では、民主主義を嫌ったと伝えられることからアメリカで〈最初のファシスト〉と彼らが称賛したジョージ・ワシントンの肖像とともに、鉤十字の旗を掲げていた。「イエス・キリストが幼子をそばに来させたように、ヒトラーは子供たちから尊敬されることを望んでおられる」と、中西部を中心とする全国のGABの学校では教えられていた。

ヨーロッパのファシストは必ず勝利を収めると考えていたGABは、アメリカでも同様の勝利を勝ち取る好機を認め、メンバーに全面的な服従を要求し、ドイツと連合国が関与するいかなる紛争においても、アメリカはあくまで中立を保つように訴えた。熱心なメンバーたちは、たとえ外国の生まれであっても誰よりも誠実で純粋なアメリカ人であり、共産主義、異人種間混交、ジャズなどの脅威からアメリカを守る存在であると自負していた。彼らの運動は、一九三九年二月にマディソン・スクエア・ガーデンで行われたクーンの演説をもって騒々しく最高潮に達した。「勝利万歳！《ジークハイル》」と声をあげて興奮にわき返る二万人の群衆を前に、クーンは上機嫌でフランクリン・D・〈ローゼンフェルト〉大統領の名前を口にし、彼のニュー・ディール政策になぞらえて、〈ジュー・ディール《ユダヤ人政策》〉を揶揄したのだった。

GABは主流派のドイツ系アメリカ人団体、労働組合、ユダヤ人の活動家のほか、少なくとも何人かのギャングから激しい反発を受けていた。マフィアの悪名高いボスだったユダヤ系のマイヤー・ランスキーは、あるファシスト集会での一幕をこのように回想している。「ステージには鉤十字とアドルフ・

ヒトラーの肖像が飾ってあった。やつらがわめきはじめたんで、こっちはたった一五人の小勢だったが、行動を起こして窓から幾人か投げ飛ばしてやった。ナチスの連中がパニックに陥って逃げ出したのを、追いかけていって叩きのめした。ユダヤ人が黙って侮辱されているだけじゃないことを、見せつけてやったんだ」。フリッツ・クーンには裏社会とのつながりがあったことを考えれば、その活動に終わりをもたらしたのが暴力ではなかったことも不思議ではない。彼はアル・カポネと同じように脱税で有罪判決を受けたのだが、クーンの場合には、愛人のためにGABの資金を横領していた罪も加えられたのだった。

振り返ってみれば、この時代のファシストは皆が皆、徹底した悪党か狂気をはらむ人物ばかりだったのだと、ひとくくりにして片づけたくなる。しかしそれでは安易にすぎ、自己満足に走る危険な考え方でもある。ファシズムは人類社会の例外ではなく、その一部なのである。野心、貪欲、憎しみから運動に参加した人々でさえ、自分の真の動機に気づいていなかったか、それを認めようとしていなかったのだろう。

当時を伝える伝聞資料《オーラル・ヒストリー》には、ファシズムがもたらした希望や興奮が示されている。政治的変化にさらされて絶望を覚えていた人々は、にわかに自分たちの求める答えに触れることができたと感じたのだ。そうした人々は長い距離を旅してファシストの集会に参加し、そこで意気投合する仲間に出会った。国家の偉大さを、地域社会に伝統的な価値観を、将来を明るくする楽観主義を回復しようとする同胞を発見したのである。彼らはそこで展開されていた運動により、世界で起きている激しい潮流について、納得のいく説明を聞くことができた。そこには青少年団体やスポーツ団体、慈善活動、職業訓練などの、参加したいと思っていた活動の場があった。新しいビジネスを立ち上げたり、資金を借り入れたりするために必要な人脈も築けた。またそこでは、子供がふたりいるがこれ以上は家族を増やせないと考えいた人々が、四人でも六人でも子供が持てると勇気づけられもした。うまが合う仲間に囲まれた彼らは、自分らしくいられ、喜びをもって心をひとつにし、大義に従事することができたのだ。こうした便益は、抗議行動に参加するに値するものだった。たとえ民主的な自由を引き換えにしてでも、リーダーたちが約束どおりに行動して夢が現実のものになるのであれば、そうする価値があると彼らは信じていたのである。

長い間、そうした約束は公約どおりに履行されるかに見えていた。一九二〇年代を通じ、ムッソリーニは勝者のように見え、一九三三年以降はヒトラーもそうだった。彼らはヨーロッパの他のいかなる政治家よりも、従来の指導者ができなかったことをなし遂げるはずだとの期待を寄せられていた。不穏だが高揚したツァイトガイスト《時代精神》に面と向き合う先駆者であり、洞察者であるとみなされていたのだ。

映画『キャバレー』では、ビアガーデンでナチスの青年が立ち上がり、希望と恐怖の賛歌を高らかに歌いはじめる。するとそこにいた人々のほとんどが、一緒に声を合わせて歌い出す熱情にあふれたシーンがある。その歌は最後に次の言葉を繰り返す。

明日は我らのもの

ファシズムが人気を集めたのは、ヨーロッパでも他の国でも、その大波が歴史を変えるだろうと多くの人が思ったからだった。それは止めることのできない〈我らの〉大波だったのだ。

第6章　崩　壊

ポジェブラディにて　一九四二年一月

ここに暮らしている人々は悲しみに暮れていて、誰もがつらい戦争に耐えている。アーリア人も、非アーリア人も。神さまが造られた人間が、今ではそんな名前で分けられることになってしまった。私たちはよく知られたダビデの星をつけさせられている。誇らしげにそうしている人も、それは許されていないのだけど、隠そうとする人もいる。［…］私たちが生きているのは奇妙な時代だ。私たちは価値の低い民族なのだと考える人たちがいるのだから。確かに、黒人も見くびられているけれど、そのことについては誰も何も言わない。ユダヤ人でさえも。神さまが私たちの脳を啓発してくださって、神の前ではすべての人が平等なのだとみんなが理解できれば、もっといい世界になるのに。

この文章は、ルジェナ・シュピゴヴァという一人暮らしの未亡人が日記に書いた一文である。娘を亡くしたばかりだったこの人は、ナチス占領下のチェコスロバキアに生きるユダヤ人として、まるで足かせを嵌められたような状態で、一九四二年の厳しい冬の季節にこれをつづっている。

たいへんなストレスを抱えながらも、これまでに会ったことのない人々にも気持ちを寄せ、人はみな平等にできているのを信じることで慰めを得ることのできる、ごくふつうの人に備わる心の広さがこの人の言葉には表されている。この寛大な精神――言い換えれば他者を気遣い、人はみな平等なのだと思う気持ちこそ、ファシズムを繁栄させる利己的な道徳観の麻痺に対する、唯一この上ない解毒剤である。それはほとんどすべての人が持ち合わせている能力なのだが、育成されずに終わるか、ある期間において残酷に打ち砕かれてしまうことがあるのだ。

ポジェブラディにて　一九四二年四月
出発の準備をするために連れ出されて、労働のための分類が行われた。健康診断は四等級に分かれていて、私はその第二分類になったので、健康はそれなりに良好らしい。いよいよ、もうすぐポジェブラディから連れて行かれるという噂だ。すべてのユダヤ人が列車でケルンに運ばれているのは、その登録手続きが目的なのだそうだ。〔…〕この先には困難が待ち受けているけれど、ひょっとしたら生き延びることができるかもしれない。海外にいる大切なあなたたちと、いつかまた会えるかもしれない。神さまがみんなの健康をお守り下さいますように。またここに戻ってこられたら（そうだといいのだけど、先のことは分からないから）、ケルンの様子をこれに書き記そうと思う。〔日記の終わり〕

ルジェナ・シュピゴヴァは一九四二年六月九日に、テレジーン〔テレージエンシュタット〕にあるナチスの強制収容所に移送されたチェコスロバキアに住むユダヤ人のひとりだった。六月一二日、はっきりした場所は分からないのだが、彼らはさらに東へと運ばれた。おそらく占領下のポーランドの森林地帯だったのだろう。この日記を書いた私の母方の祖母は、そこで殺された。五四歳だった。

一九四〇年の夏、宣戦布告から一年足らずで、第三帝国はオーストリア、分断されたチェコスロバキアの全地域、ポーランドの半分、ノルウェー、デンマーク、ベルギー、オランダのほか、フランスでもその大部分を支配していた。四月から六月のあいだにヨーロッパの約一〇四万平方キロメートルを掌握し、北海からマルセイユまでの航空基地を支配下に置き、豊富な石油や戦略的鉱物資源を確保し、少なくともヨーロッパ大陸では、最も手強い敵軍をなぎ払った。地上にはナチスの絶対的な力に太刀打ちできるものはないように見えた。ところがあらゆる予想に反し、そしてヒトラー自身の期待をも裏切り、ヒトラーはそれを頂点として下り坂に向かうことになった。

衰勢の始まりは七月に、ウィンストン・チャーチルがヒトラーの和平交渉の提案をにべもなく断ったことだった。イギリスに教訓を与えるため、ヒトラーは海峡を越えて陸上侵攻を行う目的で、ドイツ空軍《ルフトヴァッフェ》にイギリス空軍の撃滅を命じた。それから五ヶ月にわたり、ドイツの急降下爆撃機シュトゥーカと戦闘機メッサーシュミットが、イギリスの高射砲、戦闘機ハリケーンやスピットファイアと激戦を繰り広げた。ドイツ軍の空襲を受けたイギリスでは、沿岸部や工業地帯、ロンドンの中心部で長々と警報サイレンが鳴り響いた。いたるところが火に包まれ、工場、造船所、鉄道駅、アパートやパブが破壊され、バッキンガム宮殿までが被害を受けた。

そのときのことは、私の初期の記憶のひとつになっている。親族や友人に別れを告げ、両親が私たちを連れてプラハを離れたのは、一九三九年三月にドイツがプラハに侵攻したすぐ後だった。スロバキア、ハンガリー、ユーゴスラビア、ギリシャを列車で移動した私たちは、船に乗り換えてイギリスに渡った。最初はロンドンの薄汚い下宿屋に入ったのだが、幼かったのでそのときの記憶は定かでない。けれども次に移り住んだこぢんまりとしたアパートは、よく覚えている。そのアパートはノッティング・ヒルの赤レンガでできた建物の四階にあり、小さなキッチンとバスがついていた。隣人はチェコスロバキアから亡命してきた人々だった。ポーランド、ドイツ、スペインから来た人たちもいた。

空襲になると、灰色のコンクリートの狭い吹き抜け階段を駆け下りてから、地下に避難するのがいつもの行動だった。地下には小さな部屋がいくつかと大きな部屋がひとつあり、そこにはいつでも二〇人を超える人たちが詰めかけていた。近くの建物から避難してきた人々が加わるときは、それより増えることもあった。私たちはそこで、管理人のだれかが淹れてくれるお茶やコーヒーを飲み、パンやビスケットなどの軽食を分け合って食べた。眠るときは——眠ることができればだったが——大きな部屋で折りたたみベッドやマットレスに横になった。建物は新しく、構造はしっかりしていたのだが、地下室には天井に熱湯とガスのパイプがむき出しでめぐらされていたので、室内は温められていたものの、近くに爆弾が落ちていれば、大火傷を負うか窒息死していただろう。しかし子供だった私は、そんな危険は考えもせずに、毅然と振る舞っていた人々と過ごす時間のすべてを楽しんでいた。

ノッティング・ヒルは戦略的に価値のない場所だったので主要な標的ではなかったのだが、それでも爆弾が近くの十数箇所を直撃し、何人もの犠牲者を出した。私たちの隣人が地元のパブ、フリーメイソンズ・アームズの瓦礫の中から消防隊に助け出されたこともあった。その女性はこれで死ぬのだと覚悟したそうだが、生皮の鞭並みの強靭さを発揮して、一〇三歳まで生きながらえた。目と鼻の先に爆弾が落ちてきたこともあった。けれども爆発しなかったので、周囲の全員が避難させられ、爆発物処理班がやってきた。彼らは不発弾を調べてから、「心配いりません。これは占領下のチェコスロバキアの工場で製造されたもので、爆発しないように巧妙な仕掛けが施されていますから」と教えてくれたのだった。

父は、ロンドンに拠点を置くチェコスロバキアの亡命政府に代わり、祖国にニュースを伝える任務にあたっていた。それはドイツの占領軍が毎日流していた嘘を、打ち消す仕事でもあった。ロンドンの空襲が始まって間もないある朝、原稿が仕上がっていなかった父（ヨーゼフ・コルベルという）は、警報サイレンを無視してアパートで仕事をつづけていた。父と一緒にいた友人は、そのときのことを後にこう振り返っている。

爆弾が落下してくる大音響が響いてきたため、ふたりとも床に伏せ、コルベル博士はすぐにテーブルの下に飛び込んだ。空爆は耳をつんざくような音を轟かせて建物を揺るがせ、まるで荒波にもまれる船に乗っているように感じられた。鉄とコンクリートの巨大な建物がこれほど激しく振動し、しかも崩壊しないとは、私には信じられないことだった。危険が去ったと思えたときは、ふたりとも安堵の笑みを浮かべずにはいられなかった。

一九四〇年九月七日から一〇月の終わりまでの五七日間にわたり、平均して二〇〇機の爆撃機が連日ロンドンに爆弾を投下しつづけた。安全な避難場所はどこにもなかった。住居の庭先や公園に設けられたシェルターは、爆風や破片から身を守る程度の役にしか立たなかった。地下に避難した人々も、崩壊した瓦礫の下敷きになるか窒息死することが多かった。空襲開始後の最初の六週間で、一万六〇〇〇戸の家屋が倒壊し、六万戸が深刻な被害を受けた。住む家を失った人々は三〇万人以上に上ったのだ。

しかしロンドン市民は、適応力のある人々だった。自宅から往復すれば、途中で何日も足止めされる可能性があることを承知していた勤め人たちは、洗面用具、枕、毛布、着替えを持って出勤してきた。夜が近づくと、地下室や防空壕、地下鉄の駅にマットレスの行列が移動する光景が見られた。気象データは機密扱いになっていたため、人々は独自にその日の予想を立てていた。晴天であればヒトラーにって都合の良い日で、晴れた夜空は、その月のある期間について、爆撃機が襲来する月夜を意味していた。あらゆる階層の人々が互いの無事を願っていたため、イギリス文化の根強い社会的な区分も、一時的に消滅した。反抗心旺盛な商店主たちは、店に「破壊されたが営業中」「打撃を受けても開店中」などと書かれた看板を掲げていた。銀行や郵便局は通常どおりに業務を行うと宣言し、たくましい街娼たちもそれに倣った。

激しい攻撃を受け、譲歩するしか残された道はないと考える政治家は多かったにもかかわらず、イギリス市民は屈服を拒んだ。ヒトラーはソ連に目を向ける前にイギリスとの決着をつける目論見だったが、そのような強気な計略は頑強な抵抗に阻まれることになった。フランコを説得してスペインを戦争に引き入れようとした努力が挫折に終わり、不満を募らせていたところへ、ムッソリーニが性急にギリシャ侵攻に踏み切ったことが、いっそうヒトラーの苛立ちを深めた。一方北アフリカでは、イギリスとインドの連合軍がドイツとイタリアの攻撃を封じ込め、一九四一年三月にはセルビアの勇敢な志士たちが親ナチス政権を転覆してヒトラーの介入を余儀なくさせた。ドイツは強大な力を持っていたが、呼び覚まされた抵抗勢力にもそれに負けない意志の強さがあることを、ヒトラーは知ることになったのである。

ドイツとソ連は第二次世界大戦開戦の一〇日前に、相互不可侵の約束を交わしていた。イデオロギーが敵対する両国がそんな条約を締結したのは衝撃的な出来事だったが、どちらも同じ程度に疑り深かったことを考えれば、理解できる話だった。両国は約束にしたがい、東と西からポーランドを侵略し、その領土を分割して分け合った。スターリンにとって、条約の締結は時宜を得たものだった。一九三〇年代の後半に忠誠心に欠けるとみなされた官僚たちの見せしめ裁判を行い、何十万人もの粛清を実施したスターリンは、その偏執症じみた行動のせいで、ドイツとの武力衝突の備えができていなかったのである。
不可侵条約の成立は、ヒトラーにとっても好都合なタイミングだった。第一次世界大戦時のような東西の二正面戦争を強いられるのを回避したいと考えていた彼には、対ソ侵攻作戦のタイミングを遅らせることは、理にかなっていた。だが、スターリンには多分に自分と同じ性向があることを認めていたヒトラーは、信用ならない相手であることも承知していた。スターリンは赤軍の準備が整い次第、裏をかいて攻撃を仕掛けてくるだろう。ドイツが先手を取る方が得策だ。ヒトラーはそう算段した。ソ連との戦争は初めから、「もしそうなれば」ではなく、「いつ」踏み切るかの問題だったのだ。ヒトラーは東方の広大な土地を、何としてでも手に入れたかった。ひとつには物理的に、穀物、食肉、石油といった資源を軍が無尽蔵に必要としていたからだった。だがもうひとつには、大洋、海峡、海に妨げられない方角に、レーベンスラウム《生存圏》を拡大したいという狂信的な願望を持っていたのである。ヒトラーの戦略家たちが思い描いていたのは、戦争が終結した暁に、ウラル山脈からポーランド国境にまたがる肥沃な大地のそこかしこに、輝かしい町が連なる光景だった。そこには純血の民族だけが住み、食料の生産にあたるのは、門の外で働くスラブ人だった。彼らは土地を耕し、家畜を飼育し、粗末な食事をとり、命令を理解してそれに従うために必要な水準で教育を受けるだけの人々だった。

ヒトラーは一九四一年六月にソ連への侵攻を開始した。彼は地域住民への食料供給が枯渇するのを承知していただけでなく、そうなることを期待すらしていた。侵攻開始の四週間前に、ゲーリングがこう予測を下していたのだ。「工業地帯の何千万もの人々は余剰となり、飢えて死ぬかシベリアに移住するしかなくなる。だがこの一帯で彼らを餓死から救ういかなる試みも、[…]ドイツの戦争継続の力を損ねることになるだけだ」。これが、「私は良心を持たない」と公言していたゲーリングの言葉だった。一言で言えば、それがナチスの倫理観だったのである。

夏がはじまる最初の日、ドイツの戦闘機、戦車、歩兵部隊が東へと軍を進め、ソ連に奇襲攻撃を仕掛けた。ドイツ軍は最初の一週間で、三二〇キロメートル近く進軍を遂げた。ベルリンをはじめ、西欧の主要都市の軍事専門家は、一様にドイツ軍が手早く勝利するだろうと予想していた。愚かにも、自分の部下に殺されるのではないかと考えていたスターリンの不安は、杞憂に過ぎなかった。ソ連は経済と政治の両面で統合されたシステムを構築しており、総力を結集する力を持っていた。初期の大損失を吸収し終えると、赤軍は劣勢を立て直し、強力な防御態勢を敷くことができた。遠征と厳しい気候が決定的に有利に働き、ソ連を戦略的に優位にした。ドイツ軍は一キロメートル前進するごとに兵站線が延びてゆき、一週間ごとに、日が短くなり、風が冷たくなり、雨が増えて、一〇月を迎えると雪になった。第三帝国の戦士たちは、奇襲攻撃の優位性が消え失せた段になって、初めて本格的な戦闘に臨むことになったのだ。

ドイツ軍の勢いが削がれるにつれ、ヒトラーの怒りは高じていった。反ソ感情が強かったウクライナとバルト三国は、ドイツを解放軍として歓迎するはずだった。この地域には確かに、一部にはドイツ軍を歓迎する人々がいたものの、ナチスの指揮官や武装親衛隊らは、彼らに対して非情過ぎた。地域住民を同志とみなすどころか、食糧を押収し、財産を奪い、何百万人もの労働者を奴隷扱いし、暴力を行使したために、彼らの反発を招いてしまったのである。

軍事史に通じていたヒトラーは、事前準備や不意打ちの価値をよく知っていた。だが理解していなかったのは、厄介な問題に対処する戦略調整の必要があったことだった。新たな征服を渇望するあまり、彼はソ連の回復力と、殺されるか捕虜になって失われた兵士を補充する赤軍の能力を、過小評価していた。また、自分の判断に揺るぎない自信を持っていたため、しばしば将軍たちの意見を覆し、誰にもできないことを成し遂げるよう命令を下していた。軍隊はそのために、多くの兵士が長靴も冬物のコートも持たないままで、足を引きずりながら、故郷から何千キロも離れた極寒の地で苦しい行軍をつづけなくてはならなかった。

ドイツ軍は凍傷に耐えながら、一二月初旬にはモスクワ西方の森林地帯まで兵を進めた。ソ連軍はすぐに反撃にかかり、彼らを退却に追い込んでモスクワへの侵攻を阻んだ。一九四二年に入り、ヒトラーは再攻撃を試みたが、これも欲張りすぎた行動となった。一九四三年二月二日、およそ九万人を擁するドイツ第六軍が、スターリングラードでソ連の赤軍に敗北を喫した。戦闘は何ヶ月もつづいたが、ヒトラーの東征は失敗を運命づけられていたのである。

ムッソリーニとヒトラーはファシズムの体現者だった。しかしいずれも、完全な全体主義国家を作り上げることはできなかった。理論と現実のあいだ、上からの命令と下層部での実行のあいだで、つねにギャップが生じていた。どちらの政府も、彼らの望む効率性を実現できなかった。ドイツではゲシュタポ《秘密国家警察》が数え切れない罪を犯し、それに加えてあらゆる建物の隅々に、目を光らせて耳をそばだてている情報部員がいると、市民に信じさせていた。だが威圧的な外見の裏では、組織は人員不足で、書類仕事に忙殺され、政治的にも信頼性が低かった。メンバーの半数はナチスですらなかったのだ。ゲシュタポの情報提供者は、その多くが不愉快な隣人や借金を滞納している相手などに嫌がらせをすることで鬱憤を晴らす日和見主義者でしかなかった。自分の夫を密告したザールブリュッケンの女性などは、本人が幼い息子に語った言葉では、「ずっとましな」新しいパパを迎え入れるための余裕を作りたいというのが、その動機だった。

ヒトラーは就任してすぐに、〈束縛の解放からの解放〉を約束し、女性を官僚機構から排除した。女性は家庭を守り、裁縫や繕いをしてアプフェルクーヘン《アップルパイ》を焼き、アーリア人の次世代の超人を産むよりに勧めたのだ。だがその野望は、ソ連の征服と同じ程度に達成が難しいものだった。夫人も令嬢も、女性はだれもが働きに出て戦時中の苦しい経済を支えており、一九三三年から三九年にかけての女性の労働人口は、四〇〇万人から五〇〇〇万人へと増加したのである。

イタリアでは共産主義者と社会主義者が、言うまでもなく社会の無法者とみなされていた。そのため多くの人が政治に無関心を装い、ムッソリーニの父親が初期の時代にそうしていたように、一家の赤い旗を箱に隠して裏庭に埋め、頭を低くしてファシスト政権時代を生き延びた。左翼運動はこうした慎重な戦術にしたがっていたおかげで、戦争が終わる前から相当に力強く再浮上しはじめた。ドイツでは、公然と反対運動が展開されることはまれだったものの、労働組合、民間セクター、宗教団体、軍部にはそうした人々の小さなグループが存在していた。ヒトラーへの嫌悪が劇的なかたちで表れたのは、一九四四年七月二〇日にクラウス・フィリップ・シェンク（クラウス・フォン・シュタウフェンベルク伯爵）がアタッシェケースに隠し持った時限爆弾でヒトラーを爆殺しようとしたときだった。ヒトラーは髪が焦げ、脚に火傷を負い、鼓膜に損傷を受けただけで危機を逃れ、自分は神意に守られているのだと確信を新たにしたのだった。

ムッソリーニを狙っていた時限爆弾は、ヒトラーの場合ほど騒々しいものではなかったが、破壊力はそれよりも強く、それも、もっと身近な人々によって仕掛けられたものだった。ファシズムの創始者が自身の党員に足を引っ張られることになろうとは、誰に予想できただろう。ムッソリーニにとって潮目が変わる重要な転換点となったのは、連合軍が一九四二年の終わりに北アフリカで枢軸軍を撃退し、南からイタリア経由でヨーロッパを解放する足場が築かれたときだった。

イタリアの立場が脆弱化したことは、その指導者の変化にも反映されて見えた。自慢好きで威勢の良かったムッソリーニは影をひそめており、かつては迅速に決断を下し、机に文書をためることのなかった彼は、今では重要な文章にクレヨンで下線を引いたり、入ってくる文書を熟読したりし、書類が山積みになっていた。しばしば気が変わることや、反対の選択肢を提示したメモの両方のボックスにチェックを入れたりすることもあった。潰瘍の痛みを和らげるために胃薬を飲んでいたのだが、国民が不甲斐なくも戦争から抜け出したがっているという重大なジレンマに対しては、処方箋が見つけられずにいたのである。

イタリアの一般市民、軍隊、虐げられていた国王らは、第三帝国と関係づけられるのを迷惑に思っていた。ローマ・カトリック教徒には、ヒトラーのあからさまな異教主義は折り合いが悪かったのだ。一九三八年にムッソリーニがその数年前にドイツで可決された反ユダヤ法案を成立させたときも、多くの人々が不満を漏らしていた。イル・ドゥーチェを慕う人々でさえ、あるいはむしろそうした人々は特に、彼がチュートン人の人種差別主義者の追随者《ジュニアパートナー》を演じていることを、苦々しく思っていたと言ってもいい。軍部もまた、東方に配備した何万もの軍勢が――それも多くがボール紙の靴を履き――ドイツ軍と共に戦うことに、苦虫を嚙み潰していた。いまや戦線が祖国に迫り、終わりの見えない戦いへと巻き込まれていく趨勢だった。イタリアの栄光を復活させることを喧伝していたファシスト運動は、イタリアが敗北すれば、その責任を問われることになるのは明らかだった。

一九四三年七月一〇日、総勢一六万人の連合軍の第一陣がついにシチリア島に上陸した。その二週間後に、ローマでファシスト党の大評議会が招集された。出席者の多くは不測の事態に備え、ポケットにナイフや手榴弾をしのばせていた。しかしそこは、ヒトラーのドイツでもスターリンのソ連でもなかった。ムッソリーニは怒声で威嚇することはせず、気むずかしい表情だった。彼は二時間におよぶ弁舌をもって、集まった党幹部たちを出迎えた。言いわけがましい口調で無関係な統計を並べ立てたその内容は、直面しているジレンマから抜け出す方法を忍耐強く模索していた幹部陣を、完全に失望させた。ムッソリーニが話しているあいだ、出席者たちは密かに、国王の全権回復と議会の復活を提起する決議案を回覧していた。この決議案を起案したのは、ムッソリーニの好戦的な同志のひとりだったディーノ・グランディだった。彼は議席から立ち上がると、上司のムッソリーニに対峙し、こう述べた。

あなたは人民の献身的な協力を信じておられるが、イタリアをドイツ帝国に結びつけた日に、それは失われました。あなたは歴史的に不道徳な独裁政権の名の下に、すべての人の人格を抑圧してきた。いいですか、あなたの帽子に最高司令官の金の縁飾りが施されたその日から、イタリアは道を誤ったのです。

グランディの決議案は、賛成一九、反対八、棄権一で承認された。賛成票を投じたひとりにはムッソリーニの義理の息子も含まれていた。無謬の独裁者は、鋼鉄の意志をもって築き上げたファシスト党の支持をなくし、二〇年にわたったファシズム支配は二〇分の投票をもって、幕が下ろされた。ムッソリーニは国王による新たな連帯の表明に最後の望みをかけたのだが、肩透かしに終わった。ヴィットーリオ・エマヌエーレ三世がムッソリーニに屈服していたのは、選択の余地がないと思い、自身の臆病な性格がそうさせたからでもあった。ようやくカードの手札に運がめぐってきた国王は、謁見に訪れたムッソリーニに「あなたはイタリアで一番憎まれている人です」と告げた。ムッソリーニはそれに対し、「陛下のお言葉のとおりであれば、私は辞表を提出せねばなりません」と言い、王は「余は無条件でそれを受け取るであろう」と答えたのだった。

ムッソリーニ退陣のニュースは、イタリア中に祝賀ムードを巻き起こした。何千人もの人々が追放された独裁者の額縁入りの写真を壁から外し、ゴミ箱に捨てた。ファシストを自称する人が、にわかに希少種になった。新政府は連合国と休戦協定を結ぶことに合意し、戦争の終結を願ったのだが、休戦の申し入れは回答が得られずに終わった。ヒトラーの軍勢はイタリア北部を制圧して傀儡政権を立て、その指導者に就くよう、ムッソリーニに強要した。ムッソリーニはやむなくその求めに応じたが、事実上はドイツの捕虜であった。

人生最後の数ヶ月間、ムッソリーニは自分の大胆な野望が挫折したことを考える以外には、何もせずに過ごしていた。ヒトラーに負けない非情さがあれば結果は違っていたのかと思い悩み、国民の戦闘意欲の欠如、ナチスの関心の偏狭さを嘆いた。残っていた少数の顧問には、自分はお世辞に甘えすぎていたと認め、独裁者は「野心に取り憑かれていると、完全にバランス感覚を失う」と心中を語っていた。自分自身を犠牲にしたと告解を受けるなど、教会の祝福を得るための努力もときどきしていた。彼はまた、自分自身をカエサルと比較することをやめ、それよりイエス・キリストと比べた方がいいのではないかと考えたりもしていた。

戦争が最終局面を迎えた頃には、アメリカ軍とイタリア共産党のパルチザンが、防御が脆弱なムッソリーニの司令部に押しかけた。失脚した独裁者は逃亡し、最後の抵抗を試みている自分の支持者が相当数いるだろうと期待していたのだが、その期待が失望に終わったため、随行の一行と共に、オーストリア国境に向かって避難中のドイツ兵の一団に合流した。だが一九四五年四月二八日、ドイツ空軍の厚手のコートを着てヘルメットをつけていたにもかかわらず、共産党のパルチザンに素性を見破られた。ムッソリーニは長年の愛人だったクラレッタ・ペタッチと随行者たちと共に銃殺隊に処刑され、トラックに積んでミラノへと運ばれたのちに、そこで遺棄された。

ドイツでは、ゲッベルスが絶えまなく繰り広げていた避けようのないプロパガンダが功を奏し、歴史家のイアン・カーショーが「ヒトラー神話」と呼んだ現象を生み出していた。これは国家がいかなる挫折を味わおうとも、フューラーがすべてを収拾すると信じる感覚だった。問題が未解決で残っていれば、それはヒトラーがまだ着目していないためであると考えられていた。官僚の無能、軍事的な失策、親衛隊による残虐行為の行き過ぎは、ヒトラー以外の者だけが負うべき責任だった。ヒトラーは国家の体現者、経済的奇跡の創造者、正義の明敏な施行者、すべての敵からの防衛者、軍事と外交政策の天才であって、成功を収めるに違いなく、天もそれに味方するに違いないと思われていたのである。

しかしこの神話の主人公は、一九四三年になると左腕と左脚に震えが生じ始め、治療によっても治すことができなかったため、歩くときに足を引きずるようになった。他にも病気があったヒトラーは、かかりつけの医師に気休めの薬や刺激剤、催淫薬、軽い毒薬などを処方されて、それらに頼っていた。身体が弱り、活力が低下するにつれ、ドイツの戦争機構も手痛い打撃を受けはじめた。ノルマンディー上陸作戦が行われたDデイの後は、恐れていた二正面戦争が現実のものとなってしまった。ドイツは東西の両方向から連合軍に挟撃され、隷属を図った国々を失っていった。男子高校生がろくに訓練も受けずに戦闘服を与えられ、総統のように、あるいは総統はそうしていると教唆されて、一平方メートルたりとも領土を奪われないよう戦い抜けと言われた。その頃には、ヒトラーの有名な肉声も、集会やラジオ放送で流れることがなくなっていた。ヒトラーは屋外へ出ることすらしなかった。一九四四年七月、ソ連軍がマイダネクの死の収容所〔ルブリン強制収容所〕を解放し、翌年一月にはアウシュヴィッツを解放した。同年四月、アメリカ軍がブーヘンヴァルト強制収容所の門を開け放ち、ベルゲン＝ベルゼン強制収容所もイギリス軍によって解放される。そこで行われていた信じがたい事実が、もはや世界の目を欺けなくなったのだった。

いまや無気力に成り果てたヒトラーは、最後の数ヶ月をベルリン中心部にあった地下七メートル半強の掩蔽壕《えんぺいごう》に避難していた。動くたびに半身全体が痙攣して震えていた。しきりに独り言を口にしては不満を漏らし、夢のなごりを惜しみつづけていたため、側近たちは閉口しながら、我慢してときには明け方まで耳を貸さなくてはならなかった。ムッソリーニと違い、ヒトラーは過ちを認めず、決断を後悔せず、嫌われていようと意に介していなかった。自分を裏切ったとみなした人々を罵り、脱走兵を射殺することに固執し、見えざる眼で常人を超えた高みにいると考えていた自分を、最後の奇跡が証明してくれるだろうと期待を託していた。四月半ば、フランクリン・ルーズベルト死去のニュースに接したときは、短い間だったが気を良くし、声明のなかで「史上最悪の戦犯が地上から消えた」と述べている。一九四五年四月三〇日、ムッソリーニの死から二日後に、ヒトラーは三六時間の妻で終わったエバ・ブラウンと共に、エバは青酸カリで、彼は拳銃で自殺を遂げた。

映画『独裁者』の終盤では、チャーリー・チャップリンが扮する気の弱いユダヤ人の床屋が、同じくチャップリンが演じるヒトラーのような独裁者と間違われ、ドイツの軍服を着てマイクの前に立たされてしまう。党大会で大群衆に向かって演説をするはめになった彼は、群衆が予想していた速射砲のような毒舌は口にせず、悪に直面しても人間の精神には回復力があることを語り聞かせる。兵士たちに対し「諸君、犠牲になるな。独裁者の奴隷になるな！　諸君を見下し、家畜のように扱い、使い捨てにする――彼らは人間ではない！　心も頭も機械に等しい！　諸君は機械ではない！　家畜ではない！　人間だ！　心に愛を抱いている」と話すのだ。

慎ましい床屋はこうつづける。「私の声は全世界に伝わり、失意の人々にも届いている。これらの人々は罪なくして苦しんでいる。人々よ、失望してはならない。貪欲はやがて姿を消し、独裁者は死に絶える。大衆は再び権力を取り戻し、自由は決して失われぬ！」

　チャップリンの言葉は、感傷的でほろ苦く、ナイーブだ。私はこれを聞くたびに、応援したい気持ちを抑えることができない。

第7章　民主政治の独裁

ヨシフ・スターリンはイタリアやドイツのファシストによる反動的な政策を楽しげに非難していたが、〈ファシスト〉という言葉ほど、共産主義者にとって万能の侮辱語はなかった。ソ連の人々は侮蔑的なこの言葉を本来の相手には使わず、資本家、ナショナリスト、民主主義者、宗教者、そしてトロツキー派、社会主義者、リベラル派など左派層の支持獲得をソ連と争ったすべての勢力を貶めるために使った。スターリンの世界には、自分の支持者か、ヒトラー同然かのいずれかひとつしかなかった。その中間は存在しなかったのだ。こうしてみると、ファシズムと共産主義は正反対の概念なのだろうと考えることができそうだが、両者の差異はそのように単純なものではない。

ムッソリーニは一九三二年に、ファシズムとは閉じられた宇宙であり、「(ファシストの)国家の概念は包括的」で、その外側には「人間的あるいは精神的な価値は存在できない」と説明した。彼は民主主義とそのあらゆる罠を軽蔑する点において、ファシズムと共産主義は重なり合っていることを認めている。イル・ドゥーチェは公の場ではボリシェビキを糾弾したが、内々にはレーニンの残忍な戦術の有効性に感心していると打ち明けていた。ファシズムと共産主義はいずれもユートピア的な願望を掲げ、どちらも一九世紀末の知的・社会的興奮の中で根付いてきた。リベラルな政治機構に欠如している精神的な支えを提供すると主張していた点でも、両者は同じだった。

だがそこには大きな違いもあった。ナチスは国籍と人種にもとづいて人間を分類したが、共産主義者の重要な決定要因は、階級であった。ドイツではユダヤ人とロマが迫害されたが、ソ連では、主に地主や資本家階級（ブルジョアジー）が弾圧され、ユダヤ人が迫害されたのは後になってからだった。ナチスは宗教を貶め、他方で信仰の欲求を利用したのに対し、共産主義者は宗教を遠ざけ、ある種の世俗的な書物を祀《まつ》り上げた。ナチスは国家機関を管理下に置いたが、共産主義者は国家機関を解体して再構築し、怠慢な皇帝政府の官僚機構を鈍重で非効率的なソビエトの官僚機構に置き換えた。それぞれがアイロニーを抱えていた。ナチスは占領と征服を通じて人種的に純粋な社会を築く夢を追い求め、そのために多くの非ドイツ人や非ゲルマン民族と密接に接触することになった。共産主義者は民族的アイデンティティーは無関係であると主張しながらも、ラトビア人、ポーランド人、ウクライナ人、アルメニア人、フィンランド人、チェチェン人、朝鮮人、トルコ人を、彼らがそうであるがゆえに執拗に迫害した。

その指導者はどうであったかと言うと、ヒトラーは権力を握ってから怠惰な面を見せ、一日の仕事を概して正午ごろに開始し、政府業務の細かいことは他人任せにしていた。他方、スターリンは雄鶏とともに起床して長時間働き、経済、政治、軍事のあらゆる動向について報告を求めた。ヒトラーは禁酒主義者で菜食主義でもあったのに対し、スターリンは酒量が多く、何でも食べた。ウラジーミル・プーチンの祖父もシェフのひとりだったが、シェフたちはスターリンの故郷だったグルジアの郷土料理を食卓に並べ、ケバブ、シチュー、サラダ、団子、たっぷりのクルミに、手で押せばめり込むようなパンの献立を供した。ヒトラーは口頭で説明を受けるのを好んだのに対し、スターリンは詳細な政策文書に目を通し、そこに加筆や修正も加えていた。

こうした相違点にもかかわらず、ふたりは暴力という共通の言語を話していた。どちらも主権者である国民が選挙で選んだ政府を嫌い、理にかなった議論、表現の自由、独立した司法、公正な選挙といったジェファーソン流の理想を軽蔑した。それに加えていずれもが、内外の敵を容赦なく攻撃した。ナチ党が足場の確立を目指していた一九二〇年代、ソ連は革命を推し進め、産業を強制的に再編し、何百万人もの「階級の敵」をシベリアに送り込み、農業の集団化を推進して凄まじい飢餓を引き起こした。またスターリンは一九三七年に、政治的に信頼できないとみなされた人々六八万人の粛清を命じている。この信じがたい数字には、軍人、党幹部、政治局委員などが含まれていた。共産主義者はナチスとほとんど変わらない程度に、国家を恐ろしい殺人マシンにすることができたのだ。

また、共産主義者はナチスと同じように、プロパガンダのスパムを浴びせて人心の操作を図った。ソ連の人々は毎日、革命のために犠牲を払い、より良い明日のために団結し、全体の利益のために懸命に働くように求められていた。広告板、ラジオ、新聞や党幹部の口を通し、こうした宣伝が休みなくつづけられた。人民にそうするしかないと思い込ませ、政府の要求に従順な体制順応性を仕立て上げるのが、その目的だった。命令を受け入れることでしか安全を守ることができなかった人民は、命令に従うことが使命であるとされていた。それはつまり、服従を美徳とみなす人間ロボットになることだったのだ。

共産主義者とナチスは、どちらも「新しい人間《ニュー・マン》」を創り上げる使命感を抱いていた。「新しい人間」とは、労働者同士が金銭欲、所有欲、快楽欲から競い合うような、彼らの見解では民主主義を道義的な悪の巣窟にしてしまう個人の欲求を超越して、現代社会に誕生する人間を指していた。スターリンは社会主義リアリズム作家のマクシム・ゴーリキーが一九三二年に主催した会議で、自国の文豪たちに対し、「人間の魂を形作る腕を発揮してください」と熱心に勧めている。またソ連の映画製作者たちも、同じストーリーによる作品を何通りものバリエーションに広げて濫造していた。どの映画も、主人公が貪欲な資本家から、自分の利益か社会の幸福か、どちらかひとつを選ぶように強要されるという筋書きにっていた。選択を間違えれば必ず悲劇を招き、正しい選択は仲間同士の至福の境地をもたらすことになっていたのである。

こうしたシナリオが人民を引きつけたことは容易に見て取ることができる。何百万人という人々が、資本主義社会のはっきりした不平等などを理由に、〈多数派〉を意味するボリシェビキに転向したのだ。全員を運命共同体の一員に迎え入れるという考え方には魅力があり、公平であるようにも思える。だが共産主義は、理論の実践にあたっては強い締めつけを必要とした。それは、そうせざるを得ない理由があったからだった。もう少し現実に適合する考え方であったとすれば、それほどまでにしてイデオロギーを吹き込む努力や、グラーグ〔強制収容所〕は不要だったのだ。原理はどうあれ、最も生産的な農民は、集団農業を好まないものだ。労働が増えるばかりで利益が減ってしまうからだ。最も生産性の高い工場労働者も、努力が報われないのであれば、生産性など維持しない。ときおり与えられる〈月間優秀賞〉のリボンでは割に合わないのである。想像力のある人々はどんな社会にあっても、何をして、何を信じるべきか、何を考えてはならないかを押しつけられれば、反抗するに違いない。

その象徴が皇帝の双頭の鷲であれ、ハンマーと鎌であれ、独裁はたとえ他の名称で呼ばれようと、独裁であることに変わりはない。第二次世界大戦中に、赤軍の徴兵によって戦場に駆り出された何百万人もの兵士たちは、最高司令官のスターリンを憎みながらも、母なるロシアのためにドイツのファシストを相手に戦っていた。ソ連の事実捏造者たちは、ソ連軍はスターリンへの忠誠から進んで戦場に出向いたのだと力説したが、それは詭弁でしかない。共産主義はうまく機能しないのである。

一九四五年七月、八歳だった私は、イギリスの爆撃機に乗り込み、胴体部分の間に合わせの椅子に腰掛けて、生まれ故郷のチェコスロバキアに帰国した。空港では六週間ほど前に先に帰っていた父が、私たちを待っていた。それが戦後の始まりだった。つづく三年間、チェコスロバキアはスターリン流のファシズムと、私たちが二〇年代から三〇年代にかけて大切にしていた健全な民主共和国とのあいだで、難しいバランスをとっていた。

ドイツの占領末期には、反枢軸同盟の二大勢力を構成していたソ連と西欧諸国との溝が顕在化してきた。戦争中のチェコスロバキアからの亡命者は、ほとんどがロンドンに避難していたのだが、そのほかにも何千人もがモスクワに逃れ、熱心に先行きを見守っていた。国内にとどまり、ナチスに抵抗した勇敢な人々には、その両陣営の忠誠者たちが含まれていた。未解決で残されていた問題は、戦時下で力を合わせたチェコスロバキア人が、平時に戻っても協力関係を維持することができるのか、そして、そうすることが許されるかどうかであった。

チェコスロバキアの大統領エドヴァルド・ベネシュは、東西両側の堅固な関係を維持したいと考えていた。それは賢明な政策であり、まだ冷戦が完全なかたちでは出現していなかった時代だったことから実現可能な戦略でもあると考えられた。私がロンドンからプラハに移動していたちょうどそのとき、スターリンはポツダムでトルーマンや間もなく交代するチャーチルと友好的な会談を行っていた。公には彼らは全員が同じ側に立っていた。しかし水面下では壮大な衝突が始まっていたのである。

一九四六年五月、戦後チェコスロバキアで初めての選挙が行われた。第二次世界大戦以前のチェコスロバキアでは、共産党はわずかな得票しか取れなかった。今度こそ善戦を期して臨んだ彼らが、他党を大きく引き離し、三八パーセントもの票を集めようとは、誰にも予想できない結果だった。ベネシュは大統領の座にとどまり、つば付きの帽子の代わりに縁なし帽をかぶるのが好みの、もと工具職人だった共産党のリーダー、クレメント・ゴットワルトが首相に就任した。内閣は穏健派と極左派に二分された。投票の結果は共産党にムッソリーニやヒトラーが成し遂げたことを実現する希望、言い換えれば民主的な手段で権力を獲得し、民主主義を抹殺するという希望を与えた。

一九四八年五月に予定されていた二度目の選挙では、共産党は絶対多数の獲得を目指し、民主党はその阻止を目指して躍進を図っていた。しかし一九四七年の六月に、各方面の目算が調整を求められることになった。ジョージ・マーシャル米国務長官が欧州復興を目的とする大規模な支援計画を打ち出したからだった。ソ連を含め、戦争で被害を受けたすべての国がこの援助の対象とされていた。マーシャル・プランはチェコスロバキアにとって、農場の状況が改善し、工場が平常操業に戻るまでのあいだ、経済を立て直す支えの提供を約束していたことから、内閣は七月四日に満場一致で参加を可決した。

明るい青信号があらゆる意味で赤信号に転じたのは、その七日後だった。モスクワに赴いたプラハの高官が、アメリカの提案は罠である、ソ連を孤立化させて自分を陥れようとしているのだとスターリンに聞かされたのだ。スターリンはさらに語勢を強め、ドイツの復活からチェコスロバキアを守ることができるのは自分しかいない、それを無視するのであれば、保護を撤回すると言い、そうすることはチェコスロバキアの条約義務の違反とみなすとつけ加えたのだった。

真の冷戦はこのようにして始まったのである。赤軍がそばで睨みを利かせ、西側同盟国は銃を下ろしていたため、チェコスロバキアのみならず、ポーランド、ハンガリー、ルーマニア、ブルガリア、アルバニア、ユーゴスラビアのすべてのソ連の衛星諸国が、マーシャル・プランを拒絶せざるを得なかった。マーシャル・プランはヨーロッパ大陸をひとつにまとめることができたはずだった。だがソ連の不信感が――その性向は二一世紀にも浮上してくるのだが――中央ヨーロッパに鉄条網を張りめぐらせる結果を招いた。

チェコスロバキアではその間、民主党と共産党が来る選挙に向けて激しい事前運動を繰り広げていた。優位に立っていたのは共産党だった。主要な省庁の主導権を握り、ソ連の支持を受けていた彼らは、直前の通知で大人数を動員することができた。押しの強さでも、彼らが上まわっていた。ファシズムへの反対を唱えていた共産主義者が、いまではそのやり方を真似ている、この偽善に気づくように民主党が訴えていた一方で、共産党はヒトラーの肖像写真をスターリンの写真と入れ替え、ムッソリーニの黒シャツ隊のようにメディアを攻撃し、政敵を中傷し、党員に全面的な忠誠を要求し、邪魔をする者は相手かまわず脅しつけていた。

　私たち一家は、近隣のベオグラードからその様子を見守っていた。父がそこで大使を務めていたのだ。ユーゴスラビアは強力な指導者ヨシップ・ブロズ（チトーの呼び名で知られている）の下で戦争を抜け出し、完全な共産主義体制が敷かれていた。父は現地の役人との接触から、チェコスロバキアの頭上にハゲワシが旋回しているのを知っていた。ユーゴスラビアのある陸軍将校は、父にこんなことを言っていた。「私は貴国の政策には賛成しかねます。政党が多すぎます」。彼はさらに、この国では、共産党が「議会、軍隊、行政機関、集団農場、産業のあらゆる側面を指揮しています。彼らは国家を代表して行動しているのです。民主主義による独裁なのです」と述べた。こうした奇妙な発想は、ファシストの戦略をそのまま反映するものだった。ひとつの党がひとつの声で発言し、すべての国民を代表していると主張し、そのような欺瞞を、民意の勝利と称していたのである。

　私の父は深く憂慮し、一九四八年一月にプラハに赴き、ベネシュ大統領を訪ねた。ユーゴスラビアでの共産党指導者の猛々しい性向を目にしていた父は、大統領が民主主義勢力が直面している危機を十分に認識し、反撃するための明確な戦略を持っていることを期待していた。しかしベネシュの執務室に案内されると、銀髪が薄くなり、目の下に深いくまができて足取りの重い、見るからに病気を患っていたような大統領に迎えられた。

　ベネシュは三〇年にわたり、ほとんど伝説的なエネルギッシュな活躍で世界的に名前を知られていたが、その少し前に脳卒中を起こしており、国をひとつにまとめる任務に明らかに疲れ切っているように見えた。父は会見の機会を最大限に生かすつもりで、共産主義者が軍、警察、労働組合、メディア、外務省に入り込んでいることを警告し、残された時間は少ないのですと進言した。しかし返ってきた返事は――父はそれを意外に思わなかったのだが――ぞっとするほど恐ろしいものだった。ベネシュはクーデターの可能性を否定し、来る選挙では民主党の勝利を確信していると言ったのだ。そしてベオグラードでの任務に戻り、心配しないように父を諭したのだった。

その四半世紀前に、ムッソリーニは優柔不断な国王から権力の座を奪っていた。一九三三年には、ヒトラーも病弱で年老いた大統領から同じことをした。ベネシュはヴィットーリオ・エマヌエーレほど受け身ではなく、ヒンデンブルクほど高齢でもなかったが、危機的な時期に民主主義の力を結集することができなかったという点では、彼らと変わらなかった。チェコスロバキアが共産主義者との対決のときを迎えたのは、一九四八年の二月だった。共産主義者が警察を蝕み、プラハの支持者にライフルの横流しを図っていたことが明るみに出たのだ。ちょうどそれは、プラハで二月二二日に予定されていた、モスクワが指揮するムッソリーニのローマ進軍のような、大規模な労働組合の集会とときを同じくしていたのである。

民主派の閣僚は動揺が抑えきれず、直ちに総選挙が実施されることに期待を寄せて一斉に辞任した。共産党のリーダー、ゴットワルトは、すぐさまその結果生じた混乱に乗じ、〈もっと信頼が置ける〉と自分が評価した人物のリストをベネシュに提示して、辞職した閣僚のポストを入れ替えるように迫った。マスメディアにいた工作員たちがこの要求に加勢し、何万人もの労働運動家もこれを支持した。二月二五日、尖塔群が見下ろすもとで、プラハはその自由を奪われた。出勤してきた民主党幹部は、オフィスの入り口で追い返された。家宅捜索を受けたり、手錠をかけられて牢屋に入れられたりした者もいた。

残っていた独立系の新聞やラジオ局も、乗っ取られて破壊された。共産党系労働組合が全国的なストライキを打ち、参加を拒否した労働者は解雇された。ゴットワルトがベネシュに会い、「新内閣を組閣するか、もっと多くの血が流れるかです」と脅したのだ。大統領は、やむなく折れたのだった。

辞任せずにとどまっていた民主派のひとりが、父や私たち一家の親しい友人でもあった外務大臣のヤン・マサリクだった。「ヤンおじさん」と私が呼んでいた彼は、外交官をしているよりピアノを弾く方がはるかに好きで、悲しそうに見せようとしても輝きが隠しきれない目をし、本当のことを口にせずにはいられない性格だった。外務省の中庭の、開け放たれたバスルームの窓の下でこの人の損傷した死体が発見されたのは、三月一〇日の朝だった。ゴットワルトが率いる新政府は自殺であると主張したが、証拠は殺人を物語っていた。

チェコスロバキアで起きた共産党による政権乗っ取りの一部始終には、そこから汲み取るべき教訓が今なお残されている。善人が勝つとは限らないのである。敵手たちより決意が弱く、分裂している場合には、なおさらそれが当てはまる。自由への欲求はすべての人が胸に抱いているかもしれないが、自己満足、混乱、臆病さも、すべての人が持っている。そして敗北すれば、その代償を払わねばならない。

一九四八年以降のチェコスロバキアには、民主派が入り込む余地がどこにも残されていなかった。カフカを思わせる環境に置かれ、大戦中にロンドンから全力を注いでヒトラーとの戦いにあたっていた人々は、労働者階級の奴隷化を画策していたと非難を受けた。そのため私は、人生で二度目に生まれ故郷を追われることになった。インドとパキスタンの間で起きていたカシミール紛争を調査するため、国連人権委員会調査団の団長に任命されていた父は、任務を終えると、自分と家族のアメリカへの政治亡命を求めたのだ。亡命申請は一九四九年六月に認可された。

第一次世界大戦の惨禍を振り返った国際社会の指導者たちは、そこから得られた教訓を示して見せたが、それは十分に教訓を得ることができなかったということにほかならなかった。西側の戦勝国は、領土を奪い、復讐を果たすことしか考えていなかった。敗者たちは、奪われたものを取り戻すことに執念をつのらせた。アメリカはパリで開かれた講和会議に、高尚な理念を掲げて臨んだが、集中の持続時間が短く、最終的にはみずからが提案した国際連盟に加盟せず、満足げに海の向こう側に撤退してしまった。死者二〇〇〇万人、負傷者二一〇〇万人を出した試練のあとで、効果的な協調行動が欠如していたがために、ファシズムが台頭し、世界はさらに破滅的な第二の戦争という奈落に導かれたのである。

VEデー〔欧州戦勝記念日〕が設けられてからは、トルーマン大統領と大西洋を隔てる仲間の国々は、前任者たちにはできなかったことに力を合わせて取り組む覚悟を固めていた。だがチェコスロバキアで起きた共産党のクーデターとヤン・マサリクの殺害により、その幻想が打ち砕かれた。スターリンには戦争時の約束を守るつもりなどなかったのだ。彼の目論見は、中央ヨーロッパと東ヨーロッパを支配することにほかならなかった。

西側はそれに対抗して軍事同盟（NATO＝北大西洋条約機構）を結成し、ギリシャとトルコが共産主義体制に転覆されるのを防いだ。アメリカも海の向こうの繭の中に引き返したりはせず、国際連合（UN）、国際通貨基金（IMF）、世界銀行などの一連の多国間組織を創設した。トルーマンは一九四九年に、発展途上国に対する技術援助を行うポイント・フォア計画も打ち出した。これらはいずれも、国際的関与の意識の高まりを反映し、アメリカではそのすべてが二大政党双方の強力な支持を得て実施されたものだった。これらの成果とそれを実現させた忍耐強い外交努力は、当然のことと考えてはならない。また、忘れてもならないものである。

この時期のソ連は、ファシズムの典型的な症状の多くを示しつづけていた。一九五六年五月にリベラルなコラムニストのI・F・ストーンがモスクワを訪れ、共産党の役人に会ったときに、先方が自分の考えを何か言いたがっているようだったので、ストーンはそれを聞き出そうとした。すると相手はすぐに考えを変え、ついにはドイツ語で、「沈黙か監獄かです」とつぶやいたという。

厳しい選択肢だが、それは本当のことだった。共産主義体制には、自分自身の市民を食い荒らす気質があるのだ。チェコスロバキアをはじめ、この地域の戦後の共産指導者の多くは、後に投獄されたり絞首刑にされたりした。スターリンが直接その命令を下すこともあり、ユダヤ人だった人々については、おそらく確実にそうだったと考えられる。逮捕を正当化するための独特の用語も発展した。階級の裏切り者、人民の敵、反革命分子、ブルジョアの豚、帝国主義のスパイ。ベルリンの壁が築かれたときは、その理由とされたのは言うまでもなく、ファシストたちから身を守るためだった。

他方、西側においても、アカ、左翼かぶれ《ピンコウ》、同調者、共産党シンパといった、軽蔑的なレッテルが編み出された。ソ連のスパイ活動を警戒し、ヒトラーの行く手を楽にした宥和政策を再現したくないと決意したアメリカの政治家たちは、誰よりも注意を怠っていないのは自分であると示してみせるのを競い合った。また、議会委員会も、「誰のせいで中国を失ったのか」を追及し、マスメディア、芸術、労働運動、政府のすべての分野で裏切り者を一掃することに努めた。時代は、疑心暗鬼や理不尽な恐怖にとらわれることなく、国を堕落から守るための知恵と力を持つ指導者を必要としていた。ところがドアを押し開けて登場してきたのは、求められていたリーダーとは異なる人物だった。

血の気が多く、怒気をはらみ、下顎に贅肉をつけたジョセフ・マッカーシー上院議員は、ムッソリーニのような直観を持っていたが、ムッソリーニとは違い、それは知的な基盤を持たないものだった。政治を愛し、権力を渇望した彼は、イル・ドゥーチェと同じように、演出が巧みだった。公人として生活動をはじめたときは、イル・ドゥーチェとは異なり、政治についてほとんど無知だった。彼は弱い者いじめをするファシストに似た気質だったが、最初は怒りの矛先を向ける対象が定まっていなかった。上院議員になった初期の頃は、毛皮の関税、公共住宅、砂糖の輸入割り当て、国防総省の備品調達といったテーマを扱うことで、世間の注目を集めるニュースを提供することに努めていた。だが思うような結果は得られずにいた。一九五〇年代の初め、再選を目指す選挙運動が目前に控えていたマッカーシーは、大ニュースになりそうなアイデアを考え出すことにいっそう力を入れることにした。

当時の資料によれば、その答えが得られたのは、弁護士、大学教授とイエズス会の神父という顔ぶれの、カトリック教徒の仲間三人とワシントンのレストランで夕食をとっていたときだった。弁護士は、マッカーシーにセント・ローレンス海路の大規模な建設プロジェクトを推進してはどうかと勧めた。それでは面白くないだろう、と一同は意見が一致した。大学教授は、アメリカの高齢者にひとりずつ、毎月一〇〇ドルを支給する提案をした。それでは予算が嵩みすぎる、と一同は判断した。最後に神父が、「共産主義が国家の安全を脅かすことを取り上げるのはどうだい？　まさにぴったりじゃないか？」と述べたのだ。*

アメリカを分裂させただけでなく、民主主義社会の市民は、丸め込まれれば自分の価値観を裏切るのかという、こんにちも問いつづけられている不吉な疑問を投げかける現象は、こうして誕生したのだった。

ジョセフ・マッカーシーは厚い胸、ボサボサの眉毛に縁どられた青い目、じっとしていられないエネルギーを持ち、養鶏業をしていた経験があった。飾らない話し方が有権者に好まれ、旧来の政治家が遠慮がちにさえも口にしないことを、声高に言ってのけることも好まれた。しかし頭に血が上りやすく、驚くような情報の暴露が事実にもとづいているかどうかは、ほとんど気にしていないように見えた。

運命的なワシントンでの夕食会の一ヶ月後、マッカーシーはウェストバージニア州ホイーリングのウィメンズクラブで、このようなスピーチをした。「私の手元には、二〇五名の名前を連ねたリストがあります。これは国務長官に共産党員であると報告された人々ですが、いまも国務省で働き、政策に関与しているのです」

マッカーシーはその後三年にわたり、アメリカの破滅が迫っていると予言し、人々に無実の罪を着せながら自分がその原因を作ったことは否定しつつ、さらに多くの人を冤罪に巻き込んで、大々的にマスメディアの注目を集めた。彼は国務省、軍、シンクタンク、大学、労働組合、報道機関、ハリウッド映画界にいる破壊分子を特定したと主張し、同僚の上院議員を含め、自分を批判する者があれば愛国心を疑った。彼は情報源にきわめて無頓着であったし、点と点が論理的に結びつかないことにも、あまりにもいい加減だった。かつて一度でも共産主義にかぶれた者、共産主義のシンパがいた集会に参加した者、共産主義に寛大な著者の本を読んだ者、リベラルな考え方をする雑誌を定期購読している者。マッカーシーは、そうした人々のすべてを有罪とみなしていた。軍用機で機銃掃射したことはなかったものの、〈後部銃手ジョー〉と呼ばれ、話すときは極端な表現を好んだ。一九五一年半ばには、上院でこう話している。「人類がかつて企ててきたことがすべて霞んで見えるような、非常に巨大な、きわめて不名誉な陰謀である」

アメリカのいくつかの有力紙や、潤沢な資金を持つ右派の支持を受けていなければ、マッカーシーはセンセーションを巻き起こさず、多くの無実の人々がキャリアを破滅させずにすんだだろう。マッカー

＊　イエズス会に所属する、マッカーシーに協力した友人のエドムンド・ウォルシュ神父は、後に彼を記念した名前に変わったジョージタウン外交大学院の学部長を務めていた。私もこのウォルシュ外交大学院で二〇年以上教鞭を執っている。大学院では、ウォルシュ神父とマッカーシーが夕食を共にした日のことは、ほとんど語られていない。

シーのいじめの手口を不快に思っていた両党の政治家たちが、はったりに反論する勇気を持ち、彼の野蛮な非難に沈黙していなければ、ずっと早い段階で嘘が暴かれていたことだろう。マッカーシーは自滅したが、その頃には政府で働く一握りの人々が、実際に危険人物であったことが判明した。しかしそれは、このウィスコンシン州出身の上院議員による散漫な調査とは無関係であった。

マッカーシーが多くの人を騙したのは、大衆が彼の不安に共感し、辛辣なスタイルを歓迎して、有力者がもがき苦しむさまを楽しんだからだった。マッカーシーの告発を受けた人が辞職しようが憤慨しようが、そうした報告が継続される限り、大衆にとってはたいした問題ではなかったのだ。マスコミは扇動的な告発であればあるほど大きく取り上げた。マッカーシーは誇張しているのではないかと疑っていた人々ですら、それでも火のないところに煙は立たないだろうと思うようになっていった。それこそが、デマゴギーのトリックなのである。反ユダヤ主義の偽書、『シオン賢者の議定書』に典型的に示されるたぐいの、ファシストが用いる策略なのだ。十分に繰り返されれば、嘘が本当のように、あるいは、嘘が本当ではないかと思えてくる。作家のジョナサン・スウィフトはこのことを、「嘘はすぐに広まり、真実はその後ろで立ち往生する」と言い表している。マッカーシーの歩みには、厚顔無恥な熟練した虚言家が、いかなる程度の病的興奮を巻き起こす力を持っているかが、よく表されている。正義のためという大義名分のもとでそれが行われるときは、なおさらである。共産主義が究極の悪であるとすれば、結果として客観性や従来の道徳観などの多くのことが、それに対抗する際には危険にさらされるのだ。

冷戦時代の大部分を通し、ソ連帝国は内部の矛盾と戦いながら、世界征服の野望というよりは妄想的な願望に駆り立てられた、肥大した巨大な存在であった。しかし強力な軍事力を備え、シニカルで冷酷さを恐れなかったことから、自由社会は用心深く警戒せねばならなかった。幸いにも、民主的な代表制を守り、強固な防御を敷き、リベラルな規範を尊重するリーダーが、どの大陸にも存在していた。ヨーロッパでは、これらの原則が地域統合の推進に結びつき、国境制限の緩和、関税障壁の除去、共通通貨の導入を実現させた。アメリカでは、アイゼンハワーの「平和のための原子力」、ケネディの「進歩のための同盟」、ニクソンの中国との国交再開、カーターの人権擁護推進、レーガンの民主主義支援などの政策を打ち出すことに、二大政党の双方が大きな貢献をした。これらを含めた数々のイニシアティブは、個人の権利を尊重しない国家機構と、民衆を原動力とする政体との根本的な違いを表すものだった。

しかし冷戦時代は、こうした二元性が示唆するような白黒がはっきりしていたわけではなかった。一九二〇年代のイタリアや一九三〇年代のドイツでは、共産主義への恐怖がファシズムの台頭をうながした。これと同じ恐怖のために、マッカーシーの見境のない断罪が出現し、反共主義の政府であれば弾圧があっても看過する姿勢が、民主的な指導者の多くに共有された。ニクソン政権は一九七〇年代の初頭までに、韓国、フィリピン、インドネシア、パキスタン、イラン、サウジアラビア、エジプト、ザイール、スペイン、ポルトガル、ギリシャ、アルゼンチン、チリ、パラグアイ、ブラジル、そしてコスタリカを除くすべての中米諸国の独裁政権が対象の恥ずかしいリストを、自由主義諸国の仲間とみなしていた。

思い出されてくるのは、友人の叔母が見たという夢の話だ。クレオという名前のその叔母は、大恐慌時代にカンザスで育った人だった。その人は子供の自分が天国に上げられる夢を見たという。そこで天使に迎えられ、「私の手を取りなさい、あなたの新しい家に案内してあげましょう」と言われた。天使に手を引かれながら、小さな少女は見たこともないような、明るく輝く天国の通りを歩いていった。すてきな家が現れても天使は足をとめず、ふたりはどこまでも歩きつづけた。あたりが薄暗くなり、家並みが小さくなり、道も悪くなってきたころに、ようやくほの暗い光の中に、鬱蒼とした森の近くにあるみすぼらしい小屋が見えた。「これがわたしの新しいおうち？」クレオが聞くと、天使が「残念だけどそうなの。あなたはギリギリの水準で、ここへ来られたのだから」と答えたという夢である。

冷戦時代には多くの政府が、何に反対しているかが明確であれば十分だと考えていた。だがベルリンの壁が崩壊し、鉄のカーテンが開いた後には、単に反共主義を掲げるだけでは通用しない時代になった。評価されるために、政府は「ギリギリで天国にいく」水準を超えるレベルを目指さなくてはならなくなったのだ。そういう事情であれば、もっと明るいニュースが増えていることだろう。そう期待したとしても、不思議はないのだが――。

第8章　遺体がたくさん

フランクリン・ルーズベルトが死去してから一〇週間後、ドイツの降伏から二ヶ月も経たないときに、ハリー・トルーマン大統領はサンフランシスコに飛び、新しく設立された国際連合の代表者たちに対して演説をした。その演説は未来への力強い希望と期待に満ちていたが、警告も含まれていた。「ファシズムはムッソリーニとともに滅びてはいません。ヒトラーの時代は終わっても、彼の病的な考え方が播いた種は、じつに多くの狂信的な頭にしっかりと根づいています。それらを生んだ思想を抹消するのは、暴君を排除し、強制収容所を破壊するほど容易なことではありません」と。

トルーマンが言及した考え方のなかでも、最も重要なものは、自分の国には他国にはない優れた属性と権利が備わっていると信じる考えだった。東条英機の軍国主義の日本、ムッソリーニの新生ローマ、ヒトラーの一千年にわたって栄える帝国、これらはそうした国々の指導者とその支持者たちの、とどまることを知らない国粋主義《ナショナリズム》に起因していた。世界は東側も西側も、彼らの〈狂信的な思想〉から演じられた愚行に法外な代償を支払わされた。とは言うものの、このことは、歴史が熱い戦争から冷たい戦争へと移行する流れにおいて、ソ連とその敵対諸国がどちらもナショナリズムを同じ観点でとらえることを意味してはいなかった。

共産主義の理念体系では、民族的なアイデンティティー《ナショナル・アイデンティティー》に執着するのは大罪とみなされており、それは労働者階級《プロレタリアート》を惑わせ、労働者が自らの利益を主張するのを防ぐために、富裕層によって考案された妄想的な観念であると考えられている。この見解では、民族の誇りを育むことは、労働者を分裂させ、敵同士に異なる制服をまとわせ、軍需品製造者や銀行の利益のために、互いに殺し合いをさせるように仕向ける戦術に過ぎず、特にソ連やユーゴスラビアのような多様な社会では、民族主義的な感情を公に示すことが禁じられていた。それに対し、非共産主義の世界では、概してナショナリズムは人間の基本的な本能であり、行き過ぎた場合にのみ、危険なものとなると考えられている。そのような感情は、通常は穏やかな形で表現される。たとえば私は子供の頃、チェコスロバキアの建国記念日には、伝統的な衣装を着て、父の事務所があった大使館の前で花を配っていた。それが私に与えられていた仕事だった。

大人になってからも、私はアメリカ人であることへの誇りを隠そうとしたことは一度もなかった。その種の愛国的な態度を無粋と思っていた知人に対しても、それを隠していなかった。住んでいる場所や生まれた場所に対して私たちが感じる一体感は、混沌とした世界の中で私たちを支え、家族や地域社会、私たちの前の世代、後につづく世代とのつながりを強化してくれる。最良の形で発揮されれば、そのような感情は、文学、言語、音楽、食べ物、民間伝承、そして故郷の野生動物——たとえばアメリカの鷲、チェコスロバキアにまだ残っているライオンや狼、熊といったものに表される形で、文化を祝福するものになる。

しかし自分の仲間集団への忠誠は、ある転換点において、他者への恨みや憎しみ、そして攻撃に発展してしまう。ファシズムはそこに登場してきた。そして、ホロコーストや世界的な戦争を含むさまざまな問題がその後につづいた。そのような歴史があったからこそ、戦後の政治家たちは、狂信的なナショナリストが隣国の権利を踏みにじることを困難にするための組織を設立した。それらには、トルーマンが演説を行った国連や、ヨーロッパ、アフリカ、アジア、南北アメリカに設けられた地域機関などがあった。

冷戦が終わると、ソ連圏はナショナリズムの発露を抑制する力を失った。それと同時に多くの国々に、それまでは加盟が許されていなかった団体や組織に加わる機会が開けた。この組み合わせは、一部では民衆のきずなをいっそう強め、他方では彼らを引き裂いた。自由になった中央ヨーロッパやバルト諸国の市民は、熱心に西欧に目を向け、NATOや欧州連合（EU）への加入に向けて準備を進めた。一方、世界のほかの地域では、怒りを抑圧されていた一派が雪解けに乗じて、毒蛇のように穴から這い出てきた。

私は一九九三年にアメリカの常任代表として、忙しく活動していた国連の任務に就いた。外交官たちはほぼ一夜にして起きた各地の紛争に対応するのに、多忙を極めていた。グルジア〔現ジョージア〕、アルメニア、アゼルバイジャン、ソマリア、アンゴラ、リベリア、モザンビーク、スーダン、ハイチ、カンボジア、アフガニスタン、タジキスタン。それまでの国連は国家間の戦争に焦点を合わせていたのだが、しばしば国内の騒乱への対応を求められるようになっていた。その中でも特別に悲惨だったのは、ルワンダで起きていたフツ族の過激派によるジェノサイド〔集団殺害〕だった。そしてバルカン半島でも、長期にわたる激しい戦闘がつづいていた。

就任して間もない頃、私は大西洋とヨーロッパの半分を横断し、クロアチアのブコバルから数キロ離れた郊外の畑の隅にある、ゴミ捨て場を訪れた。堆積物の中を見て回ったが、錆びた冷蔵庫や農機具のスクラップが数台、有刺鉄線に囲まれていただけで、特に目を引くものは認められなかった。だがその土の下には、二〇〇体以上のクロアチア人患者の遺体があったのだ。それは何ヶ月か前にベッドから追い出され、外に連れ出されて、セルビアの隣人によって殺害された罪のない男女や子供たちだった。なぜそんなことをしたのか、その理由が知りたかった私は、その日のうちに地元のセルビア人指導者たちと会った。彼らは大量殺人が行われたことをまったく否定せず、私が気を揉んでいることに驚いている風だった。過去が消えていないことを分かっておられますか？　長年にわたる恨みと憎しみがあるのです。何かが変わると思っておられるのですか？　というのが彼らの論理だったのだ。

ユーゴスラビアの実業家だったスロボダン・ミロシェビッチは、一九八〇年に長年の指導者であったチトーが死去した後に、共産党幹部の中から出世を遂げていった。その過程では党の路線を堅持し、「兄弟愛と団結」をスローガンに掲げて、すべての集団を平等に扱うユーゴスラビアを目指していた。だが八〇年代が終わる前にセルビアの大統領に選出されると、彼は態度を硬化させた。口先では多民族国家としてのユーゴスラビアの理想を語りながら、他方ではセルビアのパルチザンに対しても食欲を刺激するような餌を振る舞った。

最大かつ最も人口の多い共和国として、われわれはセルビアとの統一を確保することによって、将来の方向性を決定づけなければなりません。［…］戦わねばならないならば、神よ、われわれは戦うでしょう。われわれに立ち向かってくるほど、彼らが正気を失っていないことを願っています。われわれはうまくことを運んだり、実務的な取引をしたりすることは不得手だとしても、善戦するのは得意だからです。

ミロシェビッチはほかのナショナリストの演説者たちと同様に、何世紀にもわたる外国の支配下で自国民を結束させてきた文学的、宗教的、芸術的な伝統を重んじた。またかつてオスマン帝国やナチスに苦杯をなめさせられた怒りを利用して、CIA、ドイツ、バチカンといった想像上の現代の敵に警戒するように呼びかけた。セルビア芸術科学アカデミーの二〇〇人の会員によって署名された定款にも目をつけ、セルビア人を抑圧された民族であると述べて、彼ら全員を単一国家のもとに統合すべきであると呼びかけた。

　ユーゴスラビアは一九九一年から九二年にかけて五つの国に分裂したが、このときに最も大きな痛手を被ったのは、イスラム教徒が多数派を占めていながら、セルビア人とクロアチア人も多く居住していたボスニア・ヘルツェゴビナだった。ミロシェビッチは解体に伴い、ボスニアのセルビア人に旧ユーゴスラビア軍の武器を携行して帰国することを許したため、彼らを優位に立たせることになり、すぐに悲惨な内戦へと発展する結果を招いた。

　ボスニアにおける流血は、関与している全員が人権侵害の罪を問われてしかるべきだが、セルビア人の方が火力に勝っており、はるかに悪質な罪を犯していた。一九九二年の夏の時点で、すでに九四ヶ所にセルビア人が運営する強制収容所があり、その中では何万人もの囚人が暴力を受け、飢えさせられ、強姦されていたと言われている。ベオグラードという有利な場所にいたミロシェビッチは、こうした活動をみずから指揮していたわけではなかったが、世界中の人々同様に、何が起きているかは知っていた。それにもかかわらず、彼は殺人者や強姦犯に財政的、軍事的支援を提供しつづけた。

　ボスニアのイスラム教徒は攻撃のための空軍も軍需工場も持っていなかったが、戦略的な標的の不在は、セルビア人が攻撃を手加減する理由にはならなかった。青空市場や商店、自転車に乗る人、そり遊びや雪遊びをしている子供たちに、砲弾が降り注いだ。アパートの建物が全壊し、窓があったところはぽっかり開いた穴になった。セルビア人の狙撃手は、サラエボの大通りを「狙撃手横丁」と呼ばれる通りに変えた。田舎では、紛争の破壊的な影響により、悪条件がさらに悪化した。医薬品にも食糧にも事欠く状態となった人々は、めったにやって来ず、来てもよく目標を外していた、物資の空中投下に頼るしかなかった。多くの人々が飢え、餓死者も出て、乳幼児が死亡した。医師たちはろうそくの明かりを頼りに、麻酔薬なしで患者の身体から弾丸を摘出しなくてはならなかった。ボスニアではこの紛争で人口の半分が避難民となり、その二〇人にひとりが死亡した。

紛争が勃発する何年か前に、私はこの地域を旅しており、先祖伝来の遺産を大切にする姿勢や、ローマ・カトリック教会、東方正教会、ひとつ以上のモスクがしばしばひとつの町に存在していることに、感銘を受けていた。しかしいまでは聖地が破壊され、オスマン時代の貴重な書物を所蔵していたサラエボ国立図書館も砲撃を受けて焼失していた。

紛争の恐怖は一九九五年に頂点に達した。七月の一〇日間に、セルビア陣営の参謀総長ラトコ・ムラディッチが指揮する部隊が、スレブレニツァ市内およびその周辺で七八〇〇人のイスラム教徒の男性と少年を処刑し、遺体を遺棄したのだ。この殺戮は四年にわたり逡巡していた西欧諸国と国連が、真剣な外交努力に乗り出すきっかけとなった。ボスニアのセルビア人はその間もサラエボの市場を攻撃し、三七人の民間人を殺害した。それ以前の犯罪行為を考えれば、これは十分な挑発となり、その二日後にNATOの航空機六〇機以上がイタリアとアドリア海の基地を飛び立ち、サラエボ周辺のセルビア人陣営を攻撃した。フランスとイギリスの砲兵部隊も加わり、当時としてはNATOが設立されて以来、最大の軍事行動となったのである。

空爆は軍事的な効果を収めたが、心理的にもそれ以上の効果をもたらした。NATOが監視していたため、ボスニアのセルビア人はもはや弱い者いじめをつづけることができなくなり、恐怖の支配は終わった。九月の第一週には両陣営が銃を置き、ひとつの国家のなかで共存する合意を交わした。この協定は、一九九五年一一月二一日にボスニア紛争を終結させたデイトン和平合意が成立する基盤となった。

バルカン半島の危機は、それ以前の歴史と切り離せないものだった。イスラム教徒の犠牲者たちは、ボスニアのセルビア人による民族浄化と大量虐殺を、第二次世界大戦中にファシストが行った残虐行為以来のヨーロッパで最悪の戦争犯罪であると非難した。ミロシェビッチは、ヒトラーに味方した者もいたクロアチアの民族主義者が行った人権侵害を責めた。世界中の人々が、強制収容所で虐げられ、皮膚が骨にはりついた、半世紀前の栄養失調の囚人たちの写真を彷彿とさせられていた。NATOが行動を起こすまでの何年にもわたる不毛な外交努力は、私にチェコスロバキア侵攻以前にヒトラーをなだめようとした、ヨーロッパ諸国の虚しく不名誉な試みを思い起こさせるものだった。ある時点では、全体が意見を同じくしていることのほかには何もなかった。戦闘は一〇万人を超える死者を出して、ようやく終結したのだった。バルカン半島が宗派間の暴力に支配されることは、二度と起きてはならなかった。

一九九九年一月一六日の土曜日に、私はニュース専門のラジオの音で目を覚ました。真冬の夜明けに淡い光の中で横たわっていると、およそ八〇〇〇キロメートル離れた場所で起きたことの速報が流れてきた。「遺体がたくさんあります。男性たちはさまざまな形で撃たれていますが、ほとんどが至近距離からです」。二度と起きてはならないことが、起きてしまったのだ。

虐殺が行われたラチャクでは、四五人の民間人が殺された。亡くなった人の最年少は一二歳、最年長は九九歳だった。二〇〇万人あまりの人口を擁するラチャクは、セルビア共和国のコソボ州にあり、かつてヨーロッパのイスラム教徒とキリスト教徒を分けていた、ギザギザした分割線上に位置していた。歴史の亡霊が生きていなかったとすれば、この悲劇を招いた義憤の問題は、国際的にほとんど注目されずに終わっていたことだろう。

コソボでは一三八九年に、オスマン帝国の機動騎兵隊と接戦を繰り広げていたセルビア軍が敗北を喫し、セルビア人の指導者がトルコ人に捕らえられ、スルタンの前に引き出されて斬首された。それ以来何世紀にもわたり、セルビア人の多くは勇敢に戦った自分たちの軍隊を称える一方で、敗北に対する復讐を誓っていたのだ。彼らにとって、コソボはアイデンティティーの中心とされる場所だった。

この地方の住民は年月が経つにつれ、隣接するアルバニアやトルコの支配による文化的な影響を強く受け、コソボのほとんどの人々が一九九〇年代までに、民族的にはアルバニア人で宗教はイスラム教徒になった。キリスト教徒のセルビア人は少数派であった。チトー政権下では、コソボのアルバニア人は学校そのほかの施設を運営する権利を得ていた。そこで暮らしていたセルビア人はこのことに不満を抱き、出生率の高いイスラム教徒が先祖代々の土地から自分たちを締め出しているとして、宗教的差別を受けていることを訴えていた。一九八九年に政権に就いたミロシェビッチは、アルバニア人が与えられていた特権を取り消し、セルビア人を喜ばせた。その結果、過激派のアルバニア人がコソボ解放軍（KLA）を結成し、完全な独立を要求する武装勢力となっていたのである。

KLAの攻撃的な戦術はミロシェビッチの強硬政策の口実となり、彼の外交上の助けにもなった。ミロシェビッチがもっと賢明であれば、コソボの穏健派が求めていた自治を受け入れ、ゲリラに対する国際世論を変えることができただろう。しかし彼は、民族紛争を解決すべき政治的・外交的な問題とは考えておらず、破壊すべき敵を見ていただけだった。ミロシェビッチのこのような態度が、ラチャクでの虐殺を招き、やがて訪れる不幸な結末へとこの独裁者を向かわせることになった。

当時、私は国務長官として三年目を迎えていた。クリントン大統領と私は、これ以上罪のない命が奪われないよう、利用できる安全保障上の手段を活用する義務があると感じていた。そこでヨーロッパの首脳陣と手を組み、危機を平和的に解決する方法を探るよう、セルビアの指導者に圧力をかけた。目的を遂行するために、NATOにはボスニアで行ったような民間人保護のための空爆を実施する用意があることも警告した。私たちが策定した計画は、コソボは自治権を得るが、KLAは武装解除を要求され、独立要求は保留するというものだった。双方に譲歩を交渉した結果、コソボのアルバニア人たちは、逡巡の末にこの提案を受け入れた。協定を締結するために、私はベオグラードのミロシェビッチを説得する必要があった。

会見したスロボダン・ミロシェビッチは、典型的な悪役のファシストのようには見えなかった。ムッソリーニのような派手さは持ち合わせておらず、ヒトラーのようにけたたましくもなかった。赤みを帯びて肉づきのいい、シワのない顔をしていた。愛想のいい態度を身につけており、会話では純朴であることを装う傾向があった。多くの人は彼のそんな態度を、ナチスに拷問されて殺された母親を持つ、教授をしていたマルクス主義者の妻ミリヤナ・マルコビッチの、融通のきかない性格に影響を受けているのだと考えていた。

ミロシェビッチは、自分は民主主義者だと主張していたが、それが意味することについて奇妙な考えを抱いていた。自国のメディアを独裁者のようにコントロールし、政治的な反対勢力を抑圧し、国内のライバルを威嚇するための準軍事組織も設けていたのだ。ボスニアでの悲惨な戦闘に油を注いでいたときでさえ、自分は平和を望んでいると主張し、サラエボで民間人が虐殺されたときは、セルビア人が第一の被害者だと言い張っていた。その一年前にベオグラードで会合したときに、ミロシェビッチは私に民族の歴史を講義してくれた。私は、自分もしばらくユーゴスラビアに住んでいましたと話し、父がこの国に関わる本を書き、その本をユーゴスラビアの人々に捧げたことを伝えた。父はチェコ人に生まれていなければ、セルビア人になりたかったと打ち明けていたほどだったので、私はユーゴスラビアについてはよく知っていたのだった。

アメリカは彼との良好な関係を望んでいるが、それは暴力をふるうのを黙って何もせずに見ているという意味ではないことを、私はミロシェビッチに伝えた。コソボ危機が緊迫化する中で、私は繰り返し、交渉による解決は手の届くところにあること、これ以上の殺戮を防ぐために多国籍軍を配備してもらえば、KLAは武器を捨てると約束していることを彼に伝え、「これは喜んで受け入れるべき取引です。あなたも経済を拡大させ、ヨーロッパに近づくことに集中できるでしょう」と強く訴えた。

ミロシェビッチは、自分も和解を望み、文化的多様性に忠誠を尽くすつもりですと私に保証し、多元主義を非常に重んじているので、コソボでアルバニアのイスラム教徒が優位に立つような協定に署名することはできないと言った。私は、イスラム教徒が人口の九割を占めるコソボでは、この提案が少数派のセルビア人を保護することになると指摘した。彼はしかし、別の事実にしか目を向けていなかった。そして、コソボの人々の半数以上はアルバニア人ではなく、セルビア人、トルコ人、モンテネグロ人、ロマ人であると主張し、アルバニア人が彼らを強制的に追い出すのを傍観しているとおっしゃるのですか、コソボは五〇〇年にわたってキリスト教の西側諸国をイスラム教から守ってきたのです、と切り返した。

私は、この地域に国際連合の平和維持軍を派遣する目的は、あらゆる国籍と信仰を持つ市民が平和に暮らせるようにすることにあるのですと主張した。だがミロシェビッチは頑固な性格だった。ユーゴスラビアの共産主義者としての経験から、国家元首として国民に自分の意思を押しつける権利があることを疑っていなかった。会談を終え、私たちには方針を変えるつもりがないことが明らかになると、彼は先手を打つことで問題の置き換えを図った。

何の前触れもなく、彼は治安部隊をコソボに送り、家屋を焼き払い、政治指導者やジャーナリストを逮捕し、人々に恐怖を植えつけた。その目的はアルバニア人を国外に追い出し、彼らの過半数支配を終わらせることだった。数週間のうちに、何十万人ものアルバニア人が家を追われ、列車やトラック、車、徒歩で、近隣の野原や丘陵地に急遽設置された仮設テントに避難することを余儀なくされた。あらかじめ警告していたとおり、NATOはセルビア勢力を撤退させるために空爆を開始した。二ヶ月半におよんだ戦闘の末にNATOが勝利を収め、ミロシェビッチを降伏させた。難民は帰還を果たし、コソボの人々は国際的な支援を得て、独自の政府を樹立したのだった。

コソボの危機は、小さな区域ではあったが大きな問題を抱えていた。以前には、政府が自国の管轄内で市民に何をしようと、国際社会が公的に関心を示すことが否定されていた時代があった。それはさほど昔のことではなかった。国家主権は国際制度の基本理念として認識されていた。しかしヒトラーは、独裁者がいかにして合法的に、道義を外れた行為をなし得るかを社会に示した。死の収容所が明るみに出た後には、良心に従う人々による線引きがなされる必要が生じたのだ。すなわち支配者（とその指揮下の人々）が越えることのできない一線を引かなくてはならなくなったのである。

戦争犯罪を裁く国際軍事裁判のニュルンベルク裁判では、「法の遵守」も「命令の履行」も、文明の基本的な基準に違反したとされる者の十分な法的弁護にはならないという原則が確立された。一九四八年には世界人権宣言が政府に説明責任を負わせるための枠組みを規定し、その三年後には「集団殺害の処罰および防止に関する条約（ジェノサイド禁止条約）」が制定された。一九七〇年代から八〇年代にかけては、人種差別主義を掲げていたローデシア（現ジンバブエ）と南アフリカに対する国際的な制裁が発動され、最終的に両国は変貌を遂げた。同時期に、アメリカとEUは、人権の尊重を対外軍事援助の条件とするようになった。ボスニア紛争では、人道に対する罪の加害者を起訴するために国際法廷が設置された。私もこの法廷を強く求めたひとりだった。集団全体に起因する犯罪に対し、個人の責任を立証することは司法手続きによってのみ可能であり、罪を集団犯罪として認識することほど、暴力の連鎖を誘発するものはないからである。法廷で起訴された人々の中には、ボスニアでの集団殺害とコソボからの何十万人もの強制追放で起訴されたミロシェビッチもいた。*

超大国間の冷戦の終結は、未来への計り知れない希望をもたらした。それは二〇世紀が三度目に迎えた運命の分かれ道でもあった。最初の機会が訪れたのは、第一次世界大戦の余波の中で、ウッドロー・ウィルソン大統領が民主主義の息づく世界にすることを望んだときだった。だが大西洋の向こう側ではドイツが復讐を求めており、こちら側ではアメリカが孤立主義へと退いたため、ファシズムの火が点火されて各地に燃え広がってしまった。二回目は、第二次世界大戦での連合国の勝利に伴い訪れたものだった。国際社会はこのときに、欠陥はあったにせよ、繁栄を育み、世界的な紛争の再発を回避するのに役立つ制度を構築した。ベルリンの壁の崩壊は、世界をより安定した公正な文明社会にするための第三の転換点となった。

ビル・クリントン大統領が二期の任期を務めるあいだに、アメリカはこの取り組みの先頭に立っていた。バルカン半島だけでなく、ソビエト連邦崩壊後には、核物質の安全確保を支援し、化学兵器の使用禁止を定めた国際条約も発効させた。またNATOの門戸を開くことにより、中央ヨーロッパ諸国が民主主義を強化し、ファシズムに対する脆弱さを生んでいた宗派間抗争のたぐいを防ぐためのインセンティブを提供した。新しい世界貿易機関（WTO）を通じて中国やインドに経済の自由化をうながし、国際商取引に関するルールの合理化を奨励した。西半球全体における協調を強化するために、米州首脳会議を先駆的に実施し、民族や宗教の違いによって引き起こされる戦争を終わらせるため、アフリカの指導者たちにも働きかけた。人権保護、女性の社会的地位向上、労働者の条件の改善、環境保護の強化などが、私たちがよく口にしていた言葉だった。

二〇〇〇年六月には、任期中の最後に一〇〇ヶ国以上の代表を集め、ポーランドが主催国となった民主主義閣僚級会合を組織した。民主主義という名の下にある国々がその責任を果たすためには、相互に助け合わなくてはならないというのが、会議のテーマだった。私たちがワルシャワに集まったのは、お祭り騒ぎをするためではなく、民主主義の成果を確固たるものにするためには、長く険しい道が待ち受けていることを認識していたからだったのだ。それにもかかわらず、参加率の高さ、熱意の誠実さに勇気づけられもした。国際世論の戦いでは、民主主義は史上かつてないほどに優位な立場を占めていると思いながら、私はポーランドを後にした。新しい世紀が何をもたらすことになるのか、そのときは知らずにいたのだった。

＊　ミロシェビッチの裁判は二〇〇二年に始まったが、二〇〇六年に心臓発作で死亡したため、判決は下されずに終わった。二〇一六年には別件に関わる法廷において、ボスニアのセルビア人に資金を提供していたミロシェビッチの役割と、ボスニアのセルビア人が行った残虐行為を画策したことについては証拠がない点が指摘された。二〇一七年にはスレブレニツァのセルビア人勢力を率いていたラトコ・ムラディッチが、ジェノサイド（集団虐殺）と戦争犯罪の罪に問われ、有罪とされた。

第9章　難しい芸当

一八九五年にイギリスのユーモア誌『パンチ』に掲載された漫画があった。そこには主教とその家族が、牧師補と呼ばれる若い司祭と朝食を食べているシーンが描かれていた。主教は客人である牧師補が食べていた卵を見つめ、腐っているのではないかと心配する。すると牧師補は礼儀正しく、こう答えるのだ。「いえ主教さま、大丈夫です、部分的にはとても美味しいですから」

こんにちでは世界中で、民主主義の状態がこれに似たものになっているように見える。牧師補が半分しか食べなかった卵との違いは、それを救済するためにほとんど何もできないことである。それでも、民主主義はほとんどの場合に、仲間の助けを借りることによって修復が可能であり、その上でさらに良いものにすることができるのだ。

私は三〇年以上にわたり、米国民主党国際研究所（ＮＤＩ）で最初に副所長を、後には所長を務めてきた。ＮＤＩはアメリカ内外の姉妹組織と共に、初めて民主主義に取り組む相手に対し、その制度とスキルの習得を支援している組織である。ＮＤＩはこの役割の中で、一九八六年にフィリピンの独裁者フェルディナンド・マルコスが大統領選挙を乗っ取ろうとした際の民衆運動、ピープルパワー革命や、その二年後にチリで行われた、アウグスト・ピノチェト将軍の弾圧的な支配を終わらせた国民直接投票などの、歴史的な節目に立ち会ってきた。一九九四年に南アフリカで歴史的な選挙が行われた際にも、NDIはアパルトヘイトの幕が下ろされるのを見届け、冷戦の後に中央ヨーロッパで民主主義が復活するさまや、より最近ではインドネシア、ネパール、ナイジェリア、チュニジアなどの政治的変遷を見てきた。

NDIの活動はあくまで支援的なものである。特定の政党や政策課題は支持していない。たとえばアジアの民主主義体制はアフリカや南北アメリカのそれとは同じ体裁にならないことも理解している。民主主義とは、中核となる特定の考え方の枠組みの中で、大きく異なる人々がそれぞれに自由を表現するための手段である。NDIの使命は、各地の行政関係者や活動家が他者の経験を生かせるように支援し、地域や国境を超えてこれを実践することだ。そうして得られた知識は、不公平や腐敗に汚染されていない選挙手続きを行う助けになるかもしれない。立法府の現代化、政党機能の専門化、市民社会のための空間の創出、女性、若者、マイノリティーが公正に代表される方法などについて、実践的な考え方を提供する上でも役に立つ。

NDIは、民主主義は投票箱を介して代表を選出するだけのものでなく、それをはるかに超えていることを強調することに努めている。投票は民主主義にとって不可欠であるが、それだけでは十分とは言えない。選挙の勝者は望むことを何でも実施する権限が与えられていると一般には思われがちだが、それは間違いである。真の民主主義では、指導者は多数派の意志を尊重するが、少数派の権利も尊重する。どちらも欠けてはならないのだ。たとえ主導的な人々にとって不都合が生じるとしても、個人は法によって保護されなくてはならない。ヒトラーは政権に就く何年も前に、ナチスの仲間にこう言っていた。「憲法は戦いの舞台を描いているだけで、ゴールは示されていない。[…]憲法上の権力を手に入れたら、この国をわれわれが適切と考えている形に作り変えよう」と。

NDIや同種の組織は、こうした傲慢さに相対する立場を提供している。そのような努力が不可欠であるのは、自由な政府が破綻すると、権威主義的な指導者が勢いづくため、また選ばれた代表が市民の期待に応えようと多くの地域で絶えず奮闘しているためである。中米のエルサルバドル、ホンジュラス、グアテマラは、右翼と左翼の内戦がつづいた動乱期を抜け出してみると、犯罪組織による暴力の横行により、世界の殺人発生率の上位三国になってしまった。アフガニスタンやイラクでは、多くの場合に勇気ある市民たちが民主主義の原則を実行に移そうとしているのだが、テロリストの脅威にさらされつづけている。アフリカでは、多くの政府が国民のニーズを満たすための財源を欠いている。ミャンマーでは、待ち望まれていた民主化が実現したものの、イスラム教徒の少数派であるロヒンギャ族を標的とした醜悪な民族浄化運動に足をすくわれている。

共和制ローマ期の哲学者キケロは、「共和国を統治するのは難しい芸当だ」と断言していた。共和制ローマの彼の時代から私たちの時代になっても、統治は少しも容易になっていない。今年一六歳の誕生日を迎える人々のうち、一〇人中九人は生活水準が平均以下の国に暮らしていることを考えてみられたい。世界で最も貧しい四八ヶ国では、今世紀半ばまでに成人人口が三倍以上になるだろう。世界では労働人口の三分の一以上がフルタイムの仕事に就けていない。ヨーロッパでは若者の失業率が二五パーセントを超えており、移民の失業率はさらに高い。アメリカでは若者の六分の一が就学しておらず、仕事も得られずにいる。実質賃金は一九七〇年代から停滞している。

これらの数字はどの時代であっても不穏だが、成人年齢に達した人々が仕事を始めたいと思っているにもかかわらず、多くの国で実際にそうする機会が持てない状況は、特に気がかりである。タクシーを運転する博士課程の学生、道路で溝を掘る大学卒業者がいることを考えてみられたい。どこにも仕事が見つけられない高校中退者もいる。人々は投票することを望んでいても、まずは食べていかなくてはならないのだ。多くの国に見られるこうした傾向は、イタリアとドイツにファシズムを誕生させた一〇〇年前の風潮を思い起こさせる。

　イノベーションは雇用を創出する原動力だが、その第一の破壊者でもある。テクノロジーは企業の生産性を向上させてきた。消費者には恩恵をもたらしたが、そのせいで仕事が廃れてしまった人々にとっては、そうではなかった。このため炭鉱労働者、現場作業員、鋲を留める職人、溶接工、石工、銀行の窓口係、裁縫師、鍛冶屋、タイピスト、新聞雑誌の記者、出張セールスマン、電話交換手が少なくなった。他方ではコードライター、コンサルタント、ヘルスケア専門家、依存症カウンセラー、リアリティ番組の芸能人などが増えたが、増加の比率はそのギャップを埋めるには至っていない。労働者にとって最も厄介な競争相手は、実質的に無料で同じ仕事ができる機械なのだ。発明品と労働力の不公平な競争は、給料を引き下げ、何百万人もの人々から正規雇用によってもたらされる尊厳を奪い去った。それに伴い、有用であるという貴重な感覚と、将来への楽観的な展望も失われてしまった。

　私もそのひとりだったが、冷戦が終結したことで多くの人々にわき起こった祝賀ムードは、こうした背景の中で次第に薄れていった。二〇一七年に発表された『エコノミスト』誌の〈民主主義指数〉は、法の遵守や宗教の自由、市民社会に与えられた自由度などの指標にもとづき、七〇ヶ国において民主主義の健全性が低下したことを明らかにした。指数が下がった国にはアメリカも含まれており、これまでの「完全な民主主義」のレベルが初めて「欠陥のある民主主義」に代わってしまった。その理由についての分析では、この失墜をドナルド・トランプのせいにはせず、トランプが当選したのは、アメリカ国民が制度に対する信頼を失ったからであると説明されている。「政府、選挙で選ばれた代表者、政党に対する国民の信頼はきわめて低いレベルにまで落ちている」とされ、「これは長期的な傾向である」と報告は締めくくっている。自国の政府を「ほぼつねに」あるいは「ほとんどの場合」信頼していると答えたアメリカ人の数は、一九六〇年代初期の七〇パーセント超から、二〇一六年には二〇パーセント未満に減少した。

民主主義を通して獲得されたものも、他方では確かに増えている。アフリカでは、過去四半世紀の間に四〇人の国家元首が自発的に政権を退いたが、それ以前の三〇年間ではほんの一握りに過ぎなかった。しかしこうした地域やその他一部の国々における進展によっても、全体の横ばいは覆い隠せない。こんにちでは、欠陥がある場合も含めてだが、地球上の約半数の国が民主主義国家とみなされている一方で、残りの半分は権威主義に傾いているのである〔民主主義指標では独裁政治体制と訳されている〕。

調査によると、ほとんどの人は、議会制民主主義を先の〈牧師補の卵〉のように、部分的には優れていると考えている。しかし同じ調査では、潜在的な代替案への関心が高まっていることも示される。平均すると四人にひとりが、議会や裁判所の干渉を受けずに強力な支配者が統治できる制度を好もしく思っている。また五人にひとりが、軍政という概念に魅力を感じている。予想されることだが、非民主主義的な選択肢への支持は、政治的な右派と左派とを問わず、高等教育を受けておらず、経済的な状況に不満を持っている人々の間で最も顕著である。彼らはまさに、職場環境の変化によって最も大きな打撃を受けた人々なのだ。二〇〇八年の金融危機では、多くの市民が指導者の力量と、他のすべての人を犠牲にして富裕層を保護するように見える制度の公正さに疑問を抱き、この傾向がさらに強まった。

民主主義への不満の高まりを説明するもうひとつの理由は、行政当事者の意図や行動が伝わりにくくなってきたことだ。以前はひとりの人間が多くの人々に向けてメッセージを伝えていたものだが、いまではすべての人をすべての人につなぐネットワークが、それに取って代わっている。たとえていえば、街頭でメガホンを持つ人の数が日に日に増えているのだ。こうした意識の拡大には便益もあるが、ほかの人が持っていて自分は持っていないものがあると知った人々は、怒りをかきたてられるだろう。他人の権利を尊重するというのが崇高な行動指針であるのに対し、妬みは原始的な衝動なのだ。

テクノロジーの進歩は、より多くの情報に通じた人々に恩恵をもたらすと同時に、ソーシャルメディアで見聞きしたことを真実と思い込むことで誤った情報を得た人々には、危害を加えた。誰も彼もが自分は客観的なジャーナリストであると主張し、根拠のない話を広めて人々にバカバカしい考えを植えつけることができるのであれば、報道の自由の利点が損なわれてしまう。そうしたやり方が効果を上げるのは、自宅でくつろぐ人やカフェで画面をタップしている人々が、自分が読んでいるもののソースが正当であるのか、外国政府か、フリーランスの詐欺師なのか、悪質な自動実行プログラムのボットであるのかを見極める方法を持たないからである。

これまでにインターネット上で目撃されてきたことは、ほんの序章であるに過ぎない。世論操作の工作員を編成してインターネットに情報を氾濫させる国は年々増えつづけ、北朝鮮、中国、ロシア、ベネズエラ、フィリピン、トルコは、こうした悪質な手段を操る代表的な国々になっている。テロリスト集団などの過激派も、政治運動に同様の手口を使っている。彼らトラブルメーカーの多くは、民主的な政治家らが言いもせず、やってもいないことを、事実であるかのように見せかけるものを捏造したりもする。そして最大の効果を上げるために、ソーシャルメディアの投稿から導き出された個人プロファイルを利用し、そのような偽情報を配信するのだ。外国の工作員が毎晩寝室に忍び込み、耳元で嘘を囁いているところを想像されたい。その工作員の人数と嘘の数が、一〇億倍かそれ以上になっているのが想像できるだろうか。

組織的に偽情報を流す活動は、昨日今日に始まったものではない。アメリカ独立戦争中には、駐フランス大使としてパリに赴任していたベンジャミン・フランクリンも、自分の印刷所を使ってイギリスの残虐行為の捏造記事を流していた。故意に偽情報を流すテクニックは目新しいものではないが、危険でないことにはならない。ソーシャルメディアを通じて虚偽を広めるのに、コストは最小限しかからず、そうした工作に精通しているのであれば、労力を注ぐだけですむのだ。それに対する防衛策としては、真偽の検証態勢を整えることが有用だが、それはカメがウサギを追いかけるようなものであるのは否めない。イソップ物語とは違い、ウサギは立ち止まるつもりがないのである。

このことは、ソーシャルメディア・プラットフォームの運営者に彼らの役割を再検討する負担を課している。彼らにはコンテンツを選別する責任がないとするのは、便利な見解であるに違いない。自由の擁護のためにという説明は、多くの人を引きつける。だがこのアプローチには、たとえば中国が設けているインターネットの検閲システム、ファイアウォールによる規制のように、政府をまったく別方向に向かわせるリスクが伴い、民主主義とその自由にとって不適切な方向に進むことになりかねない。インターネットを利用する人には、ボットが生成したものなどのオンラインのフェイクニュースを識別できるようなツールが、最低限の対応策として求められている。インターネットを介する政治的なメッセージについても、ラジオやテレビのコマーシャルでスポンサーが明示されるのと同程度の透明性を確保し、ソースを保証するための規制が必要である。

たいていの人は、電子メールがスパムの脅威にさらされていた時代を経験していることだろう。こんにちでは打ち寄せてくる偽情報の大波が民主主義を弱体化させ、波打ち際にいる人々の感覚に襲いかかっている。ルールに従って行動する指導者たちは、執拗に攻撃してくる偽ニュースに先を越されないように苦労し、彼らを陥れる目的で捏造された情報に反証するために、多大な努力を強いられているのだ。

こうした流れはさまざまな影響をもたらしている。変革を約束して権力の座に就き、英語では小文字のdで表記されるデモクラシー《民主主義》〔政党や政府の部門を超えてそれぞれがそれぞれを統治する真の意味での民主主義〕による政治活動に着手する政治家は、就任したその日から人気を失い始めることが多い。グローバリゼーションはいまやイデオロギーとして選択するものではなく、避けがたい現実となっているが、何としても戦わねばならない悪であるとみなす人が少なくない。また資本主義という言葉についても、忌まわしい言葉であるかのように扱う人がますます増えてきた。その成果に対する評価は別にしても、食べ物や住まい、衣服、スマートフォンを享受しているのは、それに負っているにもかかわらず、なのだ。公的機関、公式データにはまったく信頼が置けないと国民が言い切る国々の数も、増える一方になっている。EU離脱賛成派のあるイギリスの政治家が、有権者たちは「専門家の意見にはもううんざりしているのです」と心得顔で言っていたこともあった。

私たちは深呼吸をする必要がある。共産圏が崩壊してから間もなく生まれた世代の全体が、いまでは成人している。それは何を意味しているだろう。民主主義の確立はもはやソ連との比較において評価されるものではなくなり、新興の民主主義国をそれ以前の全体主義国家と比べ合わせることもなくなったということだ。これまでの物差しは、ゴミ箱に捨てられたのである。こんにちでは以前に比べて関心の持続時間が短くなった。またものごとに対する期待値が高くなり、瑕疵がかつてないほど目につきやすくなったために、それらが見逃されることが少なくなった。

こうした変化に伴い、〈われわれ国民〉を自負する論説家、コラムニスト、テレビ解説者やブロガーなどが、政府に対していっそう多くを要求するようになった。みずからについてもそれに見合うような水準に引き上げるのであればいいのだが、私たちは甘やかされているように見える。面倒だからと投票に行かない人でさえ、選出された代表をあらゆる方向から非難するのは生得の権利だと考えている。批金を引き下げ、サービスは向上してもらいたい。連邦は関与せずに、医療をもっと充実してほしい。規制は課さずに、地球環境を改善してもらいたい。プライバシーは侵害せずに、テロリストからの安全を得たい。労働賃金は上げてほしいが、地元の商品をもっと安く提供してもらいたい。まるでそれが可能と思っているかのように、望むとおりにならないことについて苦々しく文句を言う。要するに、いっさい代償を払うことなく、要求はかなえてもらいたいのだ。そして失望すると、冷笑的になり、もっと迅速で、より簡単な、より民主的でない方法はないものかと、私たちは考え始めるのである。

そんな態度になることについての言い訳は、誰もが耳にしてきた。自由は騒々しいし、フラストレーションがたまる。お金は公平性を損なうものだ。選挙では往々にして、望んでいない代表が選ばれてしまったりする。私の場合は、これまでに関与した大統領選では勝利を収めたのが五回、敗北したのは八回だった。勝つに越したことはないのだが、二位で終わったとしても、何かを、あるいはそれ以上を学ぶことはできるのだ。諸外国に民主主義を促進するという観点では、二〇〇三年のイラク侵攻により誇大な非難が巻き起こり、多くの人に利他的な行動というよりも帝国主義を連想させることになった。また中東やアフガニスタンでの終わりのないように見える争いは、民主主義が行われていない地域にそれを拡大しようとするのは愚かなことだという考えを助長させた。これらの懸念には価値があることから、今後何を試みるかを、慎重に見極めなくてはならないだろう。だが自由が成し遂げてきた事柄を度外視してそうする場合には、こうした問題はほんの小さな一部分を表すものでしかない。そしてまた、簡単ではないという理由から民主主義をあきらめることも、意気地のない姿勢であるに違いない。

私の考えでは、どの国も、他者にどのように統治されるべきかを指図する権利は持たない。しかし民主的な価値観を率直に伝えることには、そうするもっともな理由があることも、私たちは知っている。私たちが支援を提供しても、すべてのケースにおいて変化がもたらされるとは限らない。だが違いがもたらされる場合には、それはいっそう個人を尊重し、社会のガバナンスを改善する方向に導くものでなくてはならないのである。

民主主義は私たちも承知しているように、機能不全や腐敗から、誤った盲信や行き詰まりに至るまで、あらゆる誤りを犯しがちだ。それを考えれば、不完全でしばしば無関心でもある大衆の集合知に進んで社会の方向性を委ねようとするのは、ある意味で驚くべきことである。私たちはなぜ、それほどまでにナイーブでいられるのだろうか。公平な立場からこの問いに答えるなら、このように答える必要があるだろう。「なぜお人好しにも、永久にわたるかもしれない権力を誰かに託したりすることができるのか。権力とは本質的に不健全なものであるにもかかわらず、なぜひとりの指導者や単一の政党に対してそれができるのか」と。独裁者がその権限を濫用した場合には、合法的にそれを止めることができないのだ。自由な社会であれば、たとえぐらついたとしても、開かれた議論と新しい指導者の選出を通して、そうした欠陥を是正する能力が残されている。腐っていない卵を選択する余裕がまだ残されているということだ。民主主義が比較優位を有するのはその点なのである。このことは認識されなくてはならない。そしてその強みを、大切にしなくてはならない。

トマーシュ・ガリッグ・マサリクは一九一八年に、独立したチェコスロバキアの大統領に就任した。背筋を伸ばした堂々とした姿勢、古き良き時代の作法、現代的な考え方、女性解放論や多元主義などを含めた民主主義の原則への果敢な献身により、率いていた国の規模は慎ましくても、彼は世界的な名声を得ていた。高齢だったため、徐々に健康が衰え、第三帝国の脅威が増大していく中で、一九三〇年代にはチェコスロバキアほどの危機に瀕した完全な民主主義国家はほかになかった。何が危ないのかを問われたとき、マサリクはこう答えている。

民主主義は単なる国家の形態ではなく、憲法によって具現化されているだけのものではありません。民主主義とは人生観であって、人間、そして人類を信頼しなくてはなりません。[…] 私は民主主義は議論であると述べましたが、本当の議論は、人がお互いに信頼し合い、公正に真実を見出そうとすることで初めて成り立つものなのです。

民主主義には欠点もあるにせよ、このような言葉があてはまる政治形態は他にない。民主主義の欠点をどんなときにも、可能な限り是正していけるかどうかは、私たち次第である。だが、その底力を忘れてもならない。そして民主主義には、その事実を認めない敵が存在しているのを自覚できるかどうかも、私たち次第なのである。

ムッソリーニは、権力の蓄積を図ろうとするなら、ニワトリの羽根を一枚ずつむしり取るようにして進めるのが賢明だと考えていた。彼の戦術は、もはや新世紀とは呼べないこんにちにも生きつづけている。毎朝、目を覚ますたびに、ファシズムの初期の胎動と思われるものが世界中で目につく。主流派の政治家に対する不信、団結へ向かわずに分裂をうながすリーダーの出現、いかなる犠牲を払っても政治的勝利を求める光景、偉大さを歪んだ概念でとらえる人々による偉大な国家の希求。警告のしるしはほとんどの場合、正体を隠して現れてくる。改革に向けるとして通過する憲法の改正。安全のためとして正当化される言論の自由への攻撃。美徳の擁護という名目による他者の人間性の否定。民主主義の名をとどめるのみの、制度の空洞化などがそれである。

ファシズムとそこに至るまでの傾向は模倣されがちであることを、私たちは過去の経験から知っている。こんにちの世界を見渡してみると、見習い段階の独裁者たちが、ベネズエラやロシアで一五年前に実施された抑圧的な戦術を真似ていることが分かる。そうした反民主主義的な行動様式が増加しており、アメリカの同盟国であるトルコ、ハンガリー、ポーランド、フィリピンといった国でもそれが示されている。また、暴力的なものもそうでないものもあるが、過激なナショナリスト運動がメディアの注目を集め、議会に進出して頑迷さや憎しみで議論を歪曲しているために、悪評を買っている。二〇世紀のファシズムを打ち砕いた堅牢なアメリカは、いまや揺らぎはじめているのかもしれない。そして北朝鮮では、核兵器で武装した狂信家が自分の権力を自賛している。

　ファシズムにも部分的に優れたところがありさえしなければ――それはせいぜい一時的なもので、少なくとも特権階級にとっては、であるかもしれないが――、このような傾向に対してはもっと容易に警鐘が鳴らせることだろう。一九二〇年代のイタリアのファシストも一九三〇年代のナチスも、概して陽気な人々だった。ファシストではなかったあるドイツ人女性は、当時を回想してこう語っている。

> 私の友人たちのささやかな生活は、国民社会主義のもとで以前と同じようにつづき、もっと良い方向にだけ変化して、生活の糧、住居、医療、希望など、新秩序が及んだところは、すべてが良い方向に向かっていました。[…]一九三八年にシュトゥットガルトの街角に立っていたときのことを、よく覚えています。ナチスのお祭りが行われていて、熱気に包まれていて[…]長いあいだ幻滅しか味わっていなかったので、私までがほとんど舞い上がるような気分になりました。ドイツはどんな雰囲気だったかと言えば、こんな話があります。ユダヤ人の友人と、彼女の一三歳の娘と一緒に映画館にいたときに、スクリーンにはナチスの閲兵式が映っていたんですが、女の子が母親の腕をつかんで、こう言ったんですよ。お母さん、お母さん、もしユダヤ人でなかったとしたら、私はナチスになってたと思う、って。

ファシズムという言葉は日常的に使われているとしても、ファシズムの精神を完全に体現している政府の長は、現政権にはほとんどいない。ムッソリーニは墓の中で眠っており、ヒトラーには墓はなかったが、彼ももういない。だがそれが警戒を怠る理由にはならない。ファシズムへと向かう一歩、言い換えればニワトリの羽根の一枚一枚は、足を踏み出すたびに個人や社会に被害を与え、次の一歩を短くするのだ。これを阻むためには、暴君はめったに意図を明らかにしないこと、また権力を握る期間が長くなるほど、権威主義に陥る傾向が強くなることを、しっかりと認識しておかねばならない。それに加え、反民主主義的なやり方が一定期間にわたり、それが自分たちの利益になると考えられる場合には特に、一部の人々に歓迎されることが少なくない事実についても、十分承知しておくことが大切である。

第10章　終生の大統領

一九九九年九月、ビル・クリントン大統領と私は、ベネズエラの若く熱意あるリーダー、ウゴ・チャベスと国連で同席した。チャベスは前年の一二月に大統領に選出されていた。彼は翌年の六月には、資本主義の最高峰の祭壇であるニューヨーク証券取引所で終了の鐘を鳴らし、つづけてワシントン・ポスト社を訪れて、〈無責任なポピュリズム〉から慎重に距離を置く姿勢をとっていた。自分はイデオロギーの信奉者ではないことを誰に対しても保証し、羽飾りをつけた預言者のように、国を停滞と債務の悪夢から救い出し、その輝きを取り戻すと約束した。

チャベスは笑顔の似合う顔をしていた。ほとばしるように言葉が溢れ、それには貧しい人々への気持ちがこもっていた。ベネズエラは世界の石油埋蔵量のかなりの部分を占めているにもかかわらず、富裕層と大多数を占める貧困層との格差が拡大しつづけていた。この状況を変えると誓っていたチャベスは、低所得世帯が食料、住居、医療、職業訓練、学校を利用できるようにするための、石油を財源とするさまざまな計画を私たちに話してくれた。国家経済を多様化させ、外国からの投資を呼び込み、真に国民に奉仕する政府を築きたいと彼は考えていた。チャベスと考えが完全に一致する数少ない人物のひとりだったクリントンは、明らかに彼に興味を引かれているように見えた。私もそうだった。そこには過去の失敗から学び、問題の解決を目指す、世界からの尊敬を得ようとする情熱をもった若いリーダーがいたのである。

しかし残念なことに、蜜月期はすぐに終わってしまった。その三ヶ月後、創世記に記載される規模の豪雨が首都カラカス近郊の北部沿岸地域を浸水させ、土砂崩れでいくつもの町が埋まり、何万人もの死者を出したのだ。ニュースに驚愕した私はすぐにホワイトハウスに連絡をとり、クリントン大統領も即時支援を実施することに同意した。アメリカは数日のうちに、被災者の緊急救助と移動を支援するヘリコプターと兵士をバルガス州に送ったのだが、災害の規模はそれでは追いつかないものだった。そこでペンタゴンはベネズエラ国防省と協力し、ブルドーザー、トラクター、そして何百人もの海兵隊員と海軍の技術者を派遣し、被災地のまさに命綱となる新しい沿岸道路を建設する準備を整えた。チャベス大統領から「機材はお預かりしますが、人員は必要ありません」という残念なメッセージが届いたのは、物資を満載した補給船がカリブ海へ向かっていたときだった。資材の使途が不明瞭になる支援の継続は不本意であったことから、私たちは船を引き返させたのだった。

ラテンアメリカでは数十年にわたり、軍が富裕層のニーズに応えて高い評価を得ていたが、将校が単独で社会変革に乗り出したケースもいくつかあった。アルゼンチンのフアン・ペロンは、エビータの愛称で知られる伝説的なエバの夫であり、一九三〇年代には武官としてローマに駐在していた。彼はそこで、強権を振るいながらも多くの農民や労働者から忠誠を得ていたムッソリーニに、指導者のあるべき姿を見ていた。ペロンはその後、アルゼンチンの労働・社会福祉担当相を務め、労働組合ときわめて親密な関係を築いたため、前向きでない政府関係者の不安を喚起して逮捕されてしまった。だが関係者らはエバ・ペロンの配偶者を投獄するのは賢明ではなかったことを、すぐに悟ることになった。妻のエバは何千人もの支持者を街頭に集めてデモを組織し、夫を自由の身にし、翌年の選挙では彼を大統領の座に押しあげたのだ。

ペロン大統領によるペロニズム〔ペロン主義〕は、イタリアのファシズムの左翼的な従弟のようなものへと発展し、協調組合主義《コーポラティズム》経済、報道規制、警察力の肥大化、平均所得の実質的な増加をもたらした。ペロンと特にエビータは、ムッソリーニのように群衆を扇動することができたが、ムッソリーニとは異なり、彼らは侵略を説かず、憎しみを煽りもしなかった。ふたりとも権力を愛し、濫用もしたが、アルゼンチンの歴史では偶像視される人々の中に名前を連ねている。だがその名声には、ヨーゼフ・メンゲレ、アドルフ・アイヒマンらのナチス高官に対し、技術的な助言と現金を受け取る見返りに安息の地を提供したことで、永遠に消えない傷が刻まれている。

一九六八年には、パナマの将軍オマール・トリホスがクーデターで得た権力を活用し、社会福祉を拡充して、特権的な富裕層が享受していた資金力の独占を終わらせた。しかしトリホスはそのことよりも新パナマ運河条約で名前を覚えられている。この条約は海と海をつなぐ道として知られ、工学の驚異であるパナマ運河の管理運営権を、パナマ側に与えるものだった。私は当時ジミー・カーター政権のスタッフだったのだが、パナマとアメリカ双方にとってきわめて難しい政治的駆け引きであったことを証明することができる。カーターは、共産主義の独裁者にくれてやるようなものだと反対にまわっていたロナルド・レーガンをはじめとするタカ派の政治家と闘わなくてはならなかった。他方ではトリホスも、将来アメリカが安全保障役を演じることになるのを危惧していたタカ派のナショナリストたちをなだめなくてはならなかった。トリホスはこのときの折衷努力を、まるで足にぴったりの洗練された見た目で、履き心地のゆったりとした快適な婦人靴を作ってほしいと靴職人に依頼するような難題だったと語っている。

同じ年の一九六八年には、ペルーの将軍ファン・ベラスコ・アルバラードも機能不全に陥っていた民主主義政権を転覆させ、土地改革と国有化計画を推進して、一時は人気があったものの、工業生産と食糧生産を激減させた。アルバラードは景気が急落する前に、ベネズエラの士官候補生の一団を集めた会合を主催したことがあった。そこにいた多感な若者のひとり、ウゴ・チャベスも、後にアルバラードと同じジェットコースターのような道を歩むことになった。だがその道はもっと人を惹きつけるスタイルのもので、歴史にもはるかに深い影響を及ぼした。

教師の両親のもとに生まれたチャベスは、詩や政治書や散文を貪るように読んだ。田舎で育ち、絵を描く才能があり、歌うことが好きで、すぐに友だちができ、野球が得意な少年だった。一七歳で陸軍に入隊したのは、陸軍のスポーツアカデミーに入ればレベルの高い試合ができるだろうと考えたからだった。夢見ていたのはホームランを放つことで、隊形演習をすることではなかったのだが、すぐに小銃を担いで行進するのを楽しむようになり、兵舎生活の仲間意識の中で生き生きとし、軍事史の勉強に夢中になった。同時に、兄のアダンを通し、進歩的な思想家たちと仲良くなり、公共問題への関心を高めた。そして過去のラテンアメリカの革命家たちの大胆さに触発され、自分で反乱を指揮してみるのはどうだろうと想像しはじめた。

ベネズエラは「小さなベニス」を意味する名前だが、これはスペインの探検家が、湖畔の先住民が高床式の家に住んでいるのを目にし、イタリアの有名な運河の町に似ているのに感銘を受けたことに由来している。一八二一年にシモン・ボリバルによってスペインの支配から解放された後は、ラテンアメリカの中では安定を誇る共和国に発展し、石油の産出、美人コンテストでの優勝者の多さや、二大政党が交互に大統領を出し合う平和な定期選挙などで国際的に知られていた。一九七〇年代の終わりまでは、ベネズエラは大半の近隣諸国より裕福で、教育水準も高く、貧富の差はそれほど大きくなかった。しかしその後の二〇年間は悲惨だった。石油価格の下落、債務の増大、人口の増加、さらには優柔不断なリーダーシップが相まって、インフレ率が急上昇し、実質賃金が低下し、失業率が上昇し、中産階級が縮小した。一九八九年、大統領に就任したばかりのカルロス・アンドレス・ペレスは、IMF（国際通貨基金）の勧告を受け入れて選挙公約を放棄し、その時代の苦い良薬だった構造調整政策を実施せざるを得なくなった。

その二〇年後にギリシャで反感を買い、欧州を分裂させた金融引き締め政策同様に、構造調整政策は財政規律を強化し、債務を返済することで、新たな成長の基盤を確立することを目的としていた。このアプローチには経済的には合理性があったものの、ベネズエラは直接的に大きな痛手を被り、消費者物価指数が上昇し、公共福祉が削減され、抗議者たちが怒りを爆発させた。秩序を回復するために軍隊が出動し、三三〇人以上が殺された。騒動はやがて収束したが、彼らの死はこんにちに至るまで忘れられていない。

ヒトラーは一九二三年にバイエルンで決起したにもかかわらず、軍事的な支援が得られず、企ては失敗に終わった。野心的な中佐だったベネズエラのウゴ・チャベスも同様の試みに挑み、戦車と軍隊を送り込んで一九九二年に大統領官邸を襲撃した。だが彼も、仲間の将校たちが命を危険にさらそうとしなかったせいで、政府の転覆に失敗した。当局はチャベスを逮捕した後にテレビに出演させ、同志に降伏をうながさせた。多くのベネズエラ人にとってはこのときが、彼ら自身の顔と同じくらいに馴染み深くなる顔との初めての出会いになった。カーキ色の制服を着て真っ赤なベレー帽をかぶっていたチャベスは、自分の運動が「今のところは《ポル・アオラ》」失敗に終わったことを認めた。それを聞いた人々のあいだでは、すぐにジョークが広まり、彼はクーデターを企てた罪で一年、それがうまくいかなかった罪で二九年を足し合わせた懲役三〇年に服すべきだ、と言われたりした。チャベスは実質的に反逆罪を犯したのだが、ヒトラーと同じように二年もせずに釈放された。そしてヒトラーやムッソリーニ、ペロンのように、刑務所を卒業すると政治家の道に進んだのだ。

私は一九九七年とその翌年に、国務長官としてベネズエラを公式訪問した。そのときに抱いた印象は、率いるはずの人々との接点を見失ってしまった疲弊した老人たちが、統治の仕事を仕損じているというものだった。そう感じていたのは、私だけではなかったようだ。そのため一九九八年は、新参者が大統領選に出馬するのに理想的な時期となっていた。有権者は変化を求めており、カリスマ性のあるアウトサイダーだったチャベスは、まさにその変化を約束したのである。しかし、何年も後になるまでは自分を社会主義者とは呼ばず、労働者、家政婦、農民や料理人といった、長いあいだ声なき人々として扱われてきた国民を大切にする愛国者として出馬した。それは勝利が約束されたアプローチだった。彼は駆け出しの政治家でありながら、五六パーセントの票を獲得したのだ。

チャベスは大統領に就任するとすぐに、さらなる権力への障害を取り除くために、その権力を利用してニワトリの羽根を引き抜きはじめた。一九九九年四月には、新憲法草案のための特別議会を求める国民投票を実施し、新憲法をもって大統領の任期を五年から一二年に延期し、上院を廃止し、軍隊内の昇進を自分で管理できるようにした。大統領となったチャベスは、大いに熱意を傾けて仕事に取り組んだが、同時に不健康な苦々しさも持ち込んだ。彼が抱えていた怒りは、ベネズエラ人の多くが厳しい試練に耐える暮らしだったにせよ、自身の子供時代の貧困に根ざしていたのかもしれないし、彼が読み、観察したすべてのものに対する知的で道徳的な反応であったのかもしれない。

チャベスの怒りは、成功の障害にならなくても良かったはずだった。リンカーン、スーザン・B・アンソニー、マハトマ・ガンディー、マーティン・ルーサー・キング、ヴァーツラフ・ハヴェル、ネルソン・マンデラ。記憶に残る多くの指導者たちは、義憤を糧にして長年の疑念や試練に耐えるのに必要な心理的な強さを見出した。かと言ってそのような感情は誰もがコントロールできるものではなく、解き放たれたときには、大きな可能性を失敗に変えてしまうほどの破壊力を持っている。チャベスは就任当初は、国民の大部分をひとつにまとめるのに十分な大衆の支持を得ていた。ところが彼は、国民の半分に怒りをぶつけて非難し、そうすることでもう半分からの拍手を求めたのである。

この時期にチャベスにインタビューをしたコロンビアの小説家、ガブリエル・ガルシア＝マルケスは、このように記している。「私は、正反対のふたりの男性と楽しくおしゃべりをしながら旅をしてきたような感覚に圧倒された。ひとりは運命の気まぐれで国を救う機会を与えられた相手であり、もうひとりは、歴史に埋もれる多くの暴君の運命をたどりかねない、幻想論者だった」

人を魅了するチャベスの才能は失われることはなかったが、それと同程度に彼は人に不快感を与えた。傷を癒やして支持基盤を広げる代わりに、富裕層を腐敗した寡頭政治家ども、わがままなガキ、盗人、ブタ呼ばわりし、財界人を吸血鬼、ウジ虫と呼び、ローマ・カトリック教会の司祭を背教者と言って非難した。ビル・クリントンと私との出会いでは誠実さを見せていたにもかかわらず、アメリカに対してもこれといった理由もなく、おそらくは単に毒づくための敵とみなし、また良き師であったハバナのフィデル・カストロを喜ばせるために、何度も侮辱を加えていた。チャベスのコミュニケーション戦略は、レトリックの花火を四方八方に打ち上げるスタイルのものだった。毎日、そして幾晩も、彼は演壇やテレビ局やラジオ放送で自分の業績を自慢し、実在の敵や仮想の敵に露骨な酷評を浴びせていた。

ベネズエラは豊かな社会ではなかったが、政治的に中道か右寄りに位置する高学歴の資産家が多かった。軍には、キャリアを通じて米国と緊密に協力しあってきた将校たちもいた。彼らの多くは、〈チビスタ〉と呼ばれたチャベス派の侮辱の標的にされ、それを嫌っていた。そうした人々はベネズエラがキューバの二の舞になることを望まず、チャベスを〈あのサル〉と呼んで軽蔑し、決して実現できないことを群衆に約束して選挙に勝った低俗な男だと見下していた。

反対派は失ったものを取り戻すために、大統領を強制退陣に追い込もうとした。二〇〇二年四月一一日、何十万人ものベネズエラの中産階級の人々が、鍋を叩き、大声を上げながら、大統領官邸のミラフローレスに行進した。大虐殺の責任を問われるのを望まず、軍隊が出動を拒んだため、暴動の鎮圧にあたった国家警備隊がデモ隊に催涙弾を撃ち込み、実弾も発砲したことから、推定二〇人の死者と多くの負傷者が出た。流血の映像がテレビのニュースを独占すると、大統領の辞任を求める声がいっそう高まった。官邸にこもって身動きが取れず、逃げ道を失ったチャベスは、敗北を認めざるを得なかった。自分と家族をキューバに渡らせる交換条件で降伏に同意した彼は、道中の安全が確保されると、ヘリコプターに乗り、海軍基地を経由して島へと運ばれた。保証は与えられていたが、裁判にかけられることも、射殺されることも、十分にあり得る状況だったのである。クーデターの指導者たちは祝杯をあげた。勝利に酔いしれる彼らは、実業家が率いる暫定政府を設置したものの、この指導者はただちに憲法を停止し、友人たちに職を振る舞いはじめた。ワシントンのブッシュ政権は、蜂起を支持もしなければ糾弾もしない曖昧な声明を出した。だが政府が行使した暴力を非難した点では、チャベスの追放が正当化されたように見えた。

反乱はしかし、その目的を完全に達成するには、威圧的な力を用いるか、公衆の支持を得るかが必要になる。ベネズエラの反対勢力はそのいずれをもいくらかは備えていたが、どちらも十分ではなかった。また、分裂を繰り返していたために、自分たちの立場がいかに脆弱であるかを認識することができなかった。ほどなくすると、軍隊のチャベス支持派が独自に作戦行動をとりはじめ、志を同じくする農民や党員たちも、自分たちの存在を知らしめるために地方の各地からカラカスに集まってきた。彼らの人数は刻々と増えていき、新政府の樹立を目指していた人々が、旧勢力による復讐を危惧するまでになった。潮目が目に見えて変わったことが分かり、反乱勢は白旗を掲げた。そこでチャベスは辞任を撤回し、信頼の置ける操縦士を確保してから再びヘリコプターに乗り込むと、ベネズエラの敵とそれより北方にいる敵に対する新たな不満を温めながら、大統領官邸のミラフローレスに戻ったのだった。

彼はその後何年間も、執務室で窮地に立たされ、反逆者の将軍たちに大統領の宮殿を爆破すると脅されたときのことを口にしつづけた。感傷的な、正確とは言えない内容ではあったが、それは政治的には見事な効果を上げていた。

あのときの気持ちを、どうやって忘れることができるだろう［…］突然ドアが開き、母がそこにいたんです［…］それは死の瞬間でした。肉体の死ではなく、魂の死、精神の死だったんです。これで終わりなのかと思いました。母は、オリノコ川にアラウカ川が注ぎ込む勢いで、執務室に入ってきたんです。そして私に説教をしはじめました。田舎者の、そう、畑しか知らず、貧困の中で闘いつづけている農婦の母は、私を見つめてこう言ったんです。「あなたは決してここを離れたりしません。民はあなたを愛しているから」と。

ウゴ・チャベスの大統領としての采配は本物の民主主義を表現していたが、同時に民主主義への脅威もはらんでいた。最初に取り組んだことの一つは、司法の独立性を高めることであり、この動きは広く称賛された。しかし、後に裁判所が彼に不利な判決を下したときは、裁判官たちを停職にし、裁判官席により従順な任命者を詰め込んだ。年を追うごとに、自分の政策に反対する人々の官職を剝奪するよりになり、後には十分に服従しない人々に対しても同じことをした。草の根の政治組織を設けることで忠実な者に報いる一方で、そうでない者は公平に扱わなかった。民間の治安部隊を編成して――基本的にはチンピラの一団だったのだが――反対派を威嚇し、抗議運動が盛り上がるのを防いだ。また、反対意見を自由への脅威と呼び、党の方針に従わないテレビ局やラジオ局の営業許可を取り消した。

ムッソリーニのように、チャベスは政治を見世物と考え、善玉と悪玉が対決するショーを演じていた。国営石油会社の支配権を握ることにしたときは、法令を発布しただけでなく、みずからひとりずつ幹部を解雇し、その様子をテレビで放映した。民間企業を接収するときも、わざわざ本社に出向き、十数台のカメラの前でそれを発表した。ほぼ成功しかけた二〇〇二年のクーデターのトラウマから、彼はカストロに安全対策が不十分であると訴え、助けを求めた。キューバの指導者は喜んで引き受け、まもなくカラカスでは至るところに盗聴器が仕掛けられ、録音された内容の一部がチャベスのお気に入りのテレビやラジオで放送されて、政敵や強情な閣僚たちに恥ずかしい思いをさせたのだった。

〈エル・プレシデンテ《大統領》〉と呼ばれていたチャベスは、スポットライトを浴びるのを好み、舞台では水を得た魚のように生き生きしていた。台本がなくては話せない人々を私は何人も目にしてきたが、マイクの前に立つと、チャベスはメモを持たず、途中で言葉を詰まらせもせずに、カメラを前に長いときは九時間でも話しつづけることができた。彼の弁舌は、玉をいくつも空中に投げ上げ、ひとつの玉が戻ってくる前に次の球を放り上げて受け止める曲芸師のようだった。

その一例を挙げると、こんな具合だった。統計数値を並べてから、前任者たちの不道徳を批判し、不正を悲嘆すると、回復力と希望についての詩を暗唱し、最前列の女の子に家族の様子を尋ね、ベネズエラの美しい自然に驚嘆し、子供時代の思い出を語り、ロマンチックなバラードを歌い、ベネズエラの敵を呪い、資本主義者の貪欲を嘲り、自分の祖母やすべての祖母たちの優しさを振り返り、みずからをラテンアメリカ独立運動の指導者シモン・ボリバルと比較し、この偉大なる解放者は結核で死んだのではなく暗殺された可能性があると言い、国から土地を与えられた貧しい農民や、薬を求め、それが与えられたことで命拾いをした女性の逸話を語って聞かせ、次にアルカイダやISIS〔イスラム過激派組織「イスラム国（IS）」の別称〕を生み出したアメリカを非難する、というものだった。しかも彼にとってこれはウォーミングアップのようなもので、さらに話しつづけ、歌い、ときには踊りをまじえ、腕をピストンのように振り回し、自分のとってきた行動の正当性を主張し、次は何をするかを声に出して考え、聴衆に向かって称賛を求め、聞いている群衆が疲れ果てたところに、「祖国か、社会主義か、死か！」と叫んで演説を締めくくった。

チャベスは自分の言葉の多さを、それに負けない量の行動を示すことで裏づけることに努めていた。闘争的だったが、皮肉屋ではなく、ひねくれてもいなかった。政治プロセスが自分に有利に運ぶように全力を傾けたが、四回の選挙を全勝し、連勝を重ねたのは、それだけが理由ではなかった。反対派が分裂していたことや、石油が高値になっていた幸運にも助けられた。そのおかげで公約の多くを実行することができたのだ。彼の任期中には、医療サービスが強化され、国民の食生活が向上し、ガソリンや料理用油の価格が下がり、賃金が上がり、より良いアパートが購入できた。それらと同じ程度に重要だったことは、貧しいベネズエラ人を自分たちもこの国の一部であると感じさせたことだった。チャベスは彼らに直接言葉をかけ、地域の委員に任命し、農業協同組合や工場で意思決定権を与え、投票を求め、彼らの要求に応え、子供たちについて尋ね、彼らの話に耳を傾けた。

二〇一三年三月に彼が癌で亡くなったとき、ある称賛者はこう書いている。

一四年前には、貧しいこの地域の人たちは、大学に行くことなど夢にも思わなかった。自分のコュニティの医者になることは、もっと考えられなかった。一四年前は誰もがトタン板か泥の家に住むのがやっとだった。寝室が三つもあり、すぐに使える屋内トイレがついた広い家で暮らすなんて、想像もできなかった。一四年前は、町の東側のお金持ちだけが、自分を市民だと思っていたものだった。今では、全員が市民なのだと分かったのだ。

順風満帆の時代には、チャベスは自国の貧しい人々だけでなく、影響力を手に入れるために、また友人たちに報いるために、キューバ、アルゼンチン、ニカラグア、エクアドル、ボリビアにもお金を配っていた。スラムで知られるニューヨークのサウスブロンクスにまで、社会奉仕活動に何百万ドルも供与し、あるときは麦わら帽子をかぶってニューヨークの子供たちとサルサを踊ったこともあった。ものを与えることが良い統治の条件を満たすのであれば、ハッピーエンドで終わっていたことだろう。チャベスが多くの人に愛されたのは、限界を認めようとしなかったからでもあった。彼は支持者に対してサンタクロース役を演じたがった。だが一国の大統領となれば、サンタクロースをするわけにはいかず、数字にも厳格に従わなくてはならない。

チャベスは、組織の運営には専門知識が必要であることを理解していなかったために、莫大な資金を注ぎ込んだ石油会社、ビジネス、農場や司法制度などをつまずかせた。スーパーマーケットや家電製品の販売員を説得し、商品の値段を下げさせれば、リーダーは人気を博すだろう。しかし店がつぶれ、棚の食品が消えてしまえば、声援はつづかない。閣僚や警察署長に給与削減を命じるのは、公平に見えるかもしれないが、その結果が——予想されることだが——職務の怠慢や贈収賄につながるのであれば、そうすることには慎重になる必要がある。石油収入に頼って国全体の経済を維持することは、原油価格が高止まりしている間は多くの人を満足させるだろう。しかし収入が激減し、打撃を緩和する備えがない場合には、悲惨な結果を招いてしまう。ミュージカル『エビータ』のファンは知っているが、お金が「転がり込んでくる」のと「転がり出ていく」のとでは、大きく違うのだ。

チャベスがベネズエラに大きな変化をもたらしたことは誰にも否定できないが、公約をすべて実行したと結論づけることもできない。チャベスが早すぎる死を迎えるまでに、ベネズエラの裕福な専門家の多くはその才能を別の場所に移し、高級レストランで彼らの座っていた席は、為替操作人や密輸人、麻薬密売人、公務を通じて財を築いた盗人らに取って代わられていた。ある元企画相は、ベネズエラの石油収入はその三分の一が、チャベス政権下で盗まれたか紛失したと推定している。恐怖症めいた反米感情のせいでチャベスは米国麻薬取締局を国外に追放したため、三年のうちにコカインの輸入量が五〇〇パーセント増加した。彼は労働者寄りだったが、ストライキがほかの優先事項を危うくすると、そのリーダーたちを投獄したりもした。支持者たちに、新しい、高い道徳意識を持つようにうながしたが、後に残されたのは世界でも有数の犯罪率の高い国であり、首都のカラカスは、毎朝目を覚ますのにバグダッド以上に危険な場所になったのだ。

いずれにせよ、チャベスはムッソリーニ、ヒトラー、スターリンらの陰鬱で重苦しい部類のひとりではなかった。彼らと同じように、国民の不平不満を利用し、敵を利用して個人的な権力の拡大を正当化し、過去の英雄たちの栄光に身を包み、自分に同意しない人々の権利を容赦なく踏みにじった。しかし相手に屈辱を与えるのは彼のスタイルであり、八つ裂きにしたのではなかった。悪びれずにいじめをつづけたが、彼にとっては残虐さと雄々しさは別のものだった。彼の政権下では路上犯罪者が繁栄していたが、そのことにはチャベスが越えてはならない線を定めていたことが表されている。本当の警察国家であれば、街頭犯罪は減少するのだ。ベネズエラで発生していた身代金目当ての誘拐は、第三帝国ではほとんど見られなかった。

チャベスは生涯にわたって大統領を務めるつもりでおり、実際にそれを実現したのだが、病気のために夢は半ばで終わってしまった。残されたベネズエラは、彼が就任した一九九九年よりも貧しくなっている。チャベスの後を継いだニコラス・マドゥロは、元バスの運転手で労働組合の幹部だった。厳格なイデオロギー信奉者であり、前任者の欠陥はすべて備わっているものの、美徳の方はひとつも持ち合わせていない。

マドゥロはがっしりして、口ひげが整っている。チャベスを尊敬していた彼に不足しているのは、前任者の機知と魅力、そして石油の富である。新大統領は荒波の中で経済の舵取りをし、ハルマゲドンに向かって舵を切った。マドゥロは借金を返済するために国庫予備費を使った。財政的な余裕がなくなったベネズエラは輸入を確保することが困難になり、輸入に頼っていた生活必需品が手に入らなくなった。財源を生むために政府が紙幣を濫造した結果、ベネズエラの通貨であるボリバル・フエルテの価値がゼロ近くまで下落し、インフレ率は世界最高となった。その結果は悲惨である。給料と年金だけでは生活費がまかなえず、歯磨き一本の値段が平均的な週収入の半分に相当するまでになった。栄養不良が蔓延し、薬局を何軒まわっても、家族に必要な薬が手に入らない。最低賃金は幾度となく引き上げられてきたが、インフレのペースに追いつかず、隣国コロンビアの水準の八分の一程度にとどまっている。コーヒー、米、トウモロコシの国内生産は六〇パーセント減少した。家畜総数も三分の二まで減少し、一五年にわたり民間部門が圧迫されてきたことから、産業界は基本的なニーズを満たすことができなくなっている。

二〇一七年の初めには、怒った市民が街頭に繰り出し、自転車のヘルメット、厚紙のすね当て、国旗の色である黄、青、赤で塗られた自家製の盾で身を守りながら、反マドゥロのスローガンを叫んで数ヶ月間抗議デモを行った。

大統領は、過去の過ちを認め、国をひとつにする政策をとることで危機を緩和することができたかもしれない。そうしていれば、外国人投資家が状況を新たな目で見直し、地域や世界の支援策を引き出せたことだろう。ところが彼は、弾圧を倍増させた。頑固で後には引かない革命家マドゥロの考えでは、チャビスタ革命を成就させるか、チャベス路線を裏切るかのどちらかしかないのだ。二〇一七年七月には、選挙制の議会を、熱烈な支持者の操り人形で構成される顔ぶれに置き換えるための国民投票を画策した。新議員たちの仕事は、チャベスが何世紀も堅持されると考えて作った憲法に取って代わる憲法を起草することである。マドゥロの指示により、主要野党が禁止され、政治的なライバルだけでなく以前に手を結んでいた人々までもが、拘束されるか国外に追放された。街頭デモでは治安部隊によって民間人が一二〇人以上殺されており、暴力を受けて投獄された人々が数千人にのぼっている。また、忠誠を確保するために、石油生産や食糧の配給などの政府や民間部門の多くが、軍人や元軍人に置き換えられた。

自国が耐えている試練は、自分にも責任の一端があることをマドゥロは認めようとせず、すべての災難を国内の反動勢力と「クーデターを扇動し、権力を奪い、［…］米国が支持して支配している傾向」のせいにしている。アメリカへの後者の非難は、容易に退けることができたはずだった。ドナルド・トランプがゴルフクラブでベネズエラに軍事介入する意向を口にするまでは。この外交的な不手際は、マドゥロが切実に必要としていた贈り物となり、国内において、また過去に米軍や海兵隊に侵害された苦い経験を持つ南米各地の反帝国主義派に向けて、彼の立場を強くする材料となった。

経済や社会状況が悪化し、民主的な政治家が指導者としての義務を果たせなくなると、才能に恵まれ、巧みに人心を誘導する者の誘惑には抵抗が難しいことを、ベネズエラの経験は示している。ウゴ・チャベスは単なるエンターテイナーではなく、民主主義から疎外されていると感じていた選挙民の代弁者だった。そのような人々が、彼を要職に就かせ、赤いTシャツと野球帽を身につけて彼を支え、自分たちの築き上げた勝利を喜んだのだ。だが二一世紀における統治は、当時のチャベスが認識していた以上に要求が厳しいものである。統治が挫折すると、マドゥロは民主主義的な規範を離れ、解決策は支持者と自分に敵対する勢力との間にさらに深くくさびを打ち込むことだと考えて、手にした権力をそのために利用した。それは賢明な最善策ではなかったが、彼にとっては最も容易であり、ベネズエラという一角について彼が育ててきた感覚に、歴史の中で最も合致するものだったのである。

チャベスは自分の国と地域全体の英雄のひとりとして、シモン・ボリバルと同じように位置づけられることを切望していた。彼はこの壮大な願いから、ファシズムの辺縁へと導かれた。ひるがえって地球の反対側では、チャベスとは大きく異なるが野望のよく似た人物が、独自のやり方によってそれと同じような誘惑に引き込まれていた。

第11章　偉大なるエルドアン

一九九七年一二月、トルコ最大の都市イスタンブールの市長レジェプ・タイップ・エルドアンが、同国南東部にあるシールトを訪れた。色鮮やかな手織りのブランケットや、九〇〇年前から守られてきたモスクで知られる都市だ。訪問の目的は、妻の実家に足を運びつつ、名産品や名所をその目で見ることだった。彼は現地で演説した際、広く知られた民族主義的な詩を引用し、「モスクはわれわれの兵舎である。ドームはヘルメットであり、尖塔は銃剣であり、信者は兵士である」と述べた。

この発言は、トルコが敏感な時期になければ、ほとんど関心を引かなかっただろう。だが、不安定化していた政権はエルドアンを攻撃する口実を探していて、宗教的憎悪を焚きつけたとの容疑で逮捕してしまった。結局、彼は有罪判決を受けて市長の座を追われ、五年間の公職追放処分を受けた。当局は明らかに、人気市長の政治生命を終わらせたがっていたが、この戦略は裏目に出る。一連の出来事で箔《はく》をつけたエルドアンが、一部の国民から英雄視されるようになったのだ。刑務所に入る際には二〇〇〇台の車列が同行し、四ヶ月後の釈放時にも信奉者たちが迎えに集まった。

当局はそれまで七五年にわたり、公の場から宗教を排除しようとしていた。だが、トルコ社会には数千万人の敬虔なイスラム教徒がいる。世俗派指導者たちへの支持率が高かった時期でさえ、公共と宗教の分離は難しい課題だった。しかも、エルドアンが逮捕される頃には、低迷する経済とくだらない言い争いばかりの政治家たちに対し、大衆の不満が高まっていた。政府は将来的な抗議運動を防ぐためイスラム主義政党を禁止したが、ほんの数年で新しい名前の似た組織が登場した。なかでも最も活発で、最も成功したのが、公正発展党（AKP）だ。創設は二〇〇一年八月。党首はエルドアンその人だった。

トルコの人々が祖先から受け継ぎ、いまも暮らしている国土は、東部でイラン、イラク、コーカサス諸国と、南部でシリアと、西部でブルガリア、ギリシャと、そして北部では、黒海を挟んでロシア、ウクライナと境を接する険しい土地にある。ここはアレキサンダー大王の時代から、ヨーロッパ、アジア、中東の商人や軍人たちが顔を合わせる交易と戦いの場になってきた。一四五三年、オスマン帝国はコンスタンティノープルを占領し、すでに弱体化していたビザンティン帝国〔東ローマ帝国〕にとどめを刺すと、四〇〇年続く広大なイスラム王朝を構築した。その版図はあまりに広く、ユダヤ人が住民の多数を占める都市として世界一の人口を誇ったテッサロニキを支配しながら、世界のどの政府よりも多くのキリスト教徒を統治するほどだった。

そのオスマン帝国も、産業化時代の到来と民族主義の高まりで徐々に弱体化し、第一次世界大戦の敗戦によって崩壊した。そして、灰の中からトルコ共和国という新国家が誕生し、帝国の亡骸をついばんでいたヨーロッパの勢力を駆逐して、独立を宣言した。初代大統領にはムスタファ・ケマルが就いた。進歩的な思想を持つ軍司令官で、「トルコの父」を意味する「アタテュルク」の名で歴史に刻まれる人物だ。完全な近代社会をつくることを決意したアタテュルクは、その目的を果たすためオスマン文化の土台に大なたを振るった。カリフ制を廃止し、宗教裁判所を解体し、トルコ語の表記をラテン文字にした上に、スイスの民法、ドイツの商業規制、フランスの行政慣行、イタリアの刑法を手本にしたのである。

アタテュルクと後継の大統領たちは科学を賛美し、イスラムの慣習に目を光らせた。彼らが指導する政府はモスクでの説教の内容を統制し、全土で世俗的な学校制度を確立し、男女同権を明確に打ち出した。さらに、国民生活における宗教の役割を拡大せよと主張する者がいれば、誰であれ投獄した。アタテュルクの死から八年が経った一九四六年、トルコは多党制の議会制民主主義に移行したが、伝説的指導者が築いた世俗主義の檻の中でしか身動きがとれなかった。「人民の意に反しても、人民のために」という彼のスローガンには、ケマル主義（Kemalism）の高尚な理念と、大衆を見下す姿勢の両方が表れていた。それから数十年間、選挙では中道右派と中道左派が争い、通常は前者が勝利を収めてきた。トルコは西側諸国と密接に協調し、一九五二年に北大西洋条約機構（NATO）に加盟した。さらにその後、欧州連合（EU）への加盟にも照準を定めた。今日でもアタテュルクの肖像画はそこかしこに見られ、その影はすべてを覆っている。

エルドアンはイスタンブール市内の貧しい地区で育ったが、本人は故郷のことを果樹と畑が広がる美しい場所と記憶している。子供たちは凧揚げやビー玉遊びに興じることも、泥遊びをして見事に服を汚すこともできた。当時はまだ、舗装されていない道路が残っていたのだ。父親はボスポラス海峡で船長を務めていて、家計を助けるためにエルドアン少年が通りで軽食を売ることもあった。イスタンブールから遠く離れた社会保守主義的な県に祖父母が住んでいて、夏場はそこで過ごした。エルドアンが、一歳のとき、家族は彼を宗教学校に入れた。ケマル主義のトルコにおいて、子供の立身出世を危うくする選択だ。しかし、ひとたび道が定まると、少年は迷うことなく先に進んだ。彼は勤勉で、学業に打ち込みながらサッカーでも才能を示し、高校生のうちから政治家としての適性を伸ばしていった。

時は一九七〇年代、各国と同じくトルコでも、冷戦によってマルクス主義左派と民族主義右派の激しい衝突が起こっていた頃だ。石油の輸入価格の上昇によって経済が停滞し、砂糖、マーガリン、料理油の不足も起こっていた。反乱を恐れた軍の介入で文民政治家が押しのけられ、拷問、殺人、逮捕を組み合わせた弾圧で五〇万人が犠牲となった末、左派は実質的に排除された。

エルドアンなど宗教学校の生徒たちはこの衝突と無関係で、主要な市街地の外に住む者たちには特に接点がなかった。彼の世代はアタテュルクの頃を直接知らず、トルコの理想とされたヨーロッパ文化に自然と親近感を抱く環境にもなかった。その一方、グローバル化が自分たちの生活習慣にどんな影響を及ぼすのか、不安視する声は多かった。政治的野心が芽生えたわけではなかったが、何もしなければ、大事なものが全部失われるかもしれないと懸念していたのである。エルドアンたちは少しずつ、エジプトやイランのイスラム教指導者の教えに耳を傾け始めた。西側諸国はイスラム教徒を分断し、貧困の中に押しとどめ、堕落に誘《いざな》おうとしている――それは、トルコでは許されない説教だった。イスラム教徒がより良い生活を実現するには、自分たちに何が必要なのかを自ら決め、自分自身の声に気づき、その声が顧みられるよう団結して行動を起こさなければならないというのだ。

軍の徹底的な左派弾圧は、この新たな動きを育むゆりかごを生み出した。のけ者にされ、イデオロギーを軸にまとまることを禁じられた貧困層が、宗教を軸に結集したのである。福祉党が結成され、「公正な秩序〔Adil Düzen〕」の構築と、国家からイスラムを分離してきた壁の打破を訴えると、参加者は一九九一年に二〇万人、一九九五年までに四〇〇万人へと膨れ上がった。ある幹部は「よその党には党員がいる。われわれには信者がいる」と豪語していた。福祉党の驚異的な人気は世俗主義者たちに動揺を引き起こした。一九九八年、当局は同党を非合法化した。共産主義者たちにしたのと同じように、イスラム教徒たちを屈服させる狙いだ。しかし、マルクス主義が外から持ち込まれたイデオロギーだったのに対し、「信者」たちのルーツはアナトリア人の土地に深く根ざし、遠い昔に確立されたものだった。

福祉党の流れを汲む公正発展党（AKP）は、二〇〇二年の総選挙で躍進を遂げた。このときの選挙戦は、過去との決別を象徴する政党と首相候補（エルドアンのことだ）にとって理想的な状況で始まった。政府が大地震への対応で醜態を晒してから三年も経っておらず、能力不足の印象が国民の脳裏にはっきり残っていたのだ。さらに、経済危機が震災に追い討ちをかけ、トルコの人々から自信を奪っていた。深刻な財政赤字に通貨の下落が伴い、インフレ率は一〇〇パーセントを超えた。また、外国人投資家は財布の紐を引き締め、損失を抑えにかかった。政権は経済を立て直すため、改革による規制緩和と歳出削減を併せて断行した。ベネズエラで実施され、ウゴ・チャベス体制への政権交代を招いたのと似た政策だ。結果も似たようなものだった。トルコ政府も有権者の怒りを買ったのである。緊張をいっそう高める事態も発生した。南東部のクルド人武装勢力と軍の交戦により、多くの民間人が家財道具を抱えて国内避難民と化し、ただでさえ過密状態のイスタンブールに到着したのだ。

とはいえ、これだけで有権者が公正発展党を支持したわけではない。アタテュルクとその信奉者たちは、数十年にわたり有権者に警告を発していた。宗教政党を政権に押し上げれば、ヨーロッパ人たちからトルコは後退しているとみられる上に、中世のような暮らしを強いられるという主張だ。この不安に対処できなければ、公正発展党の成功は見込めなかった。だが、エルドアンの風貌はその点で有利に働いた。西洋風のスーツと穏やかな振る舞いが、熱心な宗教信者のそれと正反対に見えたのだ。しかも、彼はイスタンブール市長時代、市民に身近な問題で目覚ましい成果を挙げていた。たとえば、ごみ収集や道路清掃、電力の安定供給といった課題がそうだ。また、集合住宅の水道の蛇口をひねれば、気分の悪くなるような水ではなく、飲める水が出るようになった。ほかにも、エルドアンは選挙の際、イスラム主義のレッテルを拒むよう党に指示した。社会保守主義を採りながらも、親ヨーロッパに強く傾斜した未来志向の政党として、選挙戦を展開したのである。選挙広告では、スカーフをかぶらずに働く女性など、実業家や職業人としての党員の姿を前面に押し出した。さらに、候補者たちは酒を出すレストランで集会を開いた。運動員たちにも、経済問題に集中し、よく笑い、信心深さを誇示する態度を避けるよう指示が出ていた。

懐疑派を安心させる取り組みは実を結んだ。選挙当日、連立政権を組む三党すべてが議席獲得に必要な一〇パーセントの得票率すら下回り、衝撃的な大敗を喫したのだ。憲法の規定に従い、三党に投じられた票は第一党に振り向けられた。これにより、得票率三〇パーセント余りでトップに立っていた公正発展党が六五パーセントを超える議席を与えられ、単独過半数を獲得した。

それ以前、トルコの代議制民主主義は絶えず困難に見舞われていた。アタテュルクは西側諸国を手本にしたが、意味のある選挙や司法の独立、宗教の自由、言論の自由までは取り入れなかった。そうでもなければ、ヒトラーやムッソリーニから称賛されたりしなかっただろう。ふたりはアタテュルクの積極的な民族主義、マイノリティーの迫害、宗教指導者の懐柔、そして独裁ぶりを大いに好ましく思っていた。ヒトラーに至っては、このトルコのカリスマ指導者を「暗闇に輝く星」とまで呼んでいる。アタテュルクの死後、軍は憲法裁判所と並び、彼の遺産の守護者であり続けた。一九六〇年と七一年、さらに八〇年には、文民政府を力不足と判断して政治に介入した。九七年にも、連立政権崩壊とエルドアン逮捕に軍の圧力が影響を及ぼしていた。当時、アメリカ国務長官だった私は「トルコでどんな問題が起こっていようと［…］、人々がどんな変化を考えていようと、民主主義の文脈から外れてはならない」と述べた。要するに、「お願いだから憲法に従ってちょうだい。クーデターはもうたくさん」という意味だった。

二〇〇三年三月、エルドアンは首相に就任した。彼はこのとき、既存権力層の有力者たちが息を潜めて失敗を待っていることを知っていた。隙を見せれば、世俗主義を損なったとか、アタテュルクの記憶を裏切ったという理由で非難されるだろう。しかも、エルドアンの裁量は、大統領のアフメト・ネジデド・セゼルによってさらに狭められていた。セゼルは前政権に選ばれた強硬な世俗派で、法案への拒否権や主要ポストの任命権があった。その狭量さは、首相夫人が頭にスカーフをしているからといって、大統領宮殿でのレセプションに招くことを拒んだ姿勢に表れている。

スカーフの是非は些細に思えるかもしれないが、ずっとくすぶり続けている論争だった。私は当時トルコを訪れたひとりとして、これが人々の感情をかき乱す問題だったことを証言できる。講演者として招待された会合の客席には、スカーフをしている女性もいたが、していない女性が多かった。さらに、質疑応答の時間が来ると、どちらの意見が正しいと思うか尋ねられた。私にとって、答えは間違いなく明白だった。「髪をどうするかは、各々が自分で決めるべきです。これは個人の選択の問題です」。しかし、公平・公正であろうとする私の姿勢は誰にも喜ばれなかった。多様性に価値を見いだす私と異なり、スカーフをする女性、しない女性のどちらも、これを根本的なアイデンティティーの問題と捉えていたのである。スカーフをめぐる議論は、とりもなおさず、トルコ人であることが何を意味するのかをめぐる議論だった。どちらでもいいと言って判断から逃げることは不可能だったのだ。

このときのトルコ訪問では、イスタンブールを再訪する機会に恵まれた。生まれ故郷のプラハを除けば、世界で一番美しい都市だ。現在に至るまで、私は何度もあの街を訪れてきた。ふたりの孫を連れていたこともある。そして、イスタンブールだけでなくトルコ全体に魅了されている。しかし、ボスポラス海峡を見渡す宮殿のような豪邸と、大半の市民が暮らすぎゅうぎゅう詰めの集合住宅の間には、不穏なコントラストが絶えず存在する。首相一期目のエルドアンに庶民はとても満足していたが、豪邸の住人たちは警戒を緩めていなかった。

新米指導者は宗教論争の火種になりかねない問題を慎重に迂回し、繁栄につながる問題に力を入れた。経済は前政権から引き継いだ時点で回復目前まで漕ぎつけており、その状況を最大限に活用したわけだ。四七パーセントあったインフレ率は一年もせずに二二パーセントまで低下し、じきに一桁に落ち着いた。

すると、これをきっかけに外国からの投資が爆発的に増加した。エルドアンは当時、市長時代の経験を生かして外国投資誘致に励んでいた。橋や道路、空港の整備に資金を投じ、より多くの資金を引き寄せたのだ。また、病院建設と保健・福祉制度の改革を進めた結果、乳幼児死亡率は半減し、平均余命は五年余り延びた。さらに、エルドアンの指導下で諸外国との交通の便も増した。この時期、トルコの国営航空会社は就航先の都市を大きく増やしている。ほかにも、住宅ローン制度の導入により、数十万世帯が初めて持ち家を買うことができた。郊外に広がっていたスラム街はきれいな集合住宅街へと発展し、その一角ではカフェや品ぞろえ豊富な小売店がにぎわいだした。

エルドアンの首相就任から一〇年で、トルコはヨーロッパの工場と認識されるようになった。経済全体の規模は三倍になり、国民の平均年収と中間層の規模は倍増した。さらに、公正発展党が実施した六桁もの通貨切り下げにより、一杯の紅茶やラク〔酒の一種〕のためにポケットから何百万リラも取り出さなくても、渇いた喉を潤せるようになった。

また、トルコ政府はEU加盟という宿願の成就に向けて歩みを進めた。エルドアンが二〇〇二年の総選挙で掲げた目玉公約だ。クリントン政権時代、私はヨーロッパの外相たちに対し、長らく棚上げされていた同国の加盟申請をしっかり検討すべきだと伝えたことがある。展望を開きたいトルコ政府は、死刑制度を廃止した。さらにその後、エルドアン政権下で軍の文民統制を強化し、言論やマイノリティー、女性の権利の保護を新たに確立した。こうした進歩を見せたことは、停滞を打破するのに十分な効き目があった。正式な加盟交渉が始まったのだ。

一連の施策を進めながら、エルドアンは一秒たりとも政治を忘れなかった。野党が空回りを続けるのを尻目に、精力的に党勢拡大運動を展開したのである。党の信奉者たちに中間層から勧誘した支持者が加わり、活動のエネルギー源となったほか、勝馬に乗りたい実業家たちが資金源となった。ボランティアたちは一年を通して活発に活動し、病人を見舞ったり、地区集会を開いたり、失業者の就職を支援したり、ホームレスを集合住宅に入居させたりした。二〇〇七年の総選挙では、公正発展党の得票率は他党の倍を超える四六パーセントを記録し、獲得議席は定数五五〇のうち三四一に上った。大差で勝利したことにより、エルドアンはセゼルよりも思想上の相性の良い新大統領を据えて首相二期目をスタートできた。

高い支持率に背中を押されたエルドアンは、それまで蓄積した力を使い、さらに地位を固めることを決意した。選挙で大勝したとはいえ、彼にはまだ敵がいたのだ。公正発展党は二〇〇八年、政教分離の原則に違反したとして国家検察から起訴された。憲法裁判所で検察側が勝訴すれば、党は非合法化され、エルドアンの政治生命は終わる。これは、現実に起こり得る事態だった。結局は党側が勝訴したが、判事団の投票であと一人でも検察の訴えを認めていたら、判決は変わっていた。

こんな際どい体験は二度とすまいとばかりに、エルドアンは自身の将来を危険にさらす機関の変革に手をつけた。アタテュルクのような強権を振るい、その伝説的指導者がつくった機構を切り崩しにかかったのである。まず、退役・現役を含む軍将校数百人をクーデター企図や汚職などの容疑で逮捕、起訴する計画を実行に移した。その中には、本当に法律違反があった事案だけでなく、明らかな捏造も含まれていた。また、敵対的な報道機関の所有権を差し押さえ、移転する権限を政府に与えた法律により、公正発展党のメディア支配を強めた。さらに、裁判所を増やし、エルドアンへの忠誠の確かな判事を任命できる余地を広げるため、議会に法案を提出した。

彼はトルコのアイデンティティーに関する見解を、以前よりも堂々と示し始めた。エルドアンが首相になってから新設されたモスクは九〇〇〇ヶ所を超え、宗教学校に通う生徒は六万三〇〇〇人から一五〇万人余りにまで増加した。現在では、一般の学校でもイスラム教スンニ派にもとづく宗教教育が必修になっている。演説からも遠慮がなくなった。エルドアンはいま、イスラムはトルコの一体性の根源だと語り、「信仰の世代」を育む重要性をたびたび口にしている。ゲイ・プライドのパレードを中止させ、LGBTI運動は「トルコ人の価値観に反する」と非難した。絶えず政治を考える彼は、公正発展党の「聖なる道」と、無神論を思わせる政敵たちの主張を対比し、その違いを描き出している。

かつて融和をもたらしたエルドアンは、少しずつ分極化の推進者へと姿を変え、世俗主義者やリベラル派を罵るようになった。それどころか、アタテュルクの先駆的功績のひとつを撤回するところまで踏み込んだ。憲法の男女同権規定を「トルコ流」に解釈することを提唱し、産児制限を非難したのだ。エルドアンは女性たちに少なくとも三人子供を産むよう呼びかけ、働く女性は「半人前」だとの見方を示している。議会委員会は二〇一六年、婚姻年齢の一五歳への引き下げを提案した上に、レイプ容疑者が被害者との結婚に同意した場合、起訴を免除することまで勧告した。

公正発展党は高い支持率を維持しているが、誰もが新時代を喜んでいるわけではない。一九八九年のプラハでは、デモ隊がヴァーツラフ広場に集まった。二〇一一年のカイロでは、それがタハリール広場だった。そして二〇一三年のイスタンブールでは、タクシム広場に隣接するゲジ公園で抗議行動が起こった。広場は愛国的なモニュメントやファストフード店が並ぶ交通の中心地で、市のど真ん中に位置している。抗議の表向きのきっかけは、ショッピングモールを増やすため木々を切り倒すという政府計画だった。座り込み運動はソーシャルメディアの力で拡大し、七〇都市から支持者が集まった。デモ隊は歌を歌い、スローガンを叫び、野営を続けたが、催涙ガスとゴム弾によって鎮圧された。しかし、最終的に行き詰まりはしたものの、大衆抗議の爆発的な広がりには新たな感覚があった。リベラル派から環境保護論者、フェミニスト、世俗派民族主義者、学者、反体制派クルド人に至るまで、エルドアンに反発するさまざまな人々が一堂に会するのは、これが初めてだったのだ。タクシム広場での出来事は、公正発展党への反発がひとつの運動にまとまる兆候だったのかもしれない。だが、その勢いは、政界で起こった大地震級の騒乱により途絶えてしまう。

二〇一六年七月一五日、軍の一派が蜂起し、大統領になっていたエルドアンの殺害と政府の乗っ取りを試みた。金曜の夜一〇時頃、反乱部隊の指揮官たちはイスタンブールの空港に戦車を送り込むとともに、親政府派将校たちの拘束を開始した。さらに、空軍のジェット戦闘機が首都アンカラを低空飛行した。議会建物を爆撃したのである。トルコの首都が攻撃されるのは、一五世紀以来のことだった。武装した反乱部隊の兵士たちは、両市にある複数の戦略的拠点に展開した。さらに、エルドアンが休暇を過ごしていた南西部沿岸には、大統領暗殺の任務を負った特殊部隊が派遣された。幸い、彼は事前に情報を受け、部隊が到着する頃には、イスタンブールに戻るため飛び立っていた。

クーデターが成功する可能性はかけらもなかった。決行前に情報が漏れ、準備が整わないうちに行動に移らざるを得なかったからだ。蜂起に正当な理由があったのだとしても、大衆には伝わらなかった。反乱部隊はエルドアンを仕留め損ねたことで、彼がメディアの前に姿を現し、党支部とモスクからなる一大ネットワークに支持を求めるチャンスを与えてしまった。そして、支持者たちは期待に応えた。危機的状況が続いた数時間、大半の上級将校は政府を裏切らず、野党や独立系メディア、市民団体までもが蜂起を非難したのである。歩道や街頭では夜間に数万人が集まり、法の支配に対する強い支持を表明した。また、建設会社は重機を出して反乱部隊の戦車を取り囲んだ。拡声器からはイスラムの祈りの声が流れた。反乱は夜明けまでに鎮圧されたが、死者は約三〇〇人に上り、その大半を民間人が占めていた。

過去の反乱と違い、クーデターの目的はケマル主義の伝統を守ることではなかった。一部には、そのために加担した兵士もいたかもしれない。しかし、幹部の多くはトルコで数十年前から続く宗教・社会運動の一員と言われている。イスラム教指導者で教育者のフェトゥラ・ギュレンを創始者とする運動だ。一九九九年にアメリカに亡命した人物である。本当にギュレン運動がクーデターを主導したのであれば、反乱は仲間割れということになる。

ギュレンとエルドアンは何年も同盟関係にあり、企業経営者であれ新聞の編集長であれ、どちらか片方に好感を持った人は、もう片方も気にいるのが常だった。ふたりの共通点は、トルコの世俗性を弱め、もっと信仰の厚い国にしたがっていたことだ。多くのギュレン支持者が公正発展党の支援を受け、その政治人脈や学術的訓練を生かして、軍、警察、官庁、裁判所、大学で影響力のある地位に就いた。一方、トルコ政府は一六〇ヶ国に拠点を置くギュレン運動の国際的なつながりを手がかりにして、アフリカやアジアにおいて新たに貴重な関係を築いた。

二〇〇〇年代、ギュレンは数々の教育・サービス事業を手掛けつつ、トルコの代弁者を務め、同国に関心を持つ者の間でかなりの有名人になっていた。私自身、直接会ってはいないが、二〇〇八年に米ヒューストンのギュレン研究所が後援した午餐会に出席したことがある。この研究所は表面上、人道支援や宗教間対話、紛争の平和的解決を専門としている。また、学術的な報告は質が高く、教師たちには信仰や他者救済の模範となることが期待されている。ただし、アメリカでのチャータースクール〔認可学校〕約一五〇校の運営を含め、国際的な活動の多くがギュレンから独立しており、トルコ政治との関わりも薄い。それでもトルコのエルドアン支持者たちは、ギュレンとその信奉者たちが公正発展党を破壊するつもりだと確信している。

　ふたりが仲違いしたのは、二〇一一年の総選挙でエルドアンがいつもどおり勝利した直後のことだ。何があったかは定かでないが、政府契約の受注や出世を狙う上で、ギュレンとの距離の近さが突然有利に働かなくなった。二〇一三年と一四年には、ギュレン信奉者たちが反撃に出た。政権の不正を暴露したのだ。当時首相だったエルドアンの通話記録も流出し、自宅から現金を持ち出して隠すよう息子に指示していたことが表沙汰になった。すると、エルドアンは報復としてギュレンをテロリストに指定し、高位の役職からギュレン支持者を排除する動きを加速させた。

　クーデター計画はエルドアンを叩き潰すことを目的としていたが、むしろその力を強める結果になった。一九九七年の逮捕劇とそっくりの顚末である。彼は、反乱への抵抗は共和国にとって「第二の独立戦争」だと言い、それを口実にしてあちこちに自分の肖像写真を貼っている。アタテュルクによく似たやり方だ。鎮圧作戦の死者をまつる記念碑がいくつも建てられ、その近くにもしばしば彼の写真が見られる。エルドアンは軍の蜂起によって、自分が選んだ相手を好きなように攻撃しながら、反逆者取り締まりの名目で押し通す裁量を手に入れたのだ。

　エルドアンが議会の支持を受けて緊急事態宣言を出すと、治安部隊はクーデターの首謀者やその親族、友人、同僚たちを逮捕した。取り締まりの網は瞬く間に広がり、あらゆる罪状のテロ容疑者が捕らえられた。さらに、大統領を批判しているとか、国家に危険を及ぼすとみなされた発言や刊行物、ブログ記事の主にも手が及んだ。数ヶ月のうちに、停職・解雇処分を受けた政府職員は一四万人を超え、懲戒免職処分を受けた軍将校や警官は一万六〇〇〇人、教壇を追われた教師は六三〇〇〇人、クビにされた記者は二五〇〇人に上った。また、企業一〇〇〇社が政府の管理下に置かれ、一八〇の報道機関と一五の大学が閉鎖された。裁判所では、全体の五分の一に及ぶ判事が辞職に追い込まれた。

逮捕者の中には罰せられてしかるべき罪人もいただろうが、政府の反応は正当な法執行の範囲をはるかに超えていた。収監者や被拘束者には、野党議員や親クルド人活動家、アメリカの権威ある学者、プロバスケットボール選手、ギュレンと無関係のNGO幹部らが名を連ね、その多くがクーデターに反対を表明していたのだ。

エルドアンは二〇〇六年の時点で、アメリカ式の政治制度を採用すべきだと言っていた。党に依存する首相ではなく、強力な大統領を置く必要があるとの主張である。誰を大統領にするつもりなのかには、さほど疑問の余地はなかった。アタテュルクが首相ではなく大統領だったことを考えれば、自分が大統領でもおかしくないというわけだ。そして、エルドアンは二〇一四年の大統領選に出馬し、当選を果たした。得票率は五一パーセント。ぎりぎりではあるが、公正発展党としても初めて過半数を得票しての勝利だった。ただし、憲法を改正しない限り、強力な大統領になるという夢はかなわない。未遂に終わったクーデターは、彼にそのチャンスを与えたのである。

二〇一七年春、エルドアンは憲法改正案を国民投票にかけ、承認を得た。改正の内容は、首相職を廃止することと、その権限を自分に移すことだ。新規定では、判事や閣僚の任命、予算管理、治安政策の決定に関し、より広範な力が大統領に与えられている。また、エルドアンの大統領任期はリセットされ、今後再選されれば、二〇二八年までその座にとどまることができる。さらに、非常事態宣言が発効している間であれば、独断で法律を定めることも、意のままに市民を拘束することも、四人と弁護士の接見を認めないことも可能だ。改正案への賛否の差はごくわずかで、トルコに生じた分断を浮き彫りにした。大半の大都市やヨーロッパに面するエーゲ海沿岸部では反対が多く、公正発展党のイメージが繁栄や保守的な社会観と密接に結びついている農村部では、賛成が多かった。とはいえ、この結果は、エルドアンにはめられていた現実という枷を一気に緩めるものだ。

国民投票へのヨーロッパの反応は冷淡だった。ドイツ、オランダ両政府は投票日が迫った頃、自国のトルコ系移民にエルドアン政権の閣僚が支持を呼びかけることを禁止した。エルドアンは「ナチズムが死の淵からよみがえった」と述べ、両国の措置に対決姿勢を示した。投票後には、一連の手続きは「賛成」寄りに歪められていたとEUが批判した。一分の隙もない的確な追及だったが、エルドアンはろくに取り合わなかった。

この舌戦は双方に害を及ぼしている。それぞれに言い分はあるが、エルドアンの好戦的な性格が互いのいら立ちを増幅させているのは間違いない。たとえば彼は「私の見解では、西側が誰かを独裁者と呼ぶとしたら、それは良い意味だ」と言っている。さらに、クーデター失敗から一年の節目にアンカラで開かれた集会では、ヨーロッパ側の主張に対する考えを「ハンスやジョージの言うことはどうでもいい。私が目を向けるのは、アフメトやメフメト、ハサン、フセイン、アイシェ、ファトマ、ハティジェが言うことだ」と表現した。

もう何年も前、私はニューヨークで開かれた会合で、首相就任直後のエルドアンと同席したことがある。当時、彼の関心は、ほぼ完全に外国からの投資誘致に集中していた。また、宗教に関する問いには、的確な指摘で応じていた。ヨーロッパにはキリスト教民主主義やキリスト教社会主義を名乗る政党がいくつもあるのだから、イスラム教民主主義を名乗る者がいても驚くことではないだろう、と。そのときのエルドアンからは、愛嬌はほとんどないが、とても強く、簡単には動じない人物という印象を受けた。それ以降の出来事を見ていても、この評価は変わっていない。

楽観できる面もある。政治的動揺が続く中、エルドアンの経済計画が内向きに変わっていないことだ。トルコはいまも、世界市場での繁栄を目指している。来たる建国一〇〇周年に向けた壮大な計画があるため、国際経済での成功が重要なのだ。エルドアンは「ビジョン2023」と称し、経済規模で世界の上位一〇ヶ国に入ることや、外国人観光客数を年間五〇〇〇万人にすること、EUに加盟することを目標に掲げている。

しかし、どの目標を達成するにも、エルドアンはここ数年追求してきた路線を修正しなければならない。欧米をこき下ろせば気分はいいかもしれないが、トルコの独力では経済と安全保障、どちらの目標も実現しないだろう。エルドアンは当初、「近隣国との問題ゼロ」との外交方針を繰り返し表明していたが、いまやそれが彼自身への皮肉となっている。シリア問題では、手の出し方を誤ってアラブ諸国やイランと根本的に戦略が食い違っていることを露呈した。また、イスラエルのパレスチナ政策を「ヒトラーを超越した野蛮さ」と非難し、イスラエル国内で不興を買ったこともある。対ロシア関係では、ある月に激しい非難を見舞ったかと思えば、翌月に物議を醸す武器調達契約を締結するといった調子で、向き合い方が安定しない。さらに国際社会では、トルコ政府は世界一多くの記者を投獄している政権として有名になっている。

公正を期すため触れておくが、トルコにとってISISとクルド労働党（PKK）によるテロは、どちらも目の前にある現実的な脅威だ。また、これまでヨーロッパの難民危機の矢面に立ってきた上に、EUが課した課題をひとつ残らず満たせたと思われる状況にありながら、いまだに加盟の道を阻まれている。ギリシャ系キプロス人からの敵対感情や、イスラム嫌悪、文化的相違といった障害が残っているせいで、前に進むたびにゴールラインが遠ざかっているのだ。トルコが西側に敬意を求めるのは、何もおかしなことではない。七〇年以上前からのNATO加盟国として、また現時点で全加盟国中二番目の軍事規模を持つ国として、それだけのことをしてきたのだから。

一方、トルコ国内には分断が深く刻み込まれている。エルドアンは大統領にとどまり続ける限り、最善の判断をしながらそれに対処していかなければならない。党内の穏健派による批判に関心を払い、政治上の正当な異論を反逆と同一視することをやめ、非難の応酬から対話へと移行すれば、まだ自国の民主主義の傷をふさぐチャンスはある。

トルコ人であることの意味について国民同士が互いにかけ離れた考えを持ちながらも、生産的に、自由に、平和的に共存できる民主的な社会の構築を、歴代のトルコ指導者は誰ひとり成し遂げていない。あるいは、試みすらしていない。この偉業に成功したとなれば、政治家としての価値ある業績になるだろう。では、エルドアンがその道を選ぶ可能性はあるだろうか。私はあると考えている。だがそれには、彼が事実を受け入れなければならない。行く手を阻む最大の障害は、ギュレン支持者でも、テロリストでも、野党でもなく、トルコにとって最善の選択は自分だけが知っているという、みずからの内なる声だ。この声に魅了されると、権力を持つことが目的化する。そしてそれは、専制政治につながっていくのである。

第12章　KGBから来た男

ロシアの大統領ウラジーミル・プーチンは民主主義を信奉していない。しかし、民主主義の放棄を明言することもない。その一方、西側への共感を口にしながら、西側の価値観を見下している。また、自分が翌年のアメリカ国務省人権報告にどう書かれるか、いちいち気にすることもない。過去の報告で指摘された罪に関して、ロシア国内で政治的対価を支払わされたことがないからだ。真顔で見えすいた嘘をつき、みずから侵略の罪を犯したときにも、被害者の側に責任があると言い張る。彼はこれまで、自分が戦略に精通し、強さと意志を持ち合わせた人物であると、多くの人を納得させてきた。おそらく、現アメリカ大統領もそのひとりだ。ここに並べた事実には、ロシアのことだけを考えても懸念を覚える。だが、プーチンは九〇年前のムッソリーニのように、彼のあとに続きたがる他の地域の指導者たちから注意深く観察されている。そして一部には、すでにあとを追い始めた者もいる。

プーチンは一九五二年生まれだが、その物語はもっと前、第二次世界大戦をかろうじて生き延びた両親の話から始まる。母親はレニングラード包囲戦のさなか、飢えに倒れたことがある。市内が深刻な食料不足に陥っていた頃のことだ。意識を取り戻したときには、埋葬の順番を待つ遺体のあいだに横たえられていた。また、父親はスターリンの秘密警察の一員で、エストニアにあるドイツの前線の裏側で破壊工作を実行した際、危ない目に遭った。部隊は弾薬庫を炎上させたものの、ドイツ寄りの現地住民に密告されてしまったのだ。敵兵と吠える犬たちに追跡された父プーチンは、沼にもぐり、アシを呼吸管にしてやり過ごした。拘束と殺害を免れた隊員は、二八人のうち四人だけだった。父プーチンはすぐさま戦列に復帰したが、今度は榴弾で脚を負傷し、凍った川の上を仲間に引きずられて病院に担ぎ込まれた。その後は死ぬまで片足を引きずって歩いた。こういう途方もない出来事がなければ、ウラジーミル・プーチンは存在しなかったということだ。

　プーチンはスターリン後のロシア指導者として、最も長くその座にとどまっている。彼は自らを「ソビエトの愛国教育の純粋かつ完全な成果」と表現する。行動的で活力にあふれていた若者時代は、格闘技に体力を向け、固め技や投げ技、防御技術を磨きながら、モスクワでの柔道大会を目指した。スパイ作品に魅了された少年は二三歳のときに夢をかなえ、ソ連国家保安委員会（KGB）の工作員になった。そして一九八九年、通訳官を装って赴任していた東ドイツで、ベルリンの壁の崩壊を迎えた。プーチン一家が人生を捧げてきた政治体制とイデオロギー体系が、こなごなに砕け散ったのだ。こうしてプーチンは、失われたものを取り戻すことを志すようになる。二年後にソ連が崩壊したとき、彼はサンクトペテルブルク市長の下で働いていた。同僚たちは律儀にボリス・エリツィン新大統領の写真を執務室に飾ったが、プーチンはピョートル大帝の肖像画を飾っていた。

　元KGB工作員のプーチンの世界観は、冷戦によって形成された。その点は私にも当てはまるが、私たちは同じ出来事を互いに反対側から見つめていた。前述のとおり、当時は清廉潔白などあり得ない時代だった。双方が世界中で同盟相手を探していたし、自分たちの側につく者を支援するためであれば、倫理的に問題のある手段も使った。重要な違いを挙げるとすれば、できる限り自由を支持した西側に対し、共産主義陣営は民主主義をブルジョアの計略と呼んで非難したことだ。一九九一年のエリツィン政権発足後、アメリカはモスクワとの関係を一新できると期待した。当初は前向きな兆候もあった。それ以前、ソ連はサダム・フセインからのクウェート解放で父ブッシュを支持していたし、エリツィンは大統領就任後、アラブ・イスラエル協力に関する野心的な会議の後援者に加わっている。しかし、水面下に隠れた国家としての経験と展望の差は、多少の連帯が示されただけで消え去ってはくれなかった。

ソ連崩壊が迫っていた頃、私は民主主義と経済活動の自由に関するロシア人の姿勢の調査に参加した。そこで分かったのは、人々が共産主義で疲弊しながらも、民主主義に必然的に付随するものをほとんど理解していないことだった。雇用や住宅、その他の援助を国に頼る姿勢は根深かった。ソビエトの制度に慣れた人々は競争市場のことなど知るよしもなく、生産性が上がらなければ昇給もないという考え方は、異質なもの、さらには憂慮すべきものとみなされた。報道の自由は好意的に受け止められたが、大した意味はなかった。

数世紀に及ぶ権威主義的な統治下での暮らしが、ぬぐいきれない痕跡を残している――それが私の結論だった。影響が残らないわけがなかった。その状況を踏まえ、忍耐強く物事を進める必要があったのだ。中央集権体制から市場経済への進化がもっとゆっくり、実際の一〇分の一程度の速度で進んでいたら、移行は成功し、民主主義が確立されていたかもしれない。しかし、歴史はチェスとは違う。エリツィンには、次の一手をじっくり考える時間がなかった。四方八方から生焼けの助言が殺到するなか、それを話半分に聞きながら即興で手を打たなければならなかったのだ。ふたつの時代の狭間にとらわれ、ロシア経済はソ連と同じように瞬く間に瓦解した。

世界恐慌の間、アメリカ経済の生産量は三割余り落ち込んだ。一方、一九九〇年代のロシア経済の規模は元の半分未満に縮小した。税収は干上がり、外国からの投資も途絶えた。スーパーマーケットでは腹を空かせた客が商品を買い尽くし、経済活動の多くが物々交換をベースにせざるを得なくなった。平均値で見ると、ロシア国民の労働量は減少し、病気の罹患率は上昇し、余命は縮まった。所得が生きるため必要最低限の水準以下にある人の割合は、二〇〇〇年までに一〇人中七人に達していた。一方、権力の中枢に近い者たちは公有企業を不当な安値でかっさらい、その資産を現金に変え、利益を国外の銀行口座に隠した。西側の支援者たちは忍耐を呼びかけ、ロシアに民主主義の伝統が欠けていることが危機の原因だと訴えた。しかし、二〇〇〇年一月一日にクレムリン宮殿〔ロシア大統領府〕の主人となった新指導者は、問題はすべて西側の責任だと主張し、民主主義の伝統を築くことではなく、ロシアの伝統を復活させることを目指していた。

本書で取り上げてきた数人の指導者と同様、ウラジーミル・プーチンも前任者たちが力不足とみなされたために権力を受け継いだ人物で、長期政権を築くとは思われていなかった。国際社会ではほとんど顔を知られておらず、ロシア国内でさえ知名度は低かった。プーチンというのは何者なの？　なぜエリツィンに選ばれたの？　彼が大統領になったその月にモスクワを訪れた私は、なんとしても答えを見いだす決意だった。

会談場に着くと、プーチンはまず、私が身に着けていた特徴的な飾りピンに話を向けた。熱気球をかたどったピンだ。私はそのモチーフについて、ロシアで希望が高まっていることを表していると伝えた。彼は一度笑みを浮かべてから厳しい表情をつくり、カメラに向き直って不満を表明した。「アメリカはわが国への圧力政策を実行している」と。報道陣が退室すると、彼はもう一度小さく笑みを浮かべ、「貴国であなたへの弱腰批判が出ないようにするため、ああ言いました」と説明した。そして席に着くなり、用紙を束ねて放り出した。部下たちが事前にまとめた論点集だ。単純な行動だが、クレムリンの官僚主義から独立していることを示す手段でもある。一方、私のひとこと目は、現在にも当てはまる内容だった。「ロシアはわが国で議論の的になっていますし、アメリカは貴国で議論の的になっています。これは本物の相違があるせいでもあり、双方での選挙のせいでもあります。私たちの協力を批判する面々に答えを出すには、私たちが物事を成し遂げられると示すしかありません」

会話が進むにつれて、私は伝統を重んじる堅物のプーチンと、馴れ馴れしいエリツィンの対照性に驚いた。新大統領は脅しも、懇願も、お世辞も口にせず、まじめな口調で、契約の履行と汚職の摘発、投資に適した環境づくりを通じ、ロシア経済を回復させる必要があると語った。また、アメリカは親善を表明しているが、本当にロシアにとっての最善を考えているのか疑っているとも言っていた。結局のところ、アメリカに気に入られたロシア指導者はふたりしかいない。ソ連を崩壊させたゴルバチョフと、国内支持率が八パーセントまで低下した末に辞任したエリツィンだ。また、アメリカがチェチェンや中央アジアの人権状況に警鐘を鳴らしていたことに関し、プーチンは特にいら立っていた。テロリストは地域全体に支配を広げており、徹底した行動だけがそうした危険な土地に秩序をもたらせる——彼はそう主張し、「こうした国々からロシアを締め出そうとしてはいけません。さもなくば、新たなイラン、新たなアフガニスタンが生まれます」と警告した。

私はアメリカに帰る機中でキーボードをたたき、プーチンの印象を記録した。

小柄で青白く、爬虫類のように冷たい。ベルリンの壁が崩壊したときには東ドイツにいた。崩壊が起こった理由は理解していると言っている。壁や衝立ての上に築いた拠点は、長く維持し得なかったとのことだ。しかし彼は、その場所から何かが立ち現れるとみていた。そして、それが何かを示すことはなかった。ソビエト人たちは、ただ単にすべてを投げ出し、去っていった。彼は、あれほど性急に立ち去らなければ、多くの問題を避けられたと語った。プーチンは自国に起こったことに屈辱を感じ、その偉大さを再建することを決意している。

プーチンはベネズエラのチャベスと同じく、政権発足初期の石油の値上がりで弾みをつけた。そしてトルコのエルドアンのように、前任者が実施した不人気だが不可欠の改革から恩恵を受けた。プーチン政権初期、ロシアの年間経済成長率は七パーセントに迫った。「アジアの虎」〔シンガポール、香港、韓国台湾をはじめ、急速な経済成長を遂げたアジアの国・地域〕に匹敵する水準である。この急成長のおかげで、ロシア政府は賃金と年金制度を立て直すことができた。また、通貨ルーブルの価値は上昇し、国産の農作物や工業製品が市場に出回りやすくなった。中間層は拡大し、外貨準備高は倍々に増えた。厳しい一九九〇年代のあとで国民の財布は膨らみ、車を買い、住宅ローンを組み、レストランに通うことも、ヨーロッパやクリミア半島を旅行することさえも可能になった。モスクワのアメリカ大使館はこうした変化をつぶさに観察し、「国の足取りに新たな弾みがついている」と報告した。

プーチンはあまり感動的な演説をするタイプではない。大袈裟な身振りで演壇を叩いたりはせず、言葉遣いに独特の才能があるわけでもない。しかし、落ち着いた話しぶりからは安定感が伝わる。すべきことに集中しているのだ。彼は何年も前から、長時間のテレビ番組に出演して記者や国民の質問に分け隔てなく答えている。助けを求められれば政府が必ず対応し、大きく取り上げられた家庭には支援策が、問題があれば解決策が講じられる。プーチンは国民が聞きたい話をする能力に秀でている。それは、彼自身がロシア人であることを心から誇りに思っているからでもある。たとえばサンクトペテルブルクを視察すると、ロシアはバロック建築や新古典主義建築、宝飾、音楽、文学、絵画に多大な貢献をしたと言い、自国を褒めちぎる。また、彼は宗教を国民生活の中心に据え直した。タマネギ型のドームを冠した教会や神聖な儀式、貴重な聖像に対し、多くの国民がいまも畏敬の念を抱いていること、七〇年に及ぶ共産主義体制でさえ、その感情をロシア人の心から追い出せなかったことを理解しているのだ。さらに、軍事史にも言及し、一八一二年の「祖国戦争」でナポレオンの大軍から生き血を吸い尽くしたのも、その後、ほとんど独力で（というのが彼の語り口だ）ヒトラーから世界を救ったのも、自分たちの祖先だと訴える。

プーチンは出たがり屋でもある。カメラの前に進み出て、柔道の技を披露したり、のたうつ魚を手に上半身裸でポーズをとったり、ボウガンを撃ったり、ホッキョクグマと握手したり、イルカの鼻をなでたり、悪さをするトラに麻酔銃を放ったりすることなど、ほかのロシア指導者には想像しにくい（エリツィンやブレジネフ、レーニンがそんなことをするだろうか）。二〇一二年には、しなやかさを失った六〇歳の体を白いジャンプスーツにねじ込み、モーター付きグライダーの操縦席に飛び乗った。シベリアから渡りに旅立たずにいる鈍感なツルの群れに、目指す方角を教えるためだ。こんなこと、ムッソリーニでさえしなかった。

残念ながら、より開かれた政治制度づくりや西側との関係改善を期待する者たちは、プーチンのパフォーマンスをまったく楽しめていない。私もそのひとりだ。プーチンは民主主義体制への信頼を傷つけ、アメリカ政府がロシア包囲網の形成を試みていると非難するために、一九九〇年代の惨状に言及してきた。冷戦風に言えば、アメリカが対ロ封じ込め政策を実行しているとの主張である。彼の想像では、アメリカの意思決定者たちは夜、ベッドに入ってからもロシアを弱体化させる計略を考えている。NATOが拡大していることも、アメリカがロシアの周辺国で民主主義を支持していることも、中央ヨーロッパにミサイル防衛システムを配備していることも、それ以外に説明がつかないというわけだ。その一方、彼は他国に権利があることを認めない。数十年にわたりモスクワに支配された旧ソ連の共和国や衛星国には、独立の価値を重んじ、ヨーロッパへの参入を切望する国が多いのだが、その事実も認めない。NATOが新たなメンバーを受け入れたのは、申請国が加盟を熱望し、かつてチェコ人とドイツ人のあいだにあったような対立を再現させたくなかったからだ。また、ミサイル防衛システムの導入は、イランへの対策だった。さらに、一九九〇年代の困難な時期を通じたアメリカの政策目標は、ロシアの安定回復と西側への仲間入りを助けることであり、ロシアを脅かすことでも、抑えつけることでもなかった。

プーチンは、こうして示された事実を受け入れようとしない。ロシア政治では、民族主義右派に比べ、より穏健な中道層と左派層の規模が小さく、プーチンは前者からの圧力にさらされてきた。彼はロシア政府の行いについて、他国の侵略も、選挙干渉も、経済的影響力の行使も、メディアでの虚偽情報工作も、西側は同じことをしてきたではないかと主張する。彼がアメリカの「国際関係におけるほぼ無制限かつ過度の力、すなわち武力の行使」に不満を言えば、そのたびに国内で喝采が上がる。それだけでなく、もしもロシアから敵がいなくなったら、これまで頼ってきた権力固めの口実を失うことになる。

一七八七年、ロシア皇帝エカチェリーナ二世は各国大使たちと舟でドニエプル川を下り、オスマン帝国から奪ったばかりのクリミア半島を旅行した。皇帝の助言役にして愛人でもあったグレゴリー・ポチョムキンは、大急ぎで仮設の村をつくらせ、微笑む農民ときれいな家々を用意させた。道中で大使たちを感心させ、覚えをめでたくしようとしたのである。

ウラジーミル・プーチンのロシアには、この「ポチョムキン村」と似たところが少なくない。政治制度は野党の存在を認めているものの、大半は競争という幻覚を生み出すための見せかけでしかない。選挙は既得権を持つ候補者の任期延長の儀式となっているし、テレビ局はプロパガンダ機関だ。また、当局の言いなりにならない市民団体があっても、外国の手先として非難を浴びる。ある法学生はモスクワで記者の取材に応じ、「私たちに民主主義はありません。議会は本物ではありませんし、政治家もマスメディアも本物ではありません」と語った。

一方、プーチンは完全なファシストではない。そうなる必要を感じていないからだ。その代わり、首相や大統領として、スターリンの全体主義の教科書をめくり、都合良く使えそうな部分にアンダーラインを引いてきた。彼は政権に就いてから、州知事たちや議会、裁判所、民間セクター、報道機関を利用して力を蓄えた。プーチンのやましい部分を指摘した人々のその後を見ると、真偽の疑わしい罪状で刑務所に入れられている人や、殺害されたあと事件の状況に何の説明もされていない人が信じがたい数に上る。国有石油・ガス企業の経営陣を含むプーチンの「垂直統合国家」内の権力は、KGBなど治安・諜報当局の出身者に集中している。国営の企業や銀行には国外と怪しいつながりのあるところが多い上に、ひとつのネットワークを形成し、個人的嗜好の強い事業や特権階級の友人たちに潤沢な資金を提供している。中国が多角化を進めたのに対し、ロシアは二〇〇五年以降、自国経済に占める国営部門の割合を倍以上に高めてきた。

プーチンの望みは、自らの統治下にある人々に、彼が政治的に無敵の存在だと信じ込ませることだ。困難（あるいは危険）を顧みない潜在的な政敵が全国規模の本格的な対抗勢力を結集することのないよう、その気勢を削ぐことにいつも力を費やしている。自分に反発する人々には、アパートの周りにたむろしてウォッカをすすりながら、絶望的な状況に愚痴をこぼし合ってもらうのが望ましい。そしてそれは、反プーチン派の多くが実際にしてきたことなのだ。

プーチンは自らの魅力を維持するため、特定のイデオロギーや党派と深く結びつくことを避け、国全体の顔としてのプーチン像を描こうとしている。反対派を激しく攻撃することはあるが、チャベスやエルドアンのように意図的に分極化をもたらしているわけではない。また、ヨーロッパの右派と異なり、ユダヤ人やイスラム教徒に敬意を払っている。さらに、ガラスの家に住みながらロシアに関して嘘をつき、ロシアを包囲して締めつけようとする尊大な偽善者たち、つまり国外の敵たちへの強烈な非難の言葉でさえ、大部分は使わずに残してある（「ガラスの家に住む者は石を投げてはならない」という慣用句には、「自分が弱みを抱える問題で他者を非難してはならない」という意味がある）。一方、いざ国内の反対派に攻勢を仕掛けるときは、政策の問題とは無関係に反逆容疑をかける。このダメージを乗り切るのは非常に難しい。たとえ疑いが証明されなくとも背信の印象が残るからだ。また、プーチンは汚職問題でも最前線に立ち続けてきた。気に入らない者に腐敗のレッテルを張り、当局者の逮捕や連行といった派手なニュースを用意するのが常套手段だ。その結果、知事や官僚が手錠をされて連れ去られたことや、家宅捜索で大量の現金が押収されたことが報じられる。大半のロシア国民は、汚職は重大な問題だと思っている。そして多くの人が、プーチンがこの問題を解決してくれると思っている。

プーチンには油断がない。KGBの後継機関である連邦保安庁（FSB）を自ら監督する一方、抗議行動の発生に対処する国家親衛隊も軍とは別の組織として新設した。さらに政府は近年、サイバー攻撃を担う機関を複数設置し、標的となった人物の機密データを入手させている。

二〇一六年末のアメリカ諜報部門の報告によると、ロシア政府はオンラインツールを駆使してアメリカ大統領選に影響を与え、プーチンに都合の良い候補者、ドナルド・トランプの当選を後押しした。さらに、これと同様の妨害行為を（少なくとも）フランス、イタリア、イギリス、スペイン、オランダ、バルト三国、チェコ、ウクライナ、ジョージアでの投票にも行ってきた。具体的な手法としては、候補者陣営からの電子メールの窃取と公開、文書偽造、フェイスブック上での偽装アカウントの使用などがある。また、虚偽情報や、ときには誹謗中傷からなる「ニュース」を発信し、ソーシャルメディアで共有、拡散されるよう仕向ける事例もある。こうした疑惑を突きつけられたロシアの反応は、別の問題で非難を浴びたときと変わらない。全面的に関与を否定し、西側も同じことをしていると言って偽物の山衡をでっち上げるのだ。プーチンは、仮にロシアの選挙干渉が事実でも、アメリカには同じ目的で活動するさまざまな市民団体があると指摘する。しかしその主張は、民主主義を骨抜きにする工作と、民主主義を強化、維持する取り組みの違いを無視している。

ソーシャルメディアを兵器化するロシアの先駆的な手法には、ハッキングに対する独特の文化的適性よりも、KGBでのプーチンの経験が反映されている。虚偽情報の拡散はKGBの生業で、お家芸でもあった。しかし、冷戦期よりも簡単に、より多くの人に情報を届けられるようになったため、その影響力は現代の方が大きい。たとえば、フェイスブックには二〇億人もの利用者がいる。ロシアの動機は何なのだろうか。妥当な推測としては、民主主義の信頼を傷つけることや、ヨーロッパを分断すること、米欧の協力関係を弱体化させること、大胆にもロシア政府に立ち向かった国の政府に罰を与えることが挙がるだろう。この目標はイデオロギーに根ざしたものではない。力を目的とした純粋かつ単純なものだ。ロシアのサイバー戦士たちはリベラルでも保守でもなく、極左のものから極右のものまで、世論を刺激して衝突を引き起こす活動に手を貸している。この種のサイバー戦は国際情勢における新たな道具となっており、世界中の国々に「どうしたら被害から身を守れるのか」「どうしたら同等の能力を開発できるのか」というふたつの問いを投げかけている。

共産主義が成功し得なくなった現在、独裁的なロシア指導者が民族主義を訴えるのは自然な成り行きだ。プーチンは軍事パレードを実施し、過去の英雄の名前にたびたび言及して、ロシア賛美を繰り返す。ウラジーミル・プーチンにしか国際社会でのロシアの地位を取り戻せないと国民に確信させる狙いだ。そのために少しばかり乱暴な行動を取る必要があれば、プーチンはそのとおりにする。彼はロシアをクマにたとえ、皮肉を込めて次のように語った。「ブタやイノシシを狩るのをやめ、木の実を採ってハチミツを食べるようになるべきなのかもしれない。そうすれば、放っておいてもらえるのかもしれない。だが、そんなことはしない！　どうせ、いつも誰かが鎖につなごうとするからだ。鎖につながれて、すぐに牙と爪を引き抜かれる」

二〇一三年から翌年にかけての冬、選挙で選ばれたウクライナ大統領、ヴィクトル・ヤヌコーヴィチが反政府デモで国を追われた。その邸宅の敷地には、高級車五〇台、航空機二〇機、高速艇数艘、ダイニング区画を備えた巨大な木造海賊船一隻、ユリウス・カエサルのような服装をした側近の絵、カラオケ設備一式、黄金の便座一つ、ダチョウや一〇種類のキジと触れ合える動物園が残された。ヤヌコーヴィチは逃亡前、デモ隊からの汚職批判を腹立たしげに一蹴していたのだが。

プーチンがウクライナの騒乱につけ込む判断をした一因として、クリミア半島は本来、ロシアに帰属するとの信念が挙げられる。大半のロシア国民が共有している考えだ。一九九一年、ソ連崩壊が迫り、すでにエリツィンに権力が移っていた頃、外相のエドゥアルド・シュワルナゼはアメリカ国務長官のジェームズ・ベイカーに警告した。「ウクライナが離脱した場合、きわめて予見不可能な結果が生じる。ロシア・ウクライナ関係の問題や、クリミア半島の位置づけ、それからドンバス地方だ。ウクライナ東部も課題になるだろう」と［ドンバス地方は、現在の対ロシア国境に接するドネツク、ルハンスク両州を合わせた地域。「ドネツ盆地」を意味する現地語に由来する。「ウクライナ東部」という呼称は、さらに広い範囲を指して使われる］。

二〇一四年になるまで、ロシアは置かれた状況をやむなく受け入れていた。しかしこの冬、ウクライナで騒乱が起こり、シリアとイラクでの出来事に世界が気を取られるなか、プーチンは行動を起こした。

そして、茶番が起こった。ロシアが一連の事態の糸を引きながら、何もしていないと言ってしらを切り通し、その場に存在しないことになっている兵力を使い、あっという間にクリミア半島を併合したりだ。さらに、ロシア政府は追加の物資や兵士を送り、ウクライナ東部に住むロシア系の分離独立派を支援した。しかも、この動きにも関与していないと断言した。西側諜報機関にロシアの兵器の写真を撮られ、まごうことなきロシア兵の遺体を埋葬のため帰国させざるを得なかったにもかかわらず、だ。二〇一四年七月、マレーシア航空の飛行機がウクライナ領空で爆発し、子供八〇人を含む二九八人が死亡した。オランダの調査官たちは、ロシア政府が支援する分離独立派の支配地域からロシア製ミサイルが発射され、そのミサイルによって機体が撃墜されたという明確な証拠を示した。プーチンは、調査は政治的だと批判し、悲劇の責任はウクライナにあると主張した。彼の言い分では、ウクライナの危機はすべて、同国内のナチスが引き起こしたことになっている。テレビドラマ『ザ・ワイヤー』の登場人物が「嘘は誰かから見た事実なんかじゃない。ただの嘘だ」と言っているが、プーチンの言葉はまさにこのセリフを思い出させる。

近年、ロシアのクマは中央アジアやコーカサス地方、バルカン半島、シリアにも出没してきた。シリア内戦では、数十万人を死に追いやった暴君、バッシャール・アル＝アサドの側にかなり肩入れしている。ウクライナ問題やサイバー攻撃、あからさまな選挙干渉と相まって、一連の好戦的な動きは米ロ関係にヒステリーを注入した。アメリカの望みは、ロシアが国境を大きく越えて軍事力を示すのを妨げることだ――私の推測では、プーチンは心からそう信じている。なぜなら、それは事実だからだ。しかし、ロシアが後進的な弱国であることをアメリカが望んでいると考えているとしたら、その見方は誤っている。私たちはただ、自国に求めるのと同じだけの敬意をもって他国を扱うことに、前向きになってほしいと思っているだけだ。そしてこれは、世界の大半が望んでいることでもある。決して求めすぎではないだろう。

プーチンは二〇〇〇年の初会談で、「ええ、中華料理は好きです。箸を使うのは面白い。それに、私はずっと柔道をやっています。ただ、これはほんの些細なことです。精神性が違います。私たちは精神的にヨーロッパ人なのです。ロシアは断固として西洋の一員でなければなりません」と言った。警戒心を和らげるための外交辞令だが、ロシアには西側市場へのアクセスを重視する理由も、ヨーロッパの主要国と友好的な関係を築く理由も十分にある。そのため、プーチンが世界のほとんどの指導者に信頼されていないことは、彼自身と国の両方にとってコストになっている。二〇一七年五月九日、ロシアは戦勝記念日を祝ったが、一年のうちで愛国主義が最高潮に達するこの日、プーチンの招待に応じた外国高官はただひとり、モルドバ大統領だけだった。

ロシア外相のセルゲイ・ラブロフは、いまや私たちは「ポスト西側の世界秩序」の中にいるとのフレーズがお気に入りで、満足げな顔で口にする。真偽のほどは分からず、仮に事実でも、何を意味するのかはっきりしない言葉だ。しかし、東側の支配する未来がロシアに恩恵をもたらすと考える理由には、興味を引かれる。本質的にロシアと敵対関係にあるのは、ヨーロッパやアメリカよりも、中国なのだ。だがいずれにせよ、世界秩序に関して重要なことは、どう表現されるかよりも、どれくらいうまく、何を土台に機能するのかだ。どうやらプーチンの世界観は、あらゆる国が自国の利益だけを、あらゆる指導者が自分の利益だけを追求することを基本原理としているらしい。「現実主義的」とも「冷笑主義的」とも表現できるが、私なら後者を選ぶ。

すでに引用したとおり、オスヴァルト・シュペングラーは一〇〇年前、「個人主義、自由主義と民主主義、人道主義と自由の時代は、終わりに近づいている。大衆は諦めの気持ちからカエサルらの勝利を受け入れ、彼らに従うだろう」と恐ろしい予言をした。これは、プーチンが提示する現実的な危険だ。政治的、法的な縛りを無視し、永遠の権力を欲する国家指導者たちにとって、彼のやり方はひとつの手本になる。

冷戦終結以降、民主主義の支持者たちは、各国が互いの経験から学ぶことの価値を強調してきた。たとえば、アルゼンチンやチリのような国家は一九八〇年代に軍政から民政へと移行したあと、数十年にわたり中央アメリカ諸国に多くの学びを与えた。また、フィリピンは一九八六年にマルコスを排除したのち、インドネシアが一九九八年にスハルト独裁体制を脱却する後押しをした。しかし今日、そうして民主主義を構築してきた人々のノウハウが、民主主義を破壊しようとする者たちに真似されている。世界中の抑圧的な政府はいま、互いから学んでいる。これが圧政者養成大学なら、シラバスには「憲法改正における国民投票操作術」「メディア脅迫の実践」「偽捜査とフェイクニュースを通じた政敵粉砕法」「人権侵害隠蔽手段としての人権委員会創設の手順」「議会懐柔の技法」「反対派の分断・鎮圧・士気低下による不敗神話確立の手法」といった講座が並ぶかもしれない。

一九三三年、ヒトラー政権が発足して間もない頃、ムッソリーニは部下に「ファシズムの理念は世界を征服する。すでに私は、ヒトラーに素晴らしい着想をいくつも与えた。ヒトラーはこれから私の後に続くだろう」と言った。

プーチンは弱点を抱えている。政権に就いて最初の一〇年、ロシア経済は非常に好調だったが、いまだにイタリアやカナダより規模が小さく、今後の向上を見込める材料もない。外国人投資家は各国からの制裁や経営に関する法規の不透明さ、賄賂の支払いを嫌ってロシアを見かぎり、民間セクターは干上がろうとしている。また、富の分配の格差は主要国では類を見ないほど広がり、帝政時代が再来している。高齢化も進んでいる。さらに政治面では、プーチンに反旗を翻そうという者こそ少ないが、投票率の低下など、プーチン流のやり方に対する国民の倦怠感が高まっている兆候がある。国際社会では、プーチンの欺瞞に騙される人はもうあまり多くない。だが、すでに彼は、ロシアの外にいる野心的な指導者たちに「素晴らしい着想をいくつも」与えることに成功している。プーチンを特に熱く信奉する者の中に、中央ヨーロッパのある国家指導者がいる。かつてKGBがベルリンの壁崩壊を嘆いていた頃、この指導者が同じ出来事を祝っていたことは、皮肉と共に不安を感じさせる事実である。

第13章　「私たちは私たちです」

一九八九年六月一六日、ハンガリーの首都ブダペストで、その三〇年余り前に死んだ男の再埋葬が行われた。国民の敬意を表するためだ。二五万人の市民が英雄広場に集まり、マジャール人一千年の歴史を示す記念柱を囲んだ。全員の視線が、花に覆われたひつぎに注がれていた。中に眠るのはナジ・イムレ。ソ連に鎮圧された一九五六年の民族蜂起の指導者だ。売国政権は国民を恐れてナジを秘密裁判にかけ、絞首刑に処したのち、人里離れた墓地の人目につかない一角に墓石も置かずに葬った。だが一九八九年夏、政権は急拡大する民主化運動の強い圧力の下、ナジの遺体を掘り返し、公衆の面前で再埋葬することを承諾する。ただし、厳粛な式典に政治を持ち込もうとすることは、一切認めないとの警告つきだった。当日、この警告を念頭に演壇で自制を働かせた面々は、式典の革命的な意義を認めるのを恐れているかのように見えた。数時間が過ぎ、聴衆は徐々に落ち着きを失っていった。そして、最後の演説者が立ち上がった。くしゃくしゃの黒髪に短い顎ひげを生やした長身の男だ。二六歳の彼は、両の瞳で不安げな聴衆を見つめた。

「私たち若者には、歳を重ねた世代のことがよく理解できません」。彼はそう切り出した。「党と政府の指導者たちは、歴史を偽った本から学べと私たちに教えます。いま、まさにその者たちが［…］まるで幸運のお守りに触れようとするかのように、競い合ってひつぎに触ろうとするのです。そんなことを私たちは理解しません。私たちの考えでは、殉死者の埋葬を認められたことに感謝する理由などないのですから」

聴衆は活気を取り戻し、歓声を上げ始めた。

「こんにち、政治機構が存在し、動いているという事実に対し、私たちが感謝する義理などありません」

歓声が増す。

「私たちの魂、私たちの強さを信じられさえすれば、共産主義独裁体制を終わらせることができます」

大きな拍手が起こる。

「私たちが一九五六年の理想を見失わなければ、選挙による政府ができ、ロシア兵の速やかな撤退に向けた直接交渉が始まるのです」

歓声はすでに叫びと化していた。ハンガリーの自由の精神が復活を遂げ、代わりに共産主義が棺桶に入れられたのだ。改革派はそれから四ヶ月もしないうちに、民主政共和国の成立を宣言した。

冷戦末期、ポーランドで自由を求める論客のうち最も影響力があったのは、太い口ひげが特徴の短気だが社交的な港湾労働者、レフ・ヴァウェンサ（ワレサ）だった。チェコスロバキアでは、それがちゃめっけのある音楽好きの劇作家、ヴァーツラフ・ハヴェルだった。そしてハンガリーには、真っ黒な顎ひげを生やした若く熱狂的なサッカーファン、オルバーン・ヴィクトルがいた。いまも世界で高く評価されるヴァウェンサとハヴェルに対し、オルバーンは物議を醸す人物になっている。国内には依然として信奉者がいるが、国外の観測筋の間には「外国人嫌いで、過酷な反難民政策を掲げる反民主主義的な民族主義者」とみる向きが多い。

一九八九年の理想主義者と、その理想主義者を評価する者たち、どちらの変化が大きかったのだろうか。

最初の一五年間、新生ハンガリーは期待に応えていた。競争的で公正な選挙が実施され、司法の独立が確保され、メディアは多様で、基本的自由が尊重されていた。私自身、一九九九年のハンガリーのNATO加盟に携わったときは、アメリカ国務長官として喜びを感じた。さらに、ハンガリーはその五年後にEU加盟も果たしている。当時の重要人物のひとりが、ひげをきれいに剃ったオルバーンだった。所属政党のフィデス＝ハンガリー市民同盟は中道右派の立ち位置を固め、左派の社会党と繰り返し対決した。競争は激しく、相手側の大失態がなければ現在まで張り合い続けていたことだろう。事情が変わったのは、二〇〇六年のことだ。社会党政権の首相が党会合で発言した際、自身が「朝から晩まで」嘘をついていると認め、自分たちは「めちゃくちゃだ。ちょっとどころではなく、かなりひどい」と白状したのである。さらに首相は、ハンガリーを「このうじ虫の国」と呼んだ。翻訳に悪意はなく、確かに「うじ虫」と言っていた。冒瀆を織り交ぜたこの告白は非公開の前提でなされていたが、こっそり録音され（誰がやったかは特定されていない）、全国で報道された。この失策が社会党政権の失墜を招き、二〇一〇年に行われた次の総選挙でオルバーン率いるフィデスの勝利を後押しした。

首相に就任したオルバーンは、仕事に取りかかった。彼の公約集は民族主義的な内容で、愛国的な調子で表現され、ハンガリー国旗の赤白緑にまとめられていた。ヨーロッパ各国の首脳たちはいら立ちを感じた。国内の大衆に向けた見せ物は、ヨーロッパが抱える広範な問題への対策には少しも役立たないからだ。彼がブリュッセルの官僚たちをこき下ろすたび、EU側の悩みは深まった。しかし、ハンガリー国内では、主要都市デブレツェンにいるハイテク起業家も、地方都市セゲドにいるソーセージやパプリカの生産者も称賛の声を上げた。

オルバーンはハンガリー国民の一体性を最重要テーマとし、ことあるごとに言及している。しかし、そこで想定されるまとまりは、国境線ではなく血縁で決まる。セルビアかルーマニアのマジャール人を祖先に持つ国民を、ロマ民族やトルコ生まれハンガリー育ちの国民より正統とみなしているのだ。オルバーンはオスマン帝国時代からの民族的な不満を利用する一方、ハンガリーが領土の三分の二を失った一九二〇年の条約を特別視している。第一次世界大戦の戦勝国から押し付けられた条約だ。彼は集団的アイデンティティーへの脅威からの自衛を国民に呼びかけ、共通の歴史、価値観、宗教、言語にもとづく民族の誇りに絶えず訴えかける。オルバーンが目指すのは、アメリカのような多民族国家でも、昨今のヨーロッパのように左右を幅広く包含する「ビッグテント」でもない。彼はみずからの理想を「非リベラル民主主義（illiberal democracy）」と呼び、ロシアのプーチンやトルコのエルドアンの統治手法を称賛している。

非リベラル民主主義は、個人の奪われざる権利よりも、共同体が抱えているとおぼしきニーズに主眼を置いている。多数派の意思を尊重するところが民主主義的、少数派の懸念を顧みないところが非リベラル的というわけだ。オルバーンはこれまで、多数派の願望と自身が率いるフィデスの政策はぴったり一致していると説明してきた。彼の計算では、国民と党の間には完璧なバランスが成り立っており、野党は外部から侵入した「ハンガリーの敵」とされる。思考様式として非リベラルそのものであり、一世紀前にムッソリーニを権力の座に押し上げたジンゴイズム〔好戦的愛国主義〕的民族主義とよく似ている。

イデオロギー上の変節を繰り返したムッソリーニの特徴も、オルバーンに当てはまるかもしれない。反共産主義者として有名なオルバーンだが、一〇代の頃は共産主義青年連盟の書記を務めていた。また、いまでこそ非リベラル民主主義を悪びれることなく提唱しているが、政治家として駆け出しの頃、経済活動の自由と社会的正義のために活動する国際組織「自由主義（リベラル）インターナショナル」の副議長を務めていた。さらに、現在はヨーロッパ的なものすべてに懐疑的だが、かつてはハンガリーのEU加盟を目指すロビー活動に積極的に参加していた。政党指導者としては、保守的な経済政策を追求する一方、貧困層のための税・福祉政策も提唱している。公職に就いて以降、戦術面で柔軟な姿勢を見せてきたものの、野心が揺らぐことはなかった。オルバーンは批判に敏感な日和見主義者であるとともに、支配力を好む。彼がハンガリーにファシズムという拘束服を着せたと言えば誇張になるが、彼はハンガリーが超民族主義という大きめのシャツを快適に感じるよう仕向けている。

フィデスは二〇一〇年以降、行政と立法での影響力を生かして憲法改正を試み、議会の権限を縮小する一方、首相の権限を拡大する新憲法を定めた。政府は保守票を増やすため、他国のハンガリー系住民にまで市民権を与えた。また、憲法裁判所や選挙管理委員会、さらには司法の大部分は、いまや与党支持派が掌握している。ほかにも政権は、公共のラジオ・テレビ局を国家資本が入ったメディアに置き換え、労働組合の力を少しずつ奪い、教育課程を再編してきた。映画や演劇の内容も統制しようとしている。そして、官庁と新世代の政商たちは良好な関係を築いてフィデスの豊かな資金源となり、汚職の温床にもなってきた。

オルバーンは一連の動きの背景で、ハンガリー史における重要な出来事を繰り返し語り、マジャール人女性はもっと子供を産むべきだと訴え、国外から資金を受けたNGOの干渉疑惑を公然と、そして延々と非難している。特に彼は、ハンガリー出身の投資家・慈善活動家ジョージ・ソロスが後援するオープン・ソサエティー財団を名指しし、フィデスを批判するリベラル派や、政権に媚びない記者たちにソロスから金が渡っていると糾弾する。頑固で、理想主義的で、豊富な財力を誇るソロスには、オルバーンをいら立たせる何かがあるらしい。ひょっとしたら、自分が二〇代の頃、ソロス財団の奨学金を受けてオックスフォード大学に留学したからかもしれない。あるいは、ハンガリーを「マフィア国家」にしたとソロスから非難されたからかもしれない。

オルバーンは首相になって以降、明らかにヨーロッパを刺激することを恐れていない。ハンガリーの英雄たちはかつて、オーストリアの専制君主や侵略的な近隣諸国、共産主義を掲げる独裁者たちからの解放を説いた。そしていま、オルバーンはブリュッセルの官僚というずっと油断ならない相手を敵に定め、再び国を解放すると公約して支持を引き出している。EUは拠出金を大幅に上回る資金をハンガリー政府に提供しているのだが、同国の看板やバスには、ソロス批判の広告と競い合うように、「ブリュッセルを止めよう」と訴えるポスターが貼られている。EUとしては面白くない状況だ。

オルバーンに対する国際社会の批判は、彼のやり方にほとんど影響を与えていない。何を言われようと、すぐ近くに友人がいるからだ。

ハンガリーの人口が一〇〇〇万人をわずかに下回るのに対し、ポーランドには三八〇〇万人が暮らしている。面積はポーランドがハンガリーの三倍余り。食に関しては、胡椒が多めのハンガリーの肉入りシチュー「グヤーシュ」よりも、ポーランドではキャベツと肉を煮込んだ「ビゴス」が好まれる。スロバキアに隔てられ、違いの多い両国だが、共通点も多い。たとえば、最近の政治情勢がそうだ。

ポーランドでは、二〇一五年に国政政党「法と正義（PiS）」が大統領と議会議長のポストを獲得して以降、野党が民主主義の危機を警告してきた。健全な懸念だ。だからこそ、最終的に根拠のない不安だったと証明されてほしい。PiS党首のヤロスワフ・カチンスキは強硬な保守姿勢が危惧される一方、高度な政治手腕の持ち主でもある。しかし、憲法の縛りを緩めて権限を拡大する試みは部分的にしか成功していない。

カチンスキのカリスマ性は、その特異さに由来する。理知的で、厳格で、生涯独身の敬虔なローマ・

カトリック信徒であり、コンピューターや大衆の前にいるよりも、ネコたちといることを好む。それでいて、ポーランドの公人のなかでは抜群の知名度を誇っている。

彼は一二歳のとき、四五分遅く生まれた双子の弟、レフ・カチンスキと共に映画の主役を演じ、そろって有名人になった。お金持ちになり、働かずに暮らしたいと願う怠け者の少年たちの物語だ。ふたりはすべてが金《きん》でできた街にたどり着くのだが、そこには食べられる物が何もなかった、という筋書きである。丸顔の双子は銀幕でのキャリアを味方につけ、法律を学んで労働政治の分野で活動を始めた。彼らが一九八〇年代の民主化運動に参加したことは有名だ。自由を愛するポーランド人たちの突然の反抗は、最終的にソ連を後ろ盾とする政府を衰退させ、選挙の実施に道を開き、ベルリンの壁崩壊の一因となった。

しかし、民主化運動はその過程で分裂する。自主管理労組「連帯」を率いたヴァウェンサなどは、平和的な移行を担保するため共産主義当局との協力に前向きだったが、カチンスキらは完全な決別を目指していたのである。兄弟はそれ以降、共産主義者たちが銀行、企業、メディア、警察に過剰な影響力を保持しているとの主張を強めた。不満をため込んだふたりは、かつての同志たちから少しずつ距離を置き、PiSを結党した。双子のうち人当たりの良かったレフは二〇〇二年、犯罪対策を公約に掲げて首都ワルシャワの市長に当選し、その三年後に大統領になった。さらに、ヤロスワフも二〇〇六年に首相として政権に加わった。

ところが、二〇一〇年四月一〇日の飛行機事故でレフが死んでしまう。搭乗した空軍機がロシアで着陸に失敗したのだ。専門家の調査によれば、霧の中で発生した人為的ミスが原因だったが、ヤロスワフはロシアが破壊工作を仕掛けたとの疑念を捨てていない。

悲劇の一ヶ月後、後任の大統領を決める選挙が行われ、ヤロスワフも出馬したが不本意にも次点に終わった。しかし、五年後の二〇一五年、彼は自身の指揮で党勢回復を果たす。みずからは選挙に立候補せず、大統領と首相のそれぞれに自分より堅実な政治家を擁立したのだ。この戦略が当たり、「膝を屈せず立ち上がれ」という民族主義的なスローガンを土台とするPiSが大勝を飾った。それ以降、ヤロスリフ・カチンスキは舞台裏を持ち場とし、元共産主義者やヨーロッパの政治家たちを酷評したり、「病気と寄生虫」を蔓延させると言って難民を非難したりして、社会保守主義的な有権者を活気づけている。

民主主義者にとって、手続きはイデオロギーよりも重要だ。選挙の公正さは誰が勝つかよりも重視される。大半の政策的な疑問において、ひとつに定まった民主主義的な答えというものは存在しない。懸念が生じるとすれば、民主主義の制度に恒久的な損害を及ぼし得る手段を通じ、指導者が権力を強めようとするときだ。見る限り、カチンスキはまさにそれを実行しようとしている。オルバーンは自身が掲げる「非リベラル民主主義」の手本としてロシアとトルコを名指ししているが、カチンスキは「ブダペストをワルシャワに持って来る」と宣言し、そのハンガリーに倣おうとしている。

PiSは政権を奪還するとまず、憲法裁判所の独立を破壊し、ただの追認機関へと堕落させた。その後、議会が公共放送局への国の支配を拡大する法案を承認した。また、新たな公務員法により、簡単に官僚を排除できるようになった。さらに、政権は軍の上級将校をほぼ全員入れ替えた。続いて、PiSは判事を選定する全国裁判所評議会〔KRS〕の掌握に取りかかり、最高裁判所判事の半数近くを退官に追い込んだ。その途中、ポーランド政府がEU当局者をいら立たせる機会を逃すことは滅多になく、二〇一七年の欧州理事会議長〔EU大統領〕選挙では、同胞であるドナルド・トゥスクの再選に唯一の反対票を投じさえした。カチンスキは弟を亡くした二〇一〇年の飛行機事故の調査に関し、当時ポーランド首相だったトゥスクが十分な措置を取らなかったと主張している。

ポーランド国民の心理と精神には民族主義が深く根差しているが、ポーランドという国はヨーロッパを必要としている。国別で見たEU予算の正味の受け取り額はポーランドが群を抜いて多いのだ。また、言うまでもなく、国民は民主主義の価値を非常に真剣に受け止めている。政権が妊娠中絶を全面的に禁止しようとした際は、全国規模の抗議運動で提案の取り下げを余儀なくされた。また、記者たちの議会取材を制限する試みも、似たような経緯で頓挫した。二〇一八年初めには、特に過激な閣僚数人が交代したが、この人事にはヨーロッパをなだめる意図があったとみられている。PiSは依然として主導権を握っているものの、ポーランドが進む方向をすべて独断できるほどの強さとまとまりはない。最終的に党の命運を決めるのは、カチンスキが供給するエネルギーを、当人の怒りで使い尽くさないよう制御できるか次第かもしれない。

弟の死によるロシアへの怒りは、現在も消えていない。ドイツに対しても、歴史的な理由に加え、ヨーロッパ政治でポーランドより重要な位置を占めていることを理由に憤りを感じている。また、レフ・ヴァウェンサに対しても、共産主義者の排除に十分な力を注がなかったとの理由で強い怒りを抱いている。さらに、弟が生きていたらもっと穏健な政策を追求したと言われると、激しく腹を立てる。実際、議員のひとりがそうして怒りを買った。議会での討論のさなかに激怒したカチンスキが「裏切りの言葉を吐いた口を死んだ弟の名でぬぐう」ことは許さないと言い放ち、「悪党どもめ［…］お前らがあいつを殺したんだ！」と叫んだのだ。最後にもうひとつ例を挙げれば、彼は自身に同調しない者たちを「否定屋」と切り捨て、反政府デモの参加者を「ポーランド人のなかで最悪の連中」と呼ぶこともある。

カチンスキは、自身は「真のポーランド人」の代弁者であり、そのことがPiSへの支持の土台だと主張する。冷戦終結以降、ポーランドの一人当たり所得は六〇〇パーセント余り増加したが、汚職や政界の内紛、行政の能力不足により、政府機関への満足につながっていない。過去の指導者たちが届けられなかったものをどう届けるのかが、現行指導部の今後の課題となる。とはいえ、言うは易し、行うは難しだ。カチンスキが首相を務めた期間は二〇〇六年から〇七年までと短く、さして実績を残せないまま終わった。カチンスキに対するポーランド国民の評価は割れている。彼を好まず、「自由な国に暮らしていないことに恐怖を覚える」と口にする人々がいる一方、多言語化した世界において、彼とP・iSがポーランド人のアイデンティティーを守っているとみなす人々もいる。

ハンガリーとポーランドがEUと続けている根比べは、極端な民族主義が向かう先を占う重要な試金石だ。親EU派は全力を尽くしているが、結果がどう転ぶかは分からない。ファシズムが生まれ故郷のヨーロッパに再来しかねないという恐怖は、かつて統合の推進力になった。しかし、そうした心理が生まれたのは、もう七〇年余り前のことだ。そして、人間と同じように、不安という感情も最後には老いて衰える。

ヨーロッパの実質的にすべての国は、一九世紀以前に花開いた民族主義運動から生まれた。ウッドロー・ウィルソンの人民自決権の理念により、人が住む場所には、どこであれ必ず国民国家があってしかるべきだとの発想が勢いづいた。ヨーロッパという地域において、それがどれほど現実的でない構想かは別問題だった。ヨーロッパでは人が移動するし、素晴らしいことにロマンスが自然発生する。そして、移動とロマンスが合わさることで、まったく異なる家系図同士が結びつく。つまり、「純血」という概念全体がお笑い種《ぐさ》なのだが、この事実は歯止めにならない。第二次世界大戦の悲劇が証明したとおり、部族主義的な本能と、それに伴う民族的神話は、人の行動に強い影響を及ぼすのだ。大戦の衝撃があってようやく強力な反発が生じ、各国が地域統合を受け入れるに至ったが、この選択はつねに感情よりも論理に訴えるものだ。「ヨーロッパの父」と称されることの多いフランスの財務専門家、ジャン・モネは、まだ大戦が続いていた頃、国民解放フランス委員会（CFLN）で次のように述べた。

各国が国家主権を基盤として、それが示唆する特権政治と経済保護を伴って自国を再建した場合、ヨーロッパに平和は訪れません。〔…〕ヨーロッパ諸国は、繁栄と社会の発展を独力で国民に保証できるほど強くありません。そのためヨーロッパの国家は、連盟を結成するか、ひとつの組織体を形成し、単一の経済体にならねばならないのです。

この実利的な展望が正しかったことは、すでに証明されている。EUとその前身となった機構は、市場を統合し、事業コストを削減し、近隣間での競争優位をめぐる破滅的な闘争を防止する手段として、いわば繁栄の発生器として宣伝された。地域機構の構想は、ある程度まで実現している。EUはいまや、アメリカに次ぎ世界第二位の規模を持つ経済体だ。また、世界の富裕国の一位から三〇位までを見ると、一四ヶ国がヨーロッパにある。域内では、ルーマニア、ブルガリア、スロバキアといった比較的富の少ない国々で新規投資が実を結び始め、最富裕国と最貧国の格差は縮まってきた。しかし、進歩の速度は完全に期待どおりというわけではない。一九五〇年代から六〇年代の西ヨーロッパでは多くの場所で失業率が二パーセントを切り、年間の経済成長率は六〜七パーセントに達していた。人口が増え、予算の余裕がなくなり、失業が慢性化した現在から見ると、夢物語のような数字である。

EUの強みは、統一通貨や共通の規制枠組みからヨーロッパを解き放とうとした場合、非常に大きな損害と損失が生じることだ。古き良き時代を懐かしむ人たちは、一時的に記憶を失っているか、白昼夢を見ている。ヨーロッパが三〇の国境線、三〇の通貨、三〇の法制度、二〇以上の言語に再び分かれたら、規制や手続きは減少するどころか増加し、平均的な労働者、農民、専門職の資産は増加するどころか減少するだろう。

一方、このヨーロッパ統合事業の弱点は、つねにトップダウンで進められてきたことだ。まったく興味のない人も多い。一九九二年、各国で国民投票が行われ、EUの枠組みをつくるマーストリヒト条約への賛否が問われた。フランスでは賛成票がかろうじて五〇パーセントに達した程度で、熱烈な支持はなかった。デンマークでは一度否決され、特例で有利な条件が認められてようやく可決された。親EU派の政治家は毎年、ヨーロッパ統合への支持を有権者に訴えなければならず、聴衆のあいだに生まれる熱狂の波は良くても緩やかなものにとどまっている。

一九九〇年代、中央ヨーロッパの国々が相次ぎEU加盟を申請した。ロシアからの独立を確たるものにする上で、EU入りを最も確実な方法とみなしたからだ。ブリュッセルに居場所をつくるということは、西側の一員となり、ヨーロッパの繁栄と自由に関して全面的に利害を共有することを意味していた。だが、キュウリの大きさからチョコレートの定義、家禽農家が自分のアヒルを殺して食べる権利に至るまで、細かな部分で日常生活への縛りがいくつもあるのは予想外だった。EUによる地域と国家の結婚は、経済面での合理性こそ変わっていないが、当初の情熱は冷めている。欧州委員会委員長のジャンクロード・ユンケルは、「市民がヨーロッパ統合の取り組みから後ずさりしている一因は、われわれが私生活のあまりに多くの領域に立ち入っていることだ」と認めている。

私には、イギリス、フランス、ドイツ、イタリア、スペイン、スウェーデン、ポルトガルといった国の外相を経験した旧友が多く、ヨーロッパの将来についてよく話をする。私たちが最も悔いているのは、市民の怒りを指導者たちが過小評価したことだ。直接投票していない当局者たちが疑問のある判断をして、あれこれ指図することに対し、人々は憤りを感じている。私たちのようにあちこち移動する者には、統合の全般的な価値が分かる。しかし、ポーランドの農場やブラチスラバの工場で働く人々にとって、ブリュッセルに従うことは、仮に可能でも、自然な成り行きではない。私たちはいま、ヨーロッパ統合の事業から降りる国が増え続けるのを恐れている。

行き過ぎた官僚主義から軋みが生じ得るのは確かだが、懸念の理由は別にある。ヨーロッパ内部の連帯が、ずっと大きな脅威にさらされていることだ。その脅威は外部に由来する。具体的に言えば、合法か不法かにかかわらず移民が国に押し寄せ、自分たちが経済的な溺死に追い込まれ、アイデンティティーをさらに希釈されるという恐怖が、ヨーロッパの連帯を脅かしている。EUには、フランス人だろうと、チェコ人だろうと、スロベニア人だろうと、その他何人だろうと関係なく、個人は民族性にもとづく自己認識を弱め、自分はまっさらなヨーロッパ人だという理念に同意すべきだとの前提がある。時間が過ぎ、ヨーロッパという鏡に写る顔が多様になるにつれて、そうした要請は魅力を失っている。

一九六〇年代、地域の一体性という理念が勢いを増していた頃は、西ヨーロッパの失業率はずっと低く、農地や工場や店舗はいつも移民で欠員を埋めようとしていた。しかし一九七〇年代から労働力の不足が余剰に転じ始め、歓迎ムードは崩壊した。「非ヨーロッパ的」な人種や信条の移民が明らかに増えていたことも、状況を悪化させた。一九七五年以降、ヨーロッパのイスラム教徒の人口は三倍余りに増えている。フランスだけでも六〇〇万人に迫り、人口に占める割合は九パーセントに達している。右派からは長年、イスラム教徒が「フランス人になる」のは不可能だとの批判の声が上がっている。一方、もともとヨーロッパにいた人々の出生率が停滞を続けているのに対し、移民は多産で、人口が増えている。時を追うごとに移民への憤りは膨らみ、犯罪や価値観の衝突、福祉のコスト、仕事の取り合いをめぐる不満も増してきた。こんにち、EU加盟国の市民の三分の二近くが、移民は社会に悪影響を与えると考えている。一方、かつて美徳と考えられたコスモポリタン主義には、移民排斥主義ほどの人気がないのが実情だ。

二〇一五年、移民がヨーロッパ最大の政治課題になった。ISISに触発された狂信者たちが大陸の複数の主要都市でナイトクラブを爆破し、トラックで歩行者に突っ込み、テロ事件が脚光を浴びたまさにその時期、シリアと北アフリカから到着する人々が急増したからだ。危機の影響はイギリスでも感じられた。移民への警戒心はまず間違いなく、イギリス人が長く後悔することになる経済的マゾヒズムの実践、つまりEU離脱をめぐる二〇一六年の国民投票の成否を分けた。イギリスは結婚についてEUに不満を言い、出ていくと脅すことで交渉力を得たが、それが嘘でないことを証明する羽目になり、離婚届を出した。結果として、彼らは何の得もしていない。

ドイツは二〇一五年だけで一〇〇万人余りの難民を受け入れたが、二〇一七年九月の総選挙では、移民不安を追い風にした民族主義政党「ドイツの選択肢（AfD）」が一二パーセントを超える票を獲得した。AfDはただ議席を得るだけなく、第三党として影響力のある立場を手に入れた。首相のアンゲラ・メルケルには厳しい結果である。移民に対する立場は当初の歓迎姿勢から、より中立的なものに変更していたが、指導者として尊敬を集めながらも勢いに陰りが見える中、痛手を負うことになった。

AfDは財政保守派の主張を土台とし、ギリシャの財政破綻回避を助けるためドイツのお金を使うことに反対した。さらに、移民危機を追い風にして、メルケルから支持層を引き剥がすことと、普段は投票所に足を運ばない層から多くの票を獲得することに成功した。共同代表のアレクサンダー・ゴーラント〔本書英語版出版後に退任し、現在は名誉代表。引き続き議会での同党トップを務めている〕は「私の見方では、イスラムは外来のものであり、出生率を通じて徐々にこの国を支配しようとしている」と言い、そうした層を動かした。明らかな誇張だが、この感覚はAfDの躍進を説明している。皮肉にも、得票率が高かったのは外国生まれの住民が比較的少ない地域だった。つまり支持者たちは、何かがあるという事実ではなく、あるかもしれないという不安に反応しているのだ。この傾向は党の広報担当者にとって、移民の危険を訴え続ける十分な動機になる。そうして固定観念を広め、移民に対する不安を維持するわけだ。

ドイツでの選挙結果は、民族主義を強調する視座を戦後初めて連邦議会にもたらしただけでなく、ヨーロッパ西部のフランス〈国民戦線〉〔現在の国民連合〕、北部のスウェーデン民主党と〈真のフィンランド人〉党、南部のギリシャ〈黄金の夜明け〉党、中部のオーストリア自由党など、全域で同様の運動に新たな希望を与えた。コロンビア大学のロバート・パクストンは「こうした政党の政策や声明は、頽廃と衰退の恐怖、民族的・文化的アイデンティティーをめぐる断定的主張、同化不能な異邦人による民族的アイデンティティーと良き社会秩序への脅威、一連の問題に対応する権限拡大の必要性など、ファシズムの古典的特徴と類似する」と指摘した。正式な政党に限らなければ、超民族主義的な団体は山ほど存在し、増加を続けている。彼らは「白人によるヨーロッパを!」「難民は出ていけ!」といった趣旨のスローガンをのぼりに掲げ、デモ行進や集会を通じてその存在を示している。

見るからにネオナチという団体もあるが、ファシズムの残り香から努めて距離を置こうとする団体もある。各団体はさらなる浸透を図りながら、情報交換や意見交換を絶やさず、一致した声を上げ、互いを鼓舞している。イギリス、フランス、ポーランドの過激主義者たちは、AfDの成功を温かく祝福した。ドイツでの勝利主義の復活を祝う同胞に第二次世界大戦世代が抱く感想は、推して知るべしだ。そうしたヨーロッパの政党は外国からの資金援助を受けている。出所としては、ロシアのほか、アメリカの賛同者たちも目立つ。二〇一五年、オランダ政界に対する一件あたりで最大の寄付は、アメリカの右翼集団からオランダ自由党へのものだった。モスクの閉鎖を訴えるヘルト・ウィルダースを党首とし、「オランダを再び偉大にする」とのスローガンを掲げて選挙を戦う政党だ。

私の生まれ故郷、チェコ共和国も動揺と無縁ではない。二〇一八年一月、有権者は大統領二期目を目指すミロシュ・ゼマンを僅差で再選した。ゼマンは「チェコのトランプ」を自称し、オルバーンと同様、イスラム教徒の侵入に警鐘を鳴らしている。チェコが受け入れた難民は十数人にとどまり、EUの政策で求められた二六〇〇人を大きく下回っているにもかかわらず、だ。また、ゼマンはあからさまに親ロシア、親プーチンの姿勢を取っている。選挙期間中、親EU派の対立候補への誹謗中傷がソーシャルメディアにあふれたことは、それで説明がつくかもしれない。三ヶ月前の議会選では、二〇一二年に創設されたばかりの新興政党ANOが大勝した。党首のアンドレイ・バビシュは政治経験のない億万長者で、実業家としての経験を選挙戦でアピールしていた。汚職の取り締まりも公約したものの、現在はみずからが汚職容疑の捜査対象となっている。どうやら有権者の多くは、裕福な者は盗みを働く必要に迫られないため、何も盗まないと考えているようだ。真相はじきに明らかになるだろう。数年前、私は訪米中のバビシュと会談した。彼は冷たく、人嫌いで、打ち解けにくく、無口で、よそよそしかった。当時も友人たちに言ったのだが、バビシュのようなチェコ人（やスロバキア人）にはお目にかかったことがない。彼はゼマンと同盟関係にある。私としては祖国の幸福を祈るばかりだ。

難民危機はハンガリー首相のオルバーンに対し、支持者を結集して対抗すべき想像上の実存的脅威を新たに授けた。彼は、地域・国際機関と建設的な協力を進め、移民の動きの安定と人道的ニーズの充足を図ることよりも、被害妄想を助長することを選んだ。ハンガリー入りを要求する移民が比較的少ないという事実を無視し、「他の文明から到来する集団によって、私たちの生活様式、私たちの文化、私たちの習慣、私たちのキリスト教的伝統が危険にさらされる」と公言したのだ。さらにオルバーンは、移民によって「犯罪とテロ」「大規模な混乱」「暴動」「女性や娘たちをつけ狙う犯罪者集団」がもたらされるとも言っている。

難民問題は中東における人道上の惨事から発生したが、オルバーンはそこにほとんど目を向けない。何十万人もの幼子や老いさらばえた人々が、何の落ち度もない中で命の危険にさらされているのに、その不条理にもろくに関心を持たない。代わりに彼は、この危機は「手元の外国人を可及的速やかに輸送し、私たちの間に住み着かせる」ため、EUが「仕組み、操っている」と吹聴する。「ヨーロッパの宗教的、文化的な土壌」を変形させ、「民族の基盤をつくりかえる」ことを目的とした謀略だとの主張である。

この架空の陰謀をジョージ・ソロスが画策したことにするのが、オルバーンの戦略だ。二〇一七年後半、ハンガリー政府は全世帯を対象にアンケート用紙を配った。移民を受け入れ、費用を払って生活を保護し、どんな罪を犯しても寛大な判決が下されるよう取り計らうことをハンガリーに強いる「ソロスの計画」を支持するか、と尋ねたのだ。オルバーンはこうして国民の意見を問う手法を通じ、通常であれば民主的とみなされる手段、つまり世論調査を使いながら、嘘を拡散して既成事実をつくっている。嘘にもとづいて質問をすることにより、嘘を国民的議論の中心にしているのだ。他の不快な戦術と同じく、世論調査の悪用は第三帝国によって完成され、ヒトラーの統治にわずかばかりの正統性を付け加えるために多用された。ゲッベルスは「最も効果的な説得法は、そうと気づかれないうちに説得することだ」と言っている。

オルバーンはさらに扇動を強めた。国境に壁を建設するという大衆受け狙いの事業を打ち出すとともに、貨物コンテナを設置し、上部に有刺鉄線が施された高いフェンスで囲み、移民の一部を閉じ込めたのだ。彼は、ナジ・イムレに関するかつての自分の演説を思い出すべきかもしれない。一九五六年、ハンガリーの自由の闘士数万人がソ連の戦車からの保護を求め、国際社会に歓迎されたときのことも。

私は難民だ。だが、幸運な難民だ。あのとき一家でチェコスロバキアを脱出しなければ、父は間違いなく逮捕されていた。それでも、誰も私たちを貨物コンテナに閉じ込めると脅しはしなかったし、新たな母国には定員オーバーのいかだではなく定期船でたどり着いた。人生を手短に語るよう言われたとき、私はいつも「感謝」から始める。両親への感謝と、私たち一家の再出発を受け入れてくれたアメリカ国民への感謝だ。そのため私には、移民や難民の問題を冷徹に分析することができないし、憎悪を焚きつけて票を得ようとする政治家に敬意を持つこともできない。

移民問題の複雑さは、人間の基本的な特徴に端を発している。私たちは分かち合うことに積極的ではないのだ。紀元前一二五年、ローマの政治家たちは、市外から来たイタリア人に市民権を与えるかどうかを議論した。慎重姿勢の反対派議員は「仮にラテン人に市民権を与えたとして［…］娯楽や祭りにおいて［…］あなた方がいる空間がいまのまま残るとお考えでしょうか。すべて乗っ取られることにお気づきになりませんか？」と言い、影響を考えるよう聴衆に訴えた。

世界は大昔から、国家に国境線を画定する権限を与える一方、民衆が政治的迫害や戦争を逃れる権利を尊重することを規範として受け入れてきた。通常なら、ふたつのあいだにはバランスが成り立つ。弾圧や紛争で故郷を追われた人々には、一時的または恒久的な保護を受ける権利が認められる。しかし、切迫した事情がなく、生活水準を向上させるために祖国を離れた人の扱いは、より広範な課題を含む一筋縄ではいかない問題だ。願望としては理解できるが、実際の行動が権利として認められるかどうかは断言できない。やり方次第で合法にも違法にもなるということだ。

一般論として、財産や見慣れた風景、思い出、先祖代々の墓を残して故郷を去るからには、そうするだけの理由がある。周囲が自分のことを知っていて、生活習慣が受け入れられ、同じ言葉が話されている場所にいる人は、たいていそこにとどまることを選ぶものだ。しかし、人間にはもうひとつ、希望という基本的な特徴がある。だからこそ、毎年数百万人が違法な手段を使ってまで移住を試みるのだ。そして、陸路であれ海路であれ、故郷を出た人の多くがヨーロッパを目指す。この難しい状況に拍車をかけているのが、人身売買業者だ。潜在的な渡航希望者たちはソーシャルメディアや口コミを駆使した売り込みに乗せられ、法外な手数料を支払って旅に出る。しかし、彼らを行動に駆り立てた夢がかなうことは滅多にない。

移民受け入れの範囲とペースについて立場が分かれるのは当然で、避けようのない議論が実際に行われている。新天地を求める人々への十把一絡げの中傷には倫理的な嫌悪を覚えるが、大量の移民の受け入れ能力をめぐる各国の懸念には正当な根拠がある。大半の移住者が短期間で帰国しそうになく、すでに家族があとに続いている場合が多いとなればなおさらだ。到着したばかりの人々が受け入れ先の国にうまく溶け込み、仕事を得て、社会に貢献できるかどうか、ヨーロッパの指導者たちが不安視する背景にも、それなりの理由があるのだ。無制限に移民を受け入れれば、社会的な摩擦が生じる。難民に犯罪者やテロリストが多いからではない（彼らはそのどちらでもない）。見知らぬ者同士が隣り合って暮らすには、善意と時間というふたつの必需品が求められるからだ。どちらも信頼構築には欠かせないが、私たちが望むほどありふれたものではないのである。

結局のところ、不法移民はヨーロッパの範囲を大きく超えた問題の一症状にすぎず、到着する人々を受け入れようと拒もうと、その問題を解決する手段にはならない。人道上の緊急事態には寛大な対応が求められるが、健全な政策は危機の発生防止にも重点を置くものだ。この方針を採るのであれば、真の政治難民と経済移民を区別し、移住を合法とするのに高い基準を定めることを認め、テロリストの侵入防止のため情報を共有し、人身売買業者の収入を断つ取り組みに力を入れることになる。

視野を広げ、そもそも母国を逃れる必要を感じる人を最小限に抑えるため、指導者たちが国境を越えて取り組むことが不可欠だ。それには、健全な民主主義を構築し、平和を育み、一から繁栄を生み出さなければならない。しかし、その取り組みが成功するには、私たちが共有している人道の精神を取り込んだ世界観と、各国共通の利益が必要だ。自国内だけを見て満足し、高い目標に目を向けず、自分と異なるもの、新しいもの、未知のものを遮断する姿勢にとどまる者は役に立たない。

オルバーン・ヴィクトルは有権者の不安を和らげるため、「私たちは私たちです。私たちは、私たちのままであるべきなのです」と断言した。排外的で、変化を否定するメッセージだ。大衆に安心感を与える意味が込められているが、偏見に染まり、志のかけらもない。新たな気づきを促すヒントも、革新への渇望も、他者への関心や配慮も、まだ見ぬものを待ち焦がれる願望もない。あまりにひどい。ヨーロッパの歴史、さらに言えば世界の歴史には、他者を軽んじ、他者を排除することを栄光への道と思い込んだ民族の血が染みついている。

第14章　「首領様は永遠に私たちと共にいらっしゃる」

国や民族が過去の出来事をいかに記憶し、回想するかは、分断の時代の長さで決まる。悲しいことに、そして最も多くの場合、その分断は戦争によって生じる。たとえば朝鮮のように。この国は二〇世紀まで一三〇〇年近く、ひとつの中央政府に統治され、国民は共通の宗教的・社会的慣習や同じ言語、固有の食文化や芸術によってまとまっていた。その間、大国となって他国を侵略したことはなかったが、他国からの攻撃と長い占領を強いられた。なかでも最大の屈辱が、一六世紀の日本による征服だ。その後、〈旭日〉の戦士たちを撃退した朝鮮は自国を要塞化し、大半の外国人を締め出し、〈隠者の王国〉の別名で知られるようになった。しかし約一五〇〇年前、その殻が帝国主義の列強に破られ、各国との間で相次ぎ条約が結ばれた末、一九〇五年に日本が戻ってくる。侵略者たちはみずからの都合のために四〇年近く朝鮮を搾取し、第二次世界大戦に敗れてようやく立ち去った。

中央ヨーロッパ諸国と同じように、枢軸国が降伏した時点で朝鮮の将来は決まっておらず、大戦に勝った連合国は表向き、自由と統一と独立を約束していた。スターリンの赤軍が朝鮮の北半分に大きく侵入したのは、終戦間際のことだ。アメリカ外交官たちは対応に忙殺される中、すべきことよりも、最も簡単に手に入れられる成果に焦点を移した。そして、米ソの当局者が深夜のワシントンで会談し、米誌

『ナショナルジオグラフィック』の地図上の線をなぞり、北緯三八度線に沿って「暫定的」に朝鮮半島を分割することで合意した。半島の住人の意見を聞くことはなかった。

　冷戦さなかの一九四八年、アメリカが支援する大韓民国（韓国）はソウルで、ソ連が支援する朝鮮民主主義人民共和国（北朝鮮）は平壌で、それぞれ正式に建国を宣言した。ソ連は熟慮の末、三六歳の軍将校を北朝鮮政府のトップに選んだ。金日成《キム・イルソン》である。金は幼い頃から亡命生活を送り、ろくに学校教育を受けたことがなかった。しかし、その頭の中には大胆な構想があった。一代で半島を統一することを決意していたのだ。彼は韓国侵攻を認めるようソ連にかけ合い、戦いは楽勝だとスターリンに豪語して同意をとりつけた。実際、北朝鮮は勝利の目前まで迫ったものの、予想外にもアメリカが国連の傘下で介入し、対抗した中国も参戦した。一九五三年に休戦協定が調印され、戦闘は停止されたが、勝者も恒久的な和平も、境界線の大きな変更もなかった。一方、この朝鮮戦争では、一五〇〇万人を超える半島の住民と九〇万人の中国人、五万四〇〇〇人のアメリカ人が命を落としている。

　戦争で膨大な人命と財産が無益に失われたことを踏まえれば、口火を切ったのは相手側だと北朝鮮が嘘をつき、その虚構を自国の土台としている点は注目に値する。北朝鮮国民の世界観は、一九五〇年に米韓のサディスティックな殺人者に攻撃されたとの確信から始まるのだ。金日成の勇敢な指導と朝鮮兵の闘志がなければ、祖国は灰燼に帰し、祖先は奴隷にされていたとの筋書きである。しかも、話はこれで終わらない。いわく、アメリカ人は邪悪で過ちから学ばない。またいわく、あの野蛮人たちは機会さえあれば再び現れ、さらなる災いをもたらす――。この作り話から、恐怖と怒り、強烈な復讐心が生まれるわけだ。金日成はそれを利用し、世界で最も全体主義的な政治体制を正当化した。

　金日成は何よりも軍人だった。本書で取り上げてきた大半の指導者と違い、彼は作家や理論家ではなく、文学作品を読むことや歴史を学ぶことに熱心だったわけでもない。その一方、献身的な民族主義者としての情熱があり、指揮官として人を動かすすべを知り、ソ連を味方につけ、真のファシストが持つ権力欲を備えていた。軍服姿も似合っていた。中央計画経済や朝鮮労働党の一党支配を建国直後から人民に押しつけ、ほとんど抵抗を受けずにいられたのは、ソ連政府の支援があったからだ。

政権は停戦後すぐ、韓国、日本、アメリカという怨敵に対する国の守護者として、人民のあいだに熱狂的な支持を生み出す仕事に取りかかった。たとえば、総勢一〇〇万人という世界四位の規模を持つ軍隊を構築し、ロケット発射台やミサイルを取り揃えて驚異的な火力を整えた。また、国民に愛国精神を注入するため、国家指導部は「チュチェ（主体）」と呼ぶ理念を打ち出した。自立を意味する朝鮮語である。北朝鮮が他の共産主義国の援助に依存していることを都合良く無視したわけだ。さらに、規律を確立するため、幼い子供たちを両親から引き離し、党是を頭に詰め込み、党への服従を心身に叩き込めるようにした。ほかにも、隣人に礼儀正しくあれと全人民に諭しながら、隣人が体制に反発したり、独自思想を持ったりする兆候を示したら、報告しなければならないと教えた。密告は子供たちにも推奨され、それが両親への死刑宣告に等しい場合でも例外ではなかった。イタリアやドイツのファシズムと同じく、北朝鮮の独裁政権は戦争と過剰な秩序追求の副産物だ。一方、打ち克ったり引き倒したりすべき既存の政治勢力がなく、休戦後すぐに権力が確立されたところは他国にない特徴だった。

金日成の半生と業績をめぐる伝説は、年月とともにまばゆいばかりに磨き上げられていった。話によると、彼は第二次世界大戦中、朝鮮半島の山中の秘密基地からゲリラ部隊を率いて出撃し、日本の占領者たちに繰り返し損害を与えたことになっている。実際のところ彼は赤軍の指揮下にあり、ソ連から戦争を見ていたのだが、架空の物語の方が感動的で、人民も疑いを持たなかった。

北朝鮮国民にとって金日成は、勇敢さ、優しさ、賢さといった美徳の具現者だった。作物を育てるための新農法も、座り心地のいい勉強用の椅子も、仕事で動かす精巧な機械も、祖国防衛を支える最先端兵器も、すべて彼が考案したことになっていた。彼が学校や工場、兵舎、農場を視察した際は、優しく、温かい笑顔を浮かべて助言をするのが定番で、そうした現地指導の逸話は無数に伝えられた。さらに、外の世界は腐敗していて、高い道徳水準を備えた守護者に安全を保障してもらえることは幸運だと教えられた。特大の銅像や礼讃文に満ちた広告板、記念碑、博物館を背景に、国家式典や軍事パレードで金日成への個人崇拝が日常的に表現された。金日成が自分で神を名乗ったことはないが、人民にとっては彼が神に取って代わったも同然だった。

そして、この神には息子がいた。北朝鮮のファシズムは金一族の家業として営まれている。あらゆる難問に直面してきた西側の外交当局者たちだが、ベニート・ムッソリーニ・ジュニアやアドルフ・ヒトラー三世、ヨシフ・スターリン四世との知恵比べを強いられたことはない。しかし、北朝鮮では建国以降、初代（「偉大な首領」こと金日成）から二代目（「親愛なる指導者」こと金正日《キム・ジョンイル》）、三代目（「偉大な継承者」こと金正恩《キム・ジョンウン》）へと途切れることなく権力が世襲されてきた。

ムッソリーニはイタリア国民に対し、自分たちのアイデンティティーと宿命をもう一度信じることを教えた。一方、金日成は北朝鮮国民に対し、自分たちには半島を統一し、強敵を打ち破り、民族固有の美徳を守る力があると信じるよう求めた。実際、彼が政権にいた期間の大半において、北朝鮮は韓国よりも繁栄していたのである。平壌の指導部は一九九〇年まで、共産主義国からなる太陽系で重要な位置を占めていると自負していた。ところが、赤い星はある日地平に沈んで以降、二度と昇らなくなり、チュチェ思想の信奉者たちは、独力で軌道を見いだすことを余儀なくされたのである。

冷戦が終わると、北朝鮮の宇宙には確実なものが何ひとつなくなった。信頼の置ける仲間であり、イデオロギーを共有する心の友である中国は、経済の改革・開放という野心的な事業に乗り出した。崩壊の進むソ連は、石油に対して全面的に市場価格を適用し始めた。東ヨーロッパの貿易相手国は、西側に近寄りやすくするため北朝鮮に背を向けた。また、ソ連と中国は敵である韓国と国交を正常化した。さらに、北朝鮮は肥料と農地の不足で作物を育てられない上に、外国からの援助の大半が打ち切られたことで、食料を輸入する資金にも事欠くようになった。

一連の事情を踏まえ、北朝鮮はみじめに崩壊するか、中国に倣い、経済開放という避けようのない選択を受け入れるとの見方が世界で大勢を占めた。そんな中、金日成は断固たる決意で第三の道を追求した。一九九三年、核拡散防止条約（NPT）から脱退すると宣言し、国内で稼働していた原子炉の使用済み核燃料棒から兵器級プルトニウムを抽出する準備を整えたのだ。狙いは明白で、しかも不吉なものだった。彼は核爆弾の製造を計画していたのである。

北朝鮮が攻撃性を示したことは、東アジア全体の緊張を高め、クリントン政権との対決につながった。ワシントンでは私を含む国家安全保障チームが開戦の可能性を真剣に受け止め、原子炉の破壊計画を立案するとともに、ミサイル防衛システムと攻撃ヘリを東アジアに緊急配備した。国防総省の当局者は大統領に対し、開戦から九〇日で数千人のアメリカ兵と五〇万人の韓国国民が死傷するとの見通しを伝えた。私たちは大至急、選択肢を慎重に検討して外交的手段を試すよう北朝鮮に強くうながした。結局、米朝枠組み合意で取引が成立し、狂熱は冷めた。アメリカが関係改善と必要なエネルギーの支援を約束する代わりに、北朝鮮側は原子炉を停止し、燃料棒を封印するという取引である。

枠組み合意は完璧なものではなく、双方が履行を完了できなかった。しかし、これによって差し迫った危機は終結し、北朝鮮の核開発が出し抜けに始まることは防がれた。専門家によると、合意がなかった場合、北朝鮮は二〇〇〇年までに核兵器五〇発分から一〇〇発分の燃料を手にした可能性が高い。だが、何も手に入らなかったがために北朝鮮は孤立を続け、対外的な憎悪を燃やしつづけた。

金日成は一九九四年、枠組み交渉が行われていた年に死去した。北朝鮮国民は道を照らす光を失ったが、不幸はそれだけではなかった。新指導者の金正日が政権を引き継いだ時期、北朝鮮はひどい困窮に見舞われたのである。豪雨による洪水で土が流され、農作物が壊滅的被害を受け、地下に備蓄されていた穀物がめちゃくちゃになった。すると、ずっと腹を空かせてきた人々がついに飢え始めた。妊婦は栄養のある食べ物を見つけられず、生き延びられない新生児も多かった。人民は木の皮や葉、草を腹の足しにしなければならなかった。また、軍規が崩壊し、任務を放棄した兵士たちが食べ物目当てに倉庫破りにおよんだ。死者は推定で人口の五パーセントに上り、スケープゴート探しに躍起の政府は農業大臣を反逆罪で起訴して銃殺した。しかし、極度の困窮でさえ、北朝鮮に無謀な軍事戦略の追求を思いとどまらせることはできなかった。

一九九八年、飢饉が終息に近づいていた頃、北朝鮮は三段式ロケットの発射実験を行った。開発が進めば、アメリカの国土に届く型だ。これは二重の意味で脅威を感じさせた。プルトニウムの製造こそやめていたが、北朝鮮にはまだ、核兵器を製造する潜在力があったからだ。そうして北朝鮮は再び世界の注目を獲得し、さらなるミサイル実験を防ぐことがアメリカ（と韓国と日本）の利益になった。私たちはもう一度、外交で何ができるかを探ることにした。そして、事前の議論に二年を費やした末に、私は在任中のアメリカ国務長官として現在に至るまで唯一の行動をとった。平壌行きの飛行機に乗ったのだ〔本書英語版刊行後、ポンペオ国務長官が平壌を複数回訪問している〕。

二〇〇〇年一〇月下旬、北朝鮮入りした私は、首都平壌が他のどの都市にも似ていないことに気づいた。空港から迎賓館までの間、私たちの車列とすれ違う自動車が一台もいないのだ。また、広々した幹線道路の脇を歩く人々は、私たちが通っても目もくれないか、こちらを見るのを避けていた。木々は色鮮やかに紅葉していたが、茶色い畑は雨を渇望しているかのようで、傾いた納屋はペンキを塗ってほしそうだった。私たちが使う迎賓館は平壌の東の外れにあり、館を守るように位置する大きな池では、カモが一羽、円を描くように泳いでいた。建物はごく普通の迎賓館だった。テーブルには生花が飾られ、床には緑褐色の絨毯が敷かれ、クローゼットには着古した感じのタオル地のローブが用意されている、といった具合だ。また、壁やバスルームには仕掛けがあった。盗聴器と隠しカメラである。外には街灯がなかったため、日没後に郊外を車で走ったときには、両手に骨のような蛍光スティックを持った警官が誘導してくれた。彼（または彼女）の体は闇に紛れ、目に見えなかった。

私が見た日中の平壌は、活発でありながら生気に欠けた大都市だった。制服姿の子供たちは長い距離を従順に歩いて登校し、労働者や官僚はアリのように行列をつくって歩くか、ぼろぼろの自転車に乗って走り去った。また、ときおり彼らが道を譲ったところを、冷戦期にソ連で製造されたジープ風の小型トラック「ヴォルガ」や、セダン型の公用車からなる雑多な色の車列が通った。中心市街地には集合住宅が密集し、公園が彩りを添えていた。ホテルやレストラン、商店が比較的少ないために静かな印象だった。控えめなスカイラインのなかで一際目立っていた（そして現在でも目立っている）のが、金日成広場の正面に位置する高さ一七〇メートルの建造物、チュチェ思想塔だ。塔は金日成の生誕七〇周年を記念して建立され、材料には彼が生きた日数と同じ個数の花崗岩のブロックが使われている。

私は二日間の合計で一二時間ほど、「偉大な首領」の息子、金正日と過ごした。握手と写真撮影の際、彼の身長が私と同じくらいであることに気づいた。同じくらい高さのあるヒールの靴を履いていたのも、その一因だ。公式会談には全体の半分の時間を費やした。水の入ったグラスが置かれた細長い木製テーブルを挟んで座り、それぞれに通訳と側近数人が同席した。

平壌訪問の目標はふたつあった。まず、最終的に核弾頭を搭載し得る長距離ミサイルの開発を凍結させるのに、何をもって説得する必要があるのか把握したかった。また、指導者としての金正日と人間としての金正日、それぞれをより明確に感じとりたかった。実権はあるのだろうか。戦略はあるのだろうか。あるいは、アメリカ諜報部門の分析のとおり、ひどくシャイな映画マニアで、国際問題をほとんど理解していないのだろうか。

共に時間を過ごしてみると、毎年の誕生日を「太陽節」として祝われる父親を持つわりに、金正日はごく普通の人物だった。温かみがあり、感情を完全にコントロールしていた。また、服装はカジュアルで、カーキ色の運動服やレジャースーツのほか、二日目の晩餐会では人民服を着ていた。黒く染めた短い髪をまっすぐ立ち上げた風貌は、小柄な兵士のように見えた。さらに、会談では私の話にじっくり耳を傾け、歴史の講釈をしようとすることもなかった。実際にそうしたミロシェビッチや、そうしがちなトルコ人たちとは違うところだ。それに、中国外相のようにあちこち話が逸れる癖もなかった。金正日はこちらの見解をしゃべらせ、私が礼儀として言葉を切ったときには、先を続けるよううながし、考えていることをすべて話させようとした。ワシントンで男性の同僚たちと話すときには、滅多にないことだった。会談は東アジアの安全保障に関する全般的な話から始まり、北朝鮮のミサイル開発の話題に転じた。これについて率直な意見は聞けなかったが、落胆させられることもなかった。

金正日は、北朝鮮は問題を真剣に受け止めていると言った。アメリカが真剣だからだ、と。その一方、北朝鮮が他国を攻撃すると考えているのなら、それはアメリカ側の思い違いだとも言った。より強力なミサイルを作り始めた理由は完全に科学的なものであり、通信衛星を打ち上げたいからだとの主張である。彼は「われわれのために無料で」衛星を軌道投入することに同意する国があれば「自国では実施しない」と言い、シリアやイランに技術を売って得られる収入についても、補償と引き換えに放棄する意向を示した。そして一度言葉を切ったあと、北朝鮮政府に長距離ミサイル開発を控えさせるのであれば、韓国も同様の制限を守らなければならないと強調した。一連の行動の検証方法に関しては、明らかにさらなる協議が必要だった。

自分は平和主義者だと言わんばかりの金正日の語り口は信用ならなかったが、口調は全体として前向きで、私にはそれが不思議だった。アメリカ兵約三万七〇〇〇人の韓国駐留についてどう感じるか尋ねると、彼は肩をすくめて気にならないと言い、次のように指摘した。「いいですか、われわれは中国、日本をはじめ、大国に囲まれています。アジア太平洋地域の覇権を競い合っている国々です。われわれとしては、その競争の標的になりたくないのです。ソビエト連邦が崩壊し、軍事同盟が終わった。中国との関係も芳しくない。そこでわれわれは、アメリカがこうした大国への歯止めになり得ると考えています。これは、あなた方との取引を望むひとつの理由でもあります。われわれには均衡が必要なのです。以前、韓国を通じてこのことをお伝えしようとしましたが、アメリカからはいつも疑いの目が返ってくる。恋人に振られた女性のような視線がね」

金正日は短く笑みを浮かべてから真顔に戻り、「韓国軍が訓練をすることは気になりません。われわれも同じですから。しかし、アメリカとの合同演習には反対します。わが軍はこれを威嚇ととらえます」と言った。そして、米朝の国交正常化が解決策であり、この方法が「わが人民に希望を与え、朝米関係に画期的な進歩をもたらします」との考えを示した。さらに彼は、新時代の親善関係の展望を示すため、北朝鮮政府が若い世代を正しく教育していないことを敢えて認めた。「わが国の子供らは、あなたの国の人々を『アメリカ野郎ども』と呼ぶよう教わっています」と。それから通訳に向き直り、「ちょうどいい訳はあるか？」と尋ねた。答えはイエスで、通訳は「ヤンキーども」だと説明した。*

もっとくだけた雰囲気のときの金正日は、外交訪問の相手として興味深い人物だった。会談では、はっきり自信を伝えようとする一方、自国に肥料不足や石炭不足などの経済問題があることをあっさり認めた。また、世界の出来事を十分に把握していて、コンピューターや環境問題、農業について滞りなく話ができた（北朝鮮はロシア人に言われてトウモロコシを育て始めたのに、家畜の餌にしかならないと恨み言も口にしていた）。一方、アメリカ人の暮らしぶりには興味を示さなかった。ひょっとしたら、ハリウッド映画を通じて必要な知識はすべて仕入れてあると思っていたのかもしれない。それから、酒の飲み方が配下の将軍たちと違っていたのは助かった。晩餐会の席上、繰り返しの乾杯の掛け声から守ってくれたのだ。

訪問初日の会談の終盤で、金正日から「ショー」に来るよう言われた。招待に応じると、それが大型体育館でのオリンピック級のマスゲームであることが分かった。五歳から五五歳まで約一〇万人が一糸乱れず踊り、側転や銃剣の突きの動作を披露したのである。少なくとも、彼らは驚異的な規律を表現していた。オーケストラが『首領様は永遠に私たちと共にいらっしゃる』『赤い旗を高く掲げよう』などの曲をリズミカルに演奏する傍らで、演者たちは伴奏と完璧に調和しながら、弧を描いていた。私と反対側の観客席にも大勢の演者がいて、手にした色つきのボードを素早く、そして正確に翻し、大きく複雑な絵や文字を描き出した。隣に座った金正日の話によると、すべて彼の演出だそうだ。説明を聞いた私の頭には「それはそうでしょう。ほかに誰がいるの？」という感想が浮かんだ。盛大な余興の締めくくりが近づいた頃、ボードを手にした演者たちが東アジアの空に発射される三段式ミサイルを描いた。ロボットのような群衆から割れんばかりの歓声が上がる。すると、金正日が私の方に体を傾け、こう言った。「わが国で初めてのミサイル発射を祝ったものです。わが国で最後にもなるかもしれませんね」

＊　金正日が語った本心とは裏腹に、この四年後、北朝鮮の子供が政府に手伝われながら書いた詩には「軍に入ります／一丁の銃、三丁の銃を手に取り／アメリカ野郎どもを残らず撃ち倒します／ああ、早く大人になりたい／早く、早く大人になりたい」という部分があった。

北朝鮮側は、私の訪問がアメリカ大統領、ビル・クリントンの訪朝という一大イベントにつながることを期待していた。それはアメリカ側も同じだったが、話はそう単純ではなかった。北朝鮮がミサイルの製造・売却の停止に同意するという確証がなければ、大統領がはるばる平壌を訪れることはない。協議は取引の概要を見通せるところまで進んでいたが、合意を履行する時期と履行の検証方法など、重要事項が決まらずじまいだった。しかも、時間は私たちの味方ではなかった。私がアジアから帰国する頃には、大統領選の投票日が一週間後に迫っていたのである。三ヶ月足らずで新政権が発足することになっていた。

韓国政府はクリントンに訪朝をうながした。また、次期大統領に選出されたジョージ・W・ブッシュは、北朝鮮行きの是非はクリントンが判断することだと言った。一方、議会では、大統領が行けば北朝鮮指導部に一定の正統性を認めることになるとし、反対する向きが多かった。私は当時、首脳会談への期待を利用し、さらなる譲歩を北朝鮮側から引き出すべきだと主張した。具体的には、軍事施設への立ち入り検査などだ。つまるところ、クリントンが迫られていた選択は、平壌に向けた外交努力（韓国、日本に立ち寄って両国と協議する必要もある）と中東和平合意を固める努力、どちらに全力を尽くすのかだった。両方を追求する時間は残されていないと感じた彼は、中東の方がわずかに成功の可能性が高いと判断した。パレスチナ指導者、ヤセル・アラファトの言葉を信じたからだ。それから年月を経たあと、私の誕生日パーティーに来たクリントンは、他の出席者に聞こえない場所で後悔を口にした。アラファトが約束を守らなかったことを考えれば、北朝鮮に行くんだった、と。

二〇〇一年一月、私が国務省のデスクを片付けた時点では、北朝鮮が保有する核分裂性物質はごくわずかで、長距離ミサイルと核兵器の保有数はゼロだった。私たちはこれを増やさせない努力の途中で政権を去ったものの、新大統領のブッシュがそこから仕事を引き継ぐと思っていた。しかし、現実は違った。新政権は北朝鮮との交渉ではなく、内部での派閥争いを始めたのだ。当初、彼らは北朝鮮政府との対話を一切拒んでいた。その後に外交官が派遣されたが、制裁を背景に武装解除を迫ること以外は禁じられていた。そして二〇〇二年の一般教書演説で、大統領みずから北朝鮮を「悪の枢軸」の一国に挙げた。金正日は報復措置として、国際兵器査察官たちを国外退去させ、八〇〇〇本の使用済み核燃料棒からプルトニウムを分離し、核弾頭を製造し、二〇〇六年一〇月七日に初の核実験を実施した。

二〇〇〇年前後に逃したチャンスがどのくらい現実的なものだったのか、振り返ってみても判然としない。しかし、希望を抱くだけの理由はあった。アメリカの影響力は最高潮に近かったし、大統領には人気と国際社会の強力な支持があった。また、二〇〇〇年代初頭の北朝鮮には、支援と引き換えに核開発計画で譲歩する用意があった。金正日の心理をアメリカより鋭く察知していた韓国当局からは、クリントンが平壌に行けば、北朝鮮は訪問が成功するよう取り計らうと言われていた。決して断定はできないが、わずかに開いていたかもしれない突破口がさらに狭まったのは、ブッシュ政権による二〇〇三年のイラク侵攻のあとだった。サダム・フセインの排除は北朝鮮と朝鮮人民軍にとって、大量破壊兵器は持っているふりだけでは不十分だとの強いメッセージになったのだ。言い換えれば、核兵器を製造し、保有し、隠しておかなければ、国を守ることはできないというメッセージだった。

私は学生たちに、外交政策の根本的な目的は単純だと教えている。こちらが望む行動をとるよう他国を説得することだ。そのために使える道具は多岐にわたり、丁寧にお願いすることも、海兵隊を送り込むことも含まれる。また、相手国に提示する対価は、称賛の言葉から作物の種子、船いっぱいの戦車まで、何でもあり得る。強硬な相手に圧力をかけるため、同盟国や友好国、国際機関を引き込んでこちらの要求を後押ししてもらうことも可能だ。正義がこちらにあることが明白なら、経済面や安全保障面での制裁案に署名すると警告することも、制裁を実行することもできるし、こちらが絶対と考える条件を問題の政府が拒む場合には、制裁を強めていくこともある。さらに、相手国に事の重大さを理解させるため、平和的に、ただし教育指導的に、向こうの前庭で軍事力を示すこともあり得る。状況が許せば、発射されたミサイルが上ではなく横に飛ぶよう仕向けるなど、秘密の妨害手段を講じることも可能だ。そうした手を打つのと並行し、孤立の終結、新たな繁栄の時代の到来、長期的な安全保障、平和など、合意の利益を相手側に強調することもできる。

二〇一五年、オバマ政権とヨーロッパの同盟国、さらにロシアと中国は、ここで挙げた手段の一部をイランに対して使用した。危険な核開発計画の最も懸念される部分を棚上げ、あるいは中止させ、世界をより安全な場所にするためだ。経済制裁によってイラン国民に行動をうながし、生活をもっとましにする方法を見いだすよう政権に圧力をかけさせたからこそ、イラン核合意という画期的な成果が生まれたのである。

しかし、イランと北朝鮮は違う。イランは貿易国家としての歴史と現代的な社会を有し、南西アジアの中心に位置する。一方、北朝鮮は半島に位置し、南は厳重に要塞化された軍事境界線、北は中国と接している。外国人を歓迎したことはなく、政府は自国民への説明責任を負うことも、他国の考えに深く関心を持つこともない。

西側にいる私たちの目には、北朝鮮指導部が不合理に映ることが多い。みずからの判断によって、簡単に避けられそうなトラブルを招いているように見えるからだ。平壌の当局者たちは私たちと同じ世界を見ているが、その見え方は私たちとは違っている。彼らの目標は、不快な事態を避けることではなく、生き残ることだ。政権は数十年にわたり、北朝鮮社会は道徳的に優れていると国民に教え込み、外界には怪物が棲んでいると思い込ませてきた。この教えの浸透ぶりを踏まえれば、国民が国際社会との関わりを深めたがっているとは考えにくい。指導部は友達づくりにさほど関心を示してこなかった。厳格な統制を正当化するには敵が必要なのだ。さらに、自分たちが敵に勝っているか、少なくとも抵抗できているように見せる必要もある。

金日成が通常兵器による抑止力を整え、開戦後一時間で数万発のロケットと砲弾を韓国に撃ち込めるようにしたのは、そういう必要に迫られたからだ。大半はソウルまで届かないが、ソウルの先まで射程に含むものも多い。二〇一六年以降、北朝鮮の核・ミサイル開発は驚きの速度で進んできた。ロケットエンジンがより強力で、弾頭がより小型のロシアの設計図を使ったようだ。こちらも抑止力の獲得が開発目標なのはまず間違いないが、北朝鮮が大陸間弾道ミサイル（ICBM）や実戦配備レベルの核兵器を保有する事態は、本質として攻撃的な脅威でもある。

「戦争が避けられないのであれば、われわれは躊躇なくアメリカを壊滅させます」。北朝鮮の三八歳の教師、ムン・ヒョクミョンは、米紙『ニューヨーク・タイムズ』にそう述べた。朝鮮人民軍とその創設者の孫、つまり金正恩が同じ妄想を抱いているかは分からないが、アメリカが懸念を表明するたび、平壌ではそれが勝利として歓迎される。金正恩がアメリカと取引を試みた場合の軍の抵抗は、そうしない場合よりずっと大きいのではないだろうか。北朝鮮はハト派にとって厳しい生息環境なのだ。

二〇一六年のアメリカ大統領選の直後、オバマは後任に決まったドナルド・トランプと執務室で会い、北朝鮮は任期中最大の国家安全保障上の課題になると伝えた。これまでのところ、北朝鮮に対するトランプの姿勢は不規則に揺れ動いている。最初は直感的に中国の協力を得ようとした。古典的な戦術だが、北朝鮮が常に中国政府の言うことを聞くわけでも、米中の利益が完全にかみ合っているわけでもないため、ほとんど成果が上がっていない。さらに彼は、金正恩と直接話ができたら「光栄」だと言ったあと、「対話は答えではない」と判断した。部下である国務長官が交渉の扉を開いたことを非難したあと、「ロケットマンが自爆任務をやっている」と金正恩を揶揄し、アメリカを攻撃したら北朝鮮を消滅させると断言したのだ。北朝鮮指導者と侮辱の応酬をする方が賢明だと考えたらしい。韓国と北朝鮮の直接対話については、断固反対しながら、温かく支持してもいる。また、北朝鮮をテロ支援国家に再指定して（意味のある意思表示ではない）すべての国に断交を迫ったが、これに応じる国は多くないだろう。さらに、報道のとおりなら、トランプは軍による先制攻撃をかなり検討してきた。

私たちはいま、北朝鮮の挑発やトランプの短気、あるいは技術面での偶発的事故や人間による誤解が武力衝突に発展するリスクを抱えている。そうなれば、三八度線の両側にいる人々に絶大な危険が生じるにもかかわらず、だ。緊張がいまほどではなく、指導者たちがもっと経験豊富だった時代ですら、際どい状況は実際にあったのだ。また、双方が舌戦を交わしながら、先に手を出すほどの怒りや恐怖を抱かず、膠着が続く展開も考えられる。衝突よりはましだが、これも満足できる結末ではない。

アメリカはこれまでと同様、ミサイル防衛と同盟国間の連帯、経済的圧力を当面の政策の中核としなければならない。ただし、経済的圧力、つまり国際的な経済制裁の効果は事例によってまちまちだ。有効だった例では、南アフリカのアパルトヘイト〔人種隔離政策〕撤廃やリビアの核開発放棄、二〇一五年の合意によるイランの核開発停止に役立った。北朝鮮はそうした制裁への脆弱性と耐性を併せ持っている。前者は国際社会で比較的孤立しているところ、後者は国民が間に合わせの物資で用を足すことや、必要であれば何もなしでやり過ごすことに慣れているところだ。また、政府はサイバー窃盗や密輸で利益を上げたり、国外に派遣した労働者に賃金の多くを収めさせたりと、すでに代替の収入ルートを構築している。国が貧しいのは確かだが、金正恩はまず間違いなく、父と祖父が三〇年かけて構築した核開発計画を差し出すほど困窮していない。

そうなると、北朝鮮の体制が内部崩壊する可能性はどれくらいあるのか、疑問が湧いてくる。情報革命はまだ国内に行き渡っていないが、入ってきてはいる。脱北者の証言が正確なのであれば、国民はもう、政府が言うことの多くを信じていない。たとえば、甘やかされて育った若き指導者、金正恩が、三歳で射撃を覚え、五歳で馬を乗りこなしたという話が本当なのか、国民は疑っている。また、公的な仕事の給料が安いせいで、盗める物があれば盗まざるを得ないという人が多く、服従の文化が廃れている。冷笑的な姿勢は広がっているが、その感情は国内で反体制組織の結成を企てるよりも、国を出たいという願望に変換されやすい。脱北は勇気のいる行為だが、政府への反抗はそれよりも自殺行為に近い。歴史上にもっと驚きの事件があったことを思えば、ハウス・オブ・カード〔トランプなどのカードをピラミッド状に組み上げたもの。カードタワーとも〕のようなこの政権が突如崩壊する可能性は否定できないが、北朝鮮の体制が進化を遂げる場合、変化は緩やかに起こる可能性が高い。

だからと言って、外交に望みがないわけではない。交渉の扉は常に開いておく必要がある。制裁緩和のほか、米韓合同軍事演習の中止や計画変更など、指導部が「勝った」とアピールできる見返りがあれば、北朝鮮は国際機関による査察や核・ミサイル開発の凍結・減速を受け入れるかもしれない。さらに、外交手段を巧みに使いこなせば、朝鮮戦争の正式講和と対外関係の正常化という念願がかなう可能性もある。北朝鮮にとって信頼できるかたちで体制保障を確約する代わりに、朝鮮半島の非核化という最終目標も達成できるかもしれない。いまは現実的な目標ではないが、状況は絶えず変化するものだ。準備をしておけば、今日は手の届かないものが明日にはつかめるかもしれない。私たちは準備をしておくべきだ。これより価値のある目標は、そうそう見当たらないのだから。

朝鮮半島での対立による戦争リスクは重大だが、そうした激しい動きが避けられた場合でも、北朝鮮のファシズムは人道的なコストを発生させている。その大きさは、どんな科学的な尺度をもってしても計り知れないものだ。北朝鮮の人々が生まれ育つ社会では、どこに住むのか、どれくらい豊かな暮らしを送れるのか、どんな職に就くのか、国民の四〇パーセントが抱える慢性的な栄養失調に自分も悩まされるのかが、政権に対するイデオロギー上の忠誠によって決まる。政治的理由や一般的な犯罪で逮捕された国民は、僻地にある巨大な強制収容所に入れられる。拷問を受けたり、死ぬまで働かされたり、飢えたりする可能性もある。罪を犯したとして逮捕された場合、裁判なしで公開処刑される恐れも、家族が同じ目に遭う恐れもある。少女を含む女性たちが政府当局者や看守、警官に性的暴行を受けても、誰も助けてくれない。食べ物は服従の対価として利用され、かけらでも自我を見せる収監者は罰として食事を抜かれる。また、宗教活動は禁止されているし、国外にアクセスできる電子機器を所持することは犯罪とされている。監視がやむことはないし、集合住宅や村の広場に設置された拡声器からは、大音量のプロパガンダが途切れることなく流れ続けている。

北朝鮮を訪れた外国人は、国民は幸せそうにしていたと報告することが多い。私は何年も前、軍事政権下のビルマ〔ミャンマー〕で圧制を敷く将軍たちから同じ話を聞いた。「周りを見てください。誰もが笑っているでしょう」と。「確かにね。でも、人間は恐怖の笑みを浮かべることもよくあるわよ」と思ったのを覚えている。もし自由で公正な選挙が北朝鮮で行われたら、何が起こるだろうか。私には分からない。私たちが知っているのは、ビルマ国民がついに投票の機会を与えられたとき、民主主義を掲げる野党が改選議席の八五パーセント以上を獲得したことだ。さらに私たちは、現在の北朝鮮に世界最多、推定一〇万人の政治囚がいることも知っている。国民が満ち足りていることを示す材料ではない。

私たちは自由の抑圧を批判する習慣を身につけながら育つ。どこで発生しようが、自由権の侵害は批判の対象だ。しかし北朝鮮においては、そもそも認められたことのない権利に対し、抑圧という行為が成立し得るのかを問わざるを得ない。北朝鮮は、いわば世俗主義的なＩＳＩＳだ。その存在は、あまりに少数の者たちにあまりに長く権力が集中したとき、どんな悲劇が生じ得るのかについて、さらなる証拠を提示している。

第15章　アメリカ大統領

アメリカ合衆国は建国前から多くの人に希望を与えてきた。ベンジャミン・フランクリンは一七七六年、イギリス植民地だった一三州の合議体〈大陸会議〉宛てにパリから手紙を書き、次のように断言した。「全ヨーロッパがわれわれの味方です。世界の残りの場所では専制政治があまりに広範に確立されているため、アメリカ亡命への期待が自由を愛する人々に広く喜びを与え、われわれの大義は全人類の大義となっています」。また、南北戦争のあいだ、とりわけ奴隷解放宣言の直後には、ヨーロッパのあちこちから理想に燃える人々が大西洋を渡り、奴隷制に対する十字軍に加わった。ニューヨークでは、イタリアの将軍ジュゼッペ・ガリバルディの名を冠した外国人旅団が結成され、リンカーン率いる北軍に加勢した。ガリバルディ自身ものちに「アメリカの問題は世界の自由の命がかかった問題だ」と公言している。さらに後年には、まったく別の発言の主がもっと陰気な評価をした。アドルフ・ヒトラーが「奴隷制を前提とする偉大な新社会秩序の始まりが、あの戦争で破壊された」と言い、「真に偉大なアメリカの胎芽」も同時に潰えたと嘆いたのだ。

ヒトラーの空想の中では、アメリカは彼と人種差別的な価値観を全面的に共有しており、最終的に第三帝国に味方することになっていた。ナチスの宣伝担当者たちは差別的な法規への国外からの批判をかわす常套手段として、アメリカはアジア人に不利な移民枠を定め、人種差別的なジム・クロウ法を施行していると指摘した。さらに、生存圏を追求するナチス・ドイツの政策はアメリカの西部開拓をモデルとし、ヒトラー自身、アメリカの兵士と西部開拓者たちは「数百万の先住民を［…］撃ち殺した」と指摘している。

それでもなお、ジェファーソンの散文という産着に包まれたアメリカ建国の物語は、内的矛盾を克服できるだけの力強さを保ってきた。アメリカ国民は失敗から学ぶことをやめない。すべての世代が平等という理想を持ち、みずからを測る物差しとしてきたからだ。つまり、ヒトラーはアメリカを見くびり、その過ちゆえに膨大な代償を支払ったのである。

私たち家族がアメリカ兵を初めて間近で見たのは、一九四四年春、イングランドにいたときだ。非番の兵士たちが大股で颯爽と歩いていると、私のような子供が「ねえ兵隊さん。ガムはある？ 食べ物はある？」と言いながら追いかけた。兵士たちは数週間、オリーブ色の軍服を着て、カモフラージュ柄のジープやトラック、「ダック」という奇妙な見た目の水陸両用車を運転する姿を見せていた。そして、決戦のときまでに準備を整えた。六月六日早朝、フランス北部をドイツから奪還する〈ノルマンディーの戦い〉、コードネーム〈オーバーロード作戦〉が始まり、激しい攻防の末、約八〇キロメートルの海岸線に五つの拠点が確保された。冷たい北西風にもかかわらず、一六万人の兵士が小型艇隊でイギリス海峡を渡った。密集した舟艇が海を埋め尽くし、イングランドからフランスまで歩いて渡れそうなほどだった。上空では一万一〇〇〇を超える連合国軍の飛行機が敵の防衛線を弱体化させ、航空攻撃から味方を守っていた。

そういう試練のときにこそ、国家はみずからが進むべき道を見いだし、世界の目に唯一無二のアイデンティティーを刻みつける。不断の指導力を求める心理が醸成されるのもこのときだ。第六代アメリカ大統領、ジョン・クインシー・アダムズが言ったように、アメリカには「しばしば不注意な者の耳、しばしば尊大な者の耳に対してであっても、平等な自由、平等な正義、平等な権利の言葉を」発することが期待されている。たとえば、パトリック・ヘンリーの「われに自由を与えよ。さもなくば死を与えよ」や、ロナルド・レーガンの「ミスター・ゴルバチョフ、この壁を壊してください!」がそうだ。

すべてのアメリカ大統領は、就任宣誓をした上でその偉大な伝統と重い責任を引き継ぎ、みずからの人間性、誠実さ、決意を反映したやり方で使命を果たすのである。

ドナルド・トランプが好んで披露する詩がある。愚かだが心優しい女性を描いた詩だ。ある冬の日、散歩をしていた女性が凍えかけたヘビを見つけた。彼女は親切にもヘビを家に連れ帰り、暖炉のそばに横たえ、牛乳と蜂蜜を与えて、体力を回復させてやった。そして、回復ぶりを喜びながらヘビを拾い上げ、胸を嚙まれてしまった。死の間際、なぜ恩を仇で返すのかと尋ねると、ヘビはこう答えた。「黙れ、ばか女め。家に入れる前から俺がヘビだと重々承知だったではないか」。聴衆から笑いと拍手が湧き起こると、大統領は「皆さん、分かりますか? 分かりますか?」と問いかけ、「壁をつくろう。もう心配はいらない。おやすみだ。家に帰って眠ろう」と続ける。

ジョージ・オーウェルは数十年前、ファシストを表すのに最適な単語は「いじめっこ(bully)」だと言った。フランクリン・ルーズベルトはノルマンディー侵攻当日、「見下げ果てた者らの企みに動じない平和」を神に祈った。それに引き換え、大統領たるトランプの目に生気がみなぎるのは、強者が反対者を押しつぶし、法規を振り払い、批判を無視し、手段を選ばず思いどおりの道を進むときだ。

フィリピン大統領のロドリゴ・ドゥテルテは、二〇一六年六月からその座にある。就任以降、警察と自警団を頼りに麻薬密売の容疑者を殺害する手法により、世界に悪評を広めた。当人は即時射殺を命じる政策について、犯罪を厳しく取り締まっていると説明する。しかし、強硬策というナイフは、ただでさえ最も困窮していた国民に突き刺さる。報道によれば、ドゥテルテ政権下で警官に殺害された国民は一万人を超える。そのうち何人が武器を所持していたのだろうか。何人が実際に薬物を売る罪を犯していたのだろうか。何人が誤って撃たれたのだろうか。何人がまったく理由なく撃たれたのだろうか——答えは、私たちにもドゥテルテにも分からない。一方、はっきりしていることもある。まず、ドゥテルテが街角に銃口を集中させたこと。次に、麻薬密売で誰より稼いでいる者たちは、街角ではなく、高級マンションの最上階や厳重に警備された屋敷にいること。そして、警察が殺害対象者をリストから外す見返りに、賄賂を要求していること。さらに、遺族の多くが、慈善団体に頼らなければひつぎを買えないほど貧しいこと——。それから、ドゥテルテがこの悲しい問題を笑いの種にしていることも分かっている。葬儀場に投資するよう大衆に呼びかけ、「死体は私が供給する」と放言しているのだ。彼は職権濫用で裁判にかけられている警官たちに対し、法廷で罪を認めれば、自分が恩赦を与え、昇進させてやるとも言った。トランプは就任から間もないドゥテルテに電話をかけ、「信じがたい仕事」をしていると称えた。

二〇一三年、エジプトでクーデターが起こり、大将のアブデルファタハ・シシが政権を握った。大統領になったシシは〈アラブの春〉の前まで時計の針を戻し、閉鎖的な政治体制を確立した。タハリール広場のデモ隊が二年前に退けたつもりでいたのと、まったく同様の政権だ。現在、エジプト政府は検閲を復活させ、抗議参加者に致死的な武器を使い、記者たちを苦しめ、野党を非合法化し、世俗主義者か宗教家かを問わず数万人の反体制派で刑務所を満たしている。未来のテロリストを生み出すのに、これほど確実な方法はない。しかしドナルド・トランプには、シシは「素晴らしい」仕事をしているように見えている。

バーレーン王国は国民の過半数を占めるシーア派イスラム教徒を制度的に差別し、反体制派から国籍を剥奪し、市民団体への締めつけを維持し、政府と対立する政治勢力を認めることを拒んでいる。アメリカとバーレーンは重要な戦略的利益を共有しているが、人権をめぐる相違によって関係をこじらせてきた。しかし、それも過去のことだ。二〇一七年、トランプはバーレーン国王に対し、自分の政権とのあいだで「こじれは解消される」と請け合った。

同年四月、トルコ大統領のエルドアンは憲法改正の国民投票に僅差で勝利した。彼の権限を強め、ことによっては二〇二九年まで大統領職にとどまることを可能にする結果だ。たいていの民主主義国の指導者は結果を遺憾に思ったが、トランプはエルドアンに祝福の電話をかけた。

独裁者に対するトランプの称賛の念はあまりに根深く、ここで挙げた四人より尊敬に値しない者にも向けられる。たとえば、サダム・フセインのことを「悪いやつだった。本当に悪いやつだった。だが、優れた業績もあるじゃないか」と評し、「テロリストを殺した。そこはうまくやった。逮捕せず、問答無用に。相手はテロリストだ。それで十分だった」と語った。金正恩については「認めるべきだ。あんな若者がどれだけいるだろうか。二六歳か二五歳で父親を亡くし、タフな将軍たちを引き継いで、突然[…]自分がボスになっている。すごいことだ。叔父を粛清した。ひとり、またひとりと粛清した。つまり、この男は遊んでいるわけではないということだ」と言っている。そして、ウラジーミル・プーチンのことは「国内外でとても敬われている男」と呼んでいる。

国家指導者が他国の指導者を褒めることは珍しくない。子供の機嫌をとるのと同様、外交でもスプーン一杯の砂糖で話が進みやすくなる。児童心理学と外交交渉は、まったく無関係な領域ではないということだ。そういうわけで、トランプが他国の首脳と親しい関係を築こうとすることは咎められない。むしろ大統領としての重要な仕事だ。しかし、彼のやり方はふたつの面で問題をはらんでいる。まず、外国指導者が民主主義体制を損なう行動をとったとき、トランプはそれを支持することが多い。また、中国やロシアの人権問題を批判することを失礼と考えているような姿勢を見せながら、同盟国やパートナー国には躊躇なく喧嘩をふっかけている。たとえば、移民政策でオーストラリアと角を突き合わせ、イスラムを悪しざまに言うツイッター投稿をめぐってイギリスの指導者たちと舌戦を交わした。貿易政策でも、重要な関係にある国々といさかいを起こしている。メキシコ、カナダと揉め、ドイツを「悪い、非常に悪い」国と呼び、核の脅威にさらされている韓国とは最悪のタイミングでやり合った。

国連大使のニッキー・ヘイリー〔本書の英語版出版後に辞任〕は「（大統領は）そうすべき相手の横面をはたき、そうすべき相手を抱擁する」と不思議なことを言った。実際とは正反対の説明である。

アメリカ合衆国に対するトランプの見方は暗い。アメリカの裁判所は偏向しているとか、連邦捜査局（FBI）は腐敗しているだとか、報道はほぼ嘘しか言わないだとか、選挙は不正操作されているだとかの非難が十八番《おはこ》で、その影響により国内に戸惑いと分断が生まれている。大統領が自国の公共機関を執拗に侮蔑するというのは、アメリカ国民にとって初めての体験だ。しかし、トランプの観衆は国内だけでなく世界にもいる。彼は他国に対し、アメリカを高く評価し、アメリカに倣うことではなく、その反対をうながしているのだ。この倒錯には悪影響があり、行政権に実効的な監視がされていない国々で特に害が大きい。こうした国では、調査報道記者や独立した法曹など、真実を追求する人々がただでさえ命の危険にさらされている。ホワイトハウスの主人が彼らの仕事の信頼性を貶めるたび、その危険が高まるのだ。記者や判事を批判するなと言うつもりはない。しかし、トランプの言葉はあまりに軽率で、あまりに大雑把なため、民主主義に不可欠な職業全体の信頼を傷つけるのに利用されかねないし、実際に利用されている。

トランプは就任から一ヶ月も待たず、名のある記者たちを会見場から締め出した。カンボジア政府がアメリカの記者たちを国外退去させると警告したのは、それから間もなくのことだ。プノンペンの政府報道官たちは「そうしたメディアは真実を反映したニュースを報じない」との「明確なメッセージ」をトランプから読み取ったと説明し、「表現の自由は［…］国権を尊重しなければならない」と言った。

ほかにも、ハンガリー、リビア、ポーランド、ロシア、ソマリア、タイなど、多くの国の政府がカンボジアに続いた。報道機関は信用できないとしか言わずに、政権に都合の悪い記事を虚偽報道と断定したのだ。中国共産党機関紙の人民日報は「アメリカ大統領が自国の報道機関をアメリカの汚点と主張するのであれば、中国に関する否定的な報道も額面どおりには受け取れない。偏向と政治的意図により、真相が歪められている可能性が高いからだ」と伝えた。開かれた政府が存在し得るのは、自由で独立した報道機関の力によって政治指導者に説明責任を果たさせるからだ。この営みは、いわば民主主義の鼓動なのだ。トランプはそれを止めるか、少なくとも弱めようとしている。これは独裁者への恵みであり、アメリカ大統領によるものとして不名誉な言動だ。

トランプは大統領就任後、公民権や参政権を無視する何人もの指導者たちとワシントンや国外で会談してきた。しかし、彼は改革を求めるのではなく、話を逸らしてしまう。トランプ政権はキューバやベネズエラ、イランといった最も批判しやすい部類の国を相手にするときにしか、人権擁護の姿勢を見せない。

大統領選を戦っていた頃、トランプは法にもとづく適正手続きの重要性を質問された。彼は「アメリカのまずさを世界に見られたあとで市民的自由について話しに行っても、あまりうまくメッセージが伝わらないだろう」と答えた。自分にとって何が最善なのか素早く判断できるトランプだが、不思議なことに、アメリカにとって何が一番重要なのかには気づきもしないらしい。さらに、ほかのどの国よりもアメリカとの関わりが深い理念を代弁することには、まったく乗り気でないようだ。

私は国連大使や国務長官を務めていたとき、文字どおり何百人もの外国当局者に会談を求め、政治囚の解放や記者の釈放、信教の自由の支持、公正で開かれた選挙手続きの尊重などを要求した。当然、こうした会談は楽しい雰囲気にはならない。紅茶とクッキーをすすめられ、「ありがとうございます」と応じたあと、文句を言い続けたものだ。中国当局はとりわけ強く反発し、そうした問題はほかの誰でもなく、中国が決めることだと主張した。

通常、この種の議論で譲歩は生まれないが、意見交換に価値がないわけではない。少なくとも、人権問題を取り上げれば、人権を侵害している者たちを守勢に立たせ、記者団からの質問攻めに遭わせることができる。さらに、命を救うこともできる。ジミー・カーターとロナルド・レーガンは正反対の大統領だったが、ふたりは一九八一年初めの政権移行期に歴史的な連携を見せた。韓国の軍事独裁政権は当時、国内で最も名の知れた民主派反体制活動家、金大中《キム・デジュン》の死刑執行を準備していた。反共姿勢の強いレーガンなら、韓国のすることに反対しないと確信したからだ。しかし、レーガンはカーターの要請に応じて国家安全保障トップの側近をソウルに派遣し、死刑に断固反対すると伝えた。こうして金大中は生き延び、私はその一八年後、韓国大統領に当選した彼と会談する光栄に浴したのである。

私が人権擁護をめぐるアメリカの立場を尋ねられたら、「立場」という視点が的外れだと答える。本来問うべきは、人権を支える責任を負っているのは誰なのかだ。答えは「全員」である。ひとつ汚点があるだけでものを言う資格を失うのであれば、どこの政府であれ、他国からの批判や制裁を恐れることなく、国民に殺人や拷問などの残忍な仕打ちができる。世界はいまより不安定で、苦しみに満ちた場所になるだろう。それを望む理由があるだろうか。自分がガラスの家に住んでいる以上、アメリカ人はその家を修理しなければならない。しかし、このことは民主主義と独裁の衝突に「見ざる、聞かざる」を決め込む言い訳にはならないのだ。行動を拒み、何の基準も持たないことを断罪されるくらいなら、ダブルスタンダード〔二重基準〕を批判される方が好ましい。

ここ数十年、わが国は世界史上最大の雇用泥棒の被害を受けてきた。ペンシルベニアの皆さんは、誰よりもこのことを分かっている。われわれの工場の操業が止まり、われわれの製鉄所が閉鎖され、われわれの雇用が盗まれて遠くの国々に持っていかれた。その中には、名前すら聞いたことのない国もある。政治家は他国の国境を守るために兵士を派遣したが、アメリカ国境はあけっぴろげのままで、誰でも不法入国できる。

私たちは世界規模のプロジェクトに次々と際限なく金を払ってきたが、いまだに犯罪集団がわが国になだれ込んでいる。自国民に安全を提供することさえできなかったのだ。

私たちの政府は拙速に国際合意に加わった。アメリカが費用を払い、負担に耐える傍らで、他国が得をし、何も払わない合意だ。

二〇一七年四月、ペンシルベニア州ハリスバーグでのトランプの発言である。典型的なトランプ節に聴衆は沸き立った。ここでもまた、陰鬱な現状認識が描かれている。大統領によれば、アメリカは「何年ものあいだ、狡猾で、抜け目なく、手強い連中になめられ、あざけられ、奪われてきた」。彼はアメリカ国民に、交渉官たちの被害者という自己認識を持たせたがっている。彼らは何の見返りもなく外国人に手土産を渡し、他国にそのかされて露骨に不公平な貿易合意や気候条約に署名したというのだ。この陰鬱な分析は、不当な扱いに怒る多くの国民に歓声と拍手をもって迎えられた。怒りの理由はそれぞれだ。経済的な困窮もあるかもしれないし、社会や文化の変容への不快感もあるかもしれない。あるいは懐疑論者たちが確信しているように、大半の公務員が無能か、不正に手を染めているか、その両方だという感情もあるかもしれない。

トランプは何十年も前から同様の見解を口にしてきたのだから、本心を偽っていると考える道理はない。しかし、彼のやり方はデマゴーグ〔扇動政治家〕のそれだ。現状分析を語らせれば、嘘やナンセンスに満ちた主張を次々がなり立てる。議論をさせれば、不安を利用して怒りをかき立てようとする。もっと客観的な話し手だったなら、ペンシルベニア州の失業率が数年前の八パーセントから五パーセント未満に低下していたことや、州内の二〇万人余りの雇用が主にカナダ、メキシコ、中国への輸出に支えられていることに触れたかもしれない。全米の数字を見ても、二〇〇九年から一六年までのあいだ、インフレ率は抑制され、失業率は当初の半分を下回り、雇用者数は一二〇〇万人増加した。トランプが引き継いだ経済の競争力は、スイスより大きな国に限れば世界最高だった。改善の余地はつねにあるものの、アメリカは交渉で敗北を重ねてきたというトランプの話は明らかに間違っている。どうやら彼の意図は、怒りに向き合い、和らげることではなく、怒りを燃え上がらせることにあるようだ。

トランプ政権の外交政策の立案者たちは、自分たちが築いた構図をふたつのラベルで説明する。「道義的現実主義」と「アメリカ第一主義」だ。前者はただのスローガンにすぎない。後者もスローガンだが、過去に用例がある。一九四〇年に設立された〈アメリカ第一委員会（AFC）〉だ。第二次世界大戦への参戦が予想されていた当時、不戦主義者、孤立主義者、親ナチス派が反戦のため結成した組織で、選抜徴兵登録制度の創設やルーズベルト主導のレンド・リース法案の成立に異論を唱えていた。法案は、ドイツの猛攻を耐え忍んでいたイギリスに食料と武器を補給する内容だった。会員は設立から一年足らずで八〇万人を超え、財界の大物から社会主義者まで、政治的主張にかかわりなく幅広い支持者を獲得した。その人気を大いに後押ししたのが、飛行士として名を馳せていたチャールズ・リンドバーグだ。

リンドバーグはアメリカには戦う理由がないと考えており、ユダヤ人の影響力により自国が参戦へと進むことを懸念していた。

日本が真珠湾を攻撃した四日後、ヒトラーはアメリカに宣戦布告した。AFCはすぐに解散し、それから数十年、未熟さと道徳的不見識の代名詞となって汚名を背負い続けてきた。いま、「アメリカ第一」が再び姿を現したが、このスローガンは一体何を意味しているのだろうか。

大統領は「貿易、税金、移民、外交に関するあらゆる決定は今後、アメリカの労働者、アメリカの家庭の利益のためになされる」と語っている。国連演説では「私はつねにアメリカを第一に置く。あなた方と同じだ。自国の指導者たるあなた方も、つねにみずからの国を第一に置くつもりであり、つねにそうする義務を負っているではないか」と明言した。すべての国が自国の利益に関心を集中させる――この推定を前提とすることに、特に意外性はない。むしろ、これ以外の前提を想定する人がいるだろうか。トランプの言い分が無視しているのは、どんな国であれ、他国の命運に利害を左右されるということだ。リンドバーグはナチスが支配するヨーロッパとの共存に前向きだった。戦争のリスクやコストを背負うよりも、その方が好ましいと考えたからだ。この考えが社会に広がり、第三帝国の支配が続いていたらどうなっただろうか。本当にアメリカの利益になったのだろうか。

トランプ政権の幹部たちは大統領のことを、「世界は『地球共同体』ではなく、国家、非政府主体、企業が関わり合い、優位を求めて競争する場所であるとの明晰な見解」の持ち主だと称賛する。だが、トランプの論理には疑問符がつく。現実の世界が『セサミ・ストリート』の世界と少し違うのは事実だ。しかし、現実の世界というのは、すべての国の人が住みかとしなければならない場所でもある。私たちの存在の総和を二〇〇余りの国々の優位獲得合戦に矮小化することは、明晰というよりも近視眼的だ。人も国家も競争はするが、競争だけをするわけではない。アメリカの小さな町か、アフリカの村か、アジアの都市を想像してほしい。そこには共同体意識も、責任の分担も、他者への関心もなく、近隣住民を犠牲に「勝利」を目指す冷酷な戦いだけが日々続いているとしたら、誰の利益が第一とされるのだろうか。

経済、安全保障、テクノロジー、環境、保健・衛生に関する国際的な課題はほぼすべて、一国で取り組むより近隣国と協力した方がうまく対処できる。外交官の仕事は、そういう協力関係を育むことだ。人生を不毛な生存競争ととらえるトランプの見解は、複雑な相互依存関係でできた世界をとらえ損ねている。この世界では多くの場合、力を合わせなければ、与えられた状況から最大限の成果を得ることはできない。

責任ある政府はこれを理解しているのだが、たいていの痛みはそれ以外の政府が引き起こしている。「○○第一」を国際関係の鉄則にすれば、専制を正当化する万能の言い訳を暴君たちに与えてしまう。たとえば、北朝鮮政府が核兵器を開発するのは、自国の利益を第一にするからこそだ。また、プーチンのクリミア半島併合は、ロシアの願望を国際法より上位に位置づける行動だった。さらに、イランは自国の利益にかなうからこそ、近隣諸国の問題に干渉する。それに、帝国勢力は何世紀ものあいだ、自国や専制君主の立場を強めるため、植民地の人々に物理的、経済的な暴虐を働いた。ヒトラーは祖国が「優位を争う」ことに役立てるため、チェコスロバキアを侵略した。その根底にあるファシズムは、国家には、自分が欲しいというだけで欲しいものを手に入れる権利があるという理論だ。決して優れた行動規範ではない。

トランプの見解にはもうひとつ、将来の見通しを曇らせる要因がある。友好関係を築く動機に欠けることだ。すべての国が他国より少しでも優位に立つことだけを目指すようになったら、信頼も、米英のような特別な関係も、協力の恩恵も、冷笑主義への報いも存在し得なくなる。私たちが互いに与えられるものが、冷笑しかなくなるからだ。NATOに対するトランプの奇妙な見方は、この姿勢で説明がつく。彼はNATOを保護事業ととらえている。アメリカは兵力を貸し出して他国に安全保障を提供しているのだから、数十億ドルの「貸し」があるという発想だ。個人的に、私はNATOを商売の問題として認識したことがない。それよりずっと価値のあるものだ。この同盟は他に類を見ない政治的、軍事的な合意であり、ヨーロッパとアメリカが共通の危険に備え、訓練し、情報共有を行い、共に戦うことを七〇年余り前から可能にしてきた。NATOは世界平和の礎石であり、私たちの総意を示す生きた証拠だ。値段はつけられない。

私はジョージタウン大学で担当している講座で、外交政策にどのような手段があり、それをどう使うべきかを教えている。私が見る限り、トランプは単位を取るのに苦労するだろう。彼は脅しとはったりの名人を自任している。控えめに使う分には、効果を生み得る戦術だ。たとえば冷戦期、ヘンリー・キッシンジャーはソ連から譲歩を引き出すため、ニクソンにはやや常軌を逸したところがあり、思いどおりにならなければ何をしでかすか分からないと言った。トランプの自制のなさを踏まえると、この戦略は真実味の点で有利に働くだろう。彼は精神的に不安定な人物に見えるかもしれない。ただし、何をしでかすか分からないというのは人物的な特徴であって、戦略ではない。問題は、侮辱や突飛な脅しを好む大統領の性格が、国家安全保障上の具体的な目標を達成する計画につながっているのかどうかだ。

仮につながっているのだとして、その計画に実効性はあるだろうか。主要国の指導者たちは、トランプをなだめるためにアメリカの目標への支持を強めるだろうか。それとも、彼を無視して独自の合意に向けた交渉をするだろうか。はたして、トランプがしていることは各国指導者の支持を得るための説得なのだろうか。それとも、中東でのサウジアラビアのように、誰かに操られて他国の目標に同調させられているだけなのだろうか。いまのトランプの仕事には、経験と、的確な判断力と、今日の決定が明日の世界に及ぼす影響を把握する視野が必要だ。その点で、彼は他国の指導者に比べてどれほど優れているのだろうか。

多くの分野と同様、外交政策をどう認識するかは、外交政策のあり方を決める一因になる。新たな可能性に気づくために、外交上の慣例を無作法に無視するトランプ流が必要なケースもあるかもしれない。個人的に、その可能性は否定しない。私自身もそうだが、責任ある立場にいた者がみずからの任期を振り返れば、積み残した課題の数々に必ず後悔を感じるものだ。ひょっとすると、本人の主張どおりトランプは解決策を知っていて、より優れた貿易合意を生み出し、アラブ・イスラエル間の和平を確立し、北朝鮮の核問題を終結させ、暴力的な過激主義と闘うことができるのかもしれない。私はそうであることを願っている。

トランプを知性に欠けた人間とみなす向きもあるが、私はそうした非難には与しない。それでもなお、彼の安定性を懸念していることは白状する。また、自尊心の明らかな脆さにも不安を抱いている。これまで公になっている限りでは、トランプには実績が乏しいのだが、彼は自分の仕事ぶりへの疑念を一切認めない。米紙『ニューヨーク・タイムズ』の取材には「（前略）それで、私はポーランドに行って演説する。メディアにいる私の敵たちは、歴代大統領による外国での演説の中で一番素晴らしかったと言っている」と語った〔取材は二〇一七年七月のポーランド訪問の後に行われた〕。また、米テレビ局FOXニュースのインタビューでは、国務省の高位ポストの空席が記録的な数に上っていることに関し、「重要なのは私だけだ」と発言した。さらに米誌『タイム』の質問には「私は非常に直観的な人間だが、私の直観は当たる」と応じた。そして、ツイッター上では全世界に対し、自分は「非常に安定した天才」だと表明した。

天才かどうかはさておき、現政権には見ていて苦痛を感じることが多い。大西洋を渡り、アメリカが民主主義的な仕組みや価値観への脅威として語られるのを聞くと、ショックを受ける。トランプ政権発足の一ヶ月後、欧州理事会議長はEUを脅かす四つの危険として、ロシア、テロリズム、中国、アメリカを挙げた。また、ドイツ首相のアンゲラ・メルケルはトランプのヨーロッパ訪問後、「私たちが互いを全面的に信頼できた時期は、ある程度終わっている」と言って怒りを示した。調査によれば、二〇一七年初め以降、アメリカへの敬意は著しく低下している。アメリカ大統領は正しい行動をとると信頼するドイツ人は、前任のオバマ政権期には八六パーセントだったが、トランプ政権下で一一パーセントになった。また、フランスでは八四パーセントから一四パーセント、日本では七四パーセントから二四パーセント、韓国では八四パーセントから一七パーセントへとそれぞれ低下している。

トランプが大統領の仕事を実地で学んできたのは事実だ。ときには、責任の重さをしっかり認識している様子も見せる。クリミア関連の対ロシア制裁が維持されたことや、苦境にあるウクライナに武器が送られたこと、ISISに対する実効的な軍事作戦が実施されたことについては、功績を認められてしかるべきだ。また、二〇一七年一二月にはグローバル・マグニツキー法を発効させた。汚職と人権侵害を犯した個人や団体に罰則を科す法律だ。大きなニュース以外にも、アメリカが立場を変えていない重要課題は多い。しかし彼は、決して掲げるべきでなかった選挙公約を果たそうとすることが、あまりに多い。実例は枚挙にいとまがないが、一部を挙げるだけでも、気候変動対策に関するパリ協定を放棄し、北米自由貿易協定（NAFTA）の利益をリスクにさらし、イラン核合意をけなし、メキシコ国境への壁建設に資源を浪費し、イスラム教徒の入国禁止を試み、外交、開発、環境・衛生への予算の削減を提案した。これらを含む措置により、アメリカには世界的な問題の解決を主導する意欲はもとより、対策に貢献する意思すらないのではないかとの疑念が広がった。偉大なアメリカを目指すのであれば、私たちは進む道を間違っている。

私はよく、あなたは楽観主義者と悲観主義者のどちらかと尋ねられる。答えは「たくさん心配する楽観主義者」だ。ジョージ・ワシントン政権からバラク・オバマ政権までに積み上げた国際的信用があれば、アメリカは恥ずかしい現状から立ち直れるとずっと信じている。しかし、傷がどれだけ、いつまで広がり続けるか分からないため、心配もしている。

生じ得る傷には、いくつか種類がある。まず、トランプの当選だけでも、アメリカ国民の判断力や、妥当な結果を導くことに関する民主主義システムの信頼性に対し、国際社会で疑念が生じる。これは、自由を求める世界中の活動家たちを落胆させ、独裁者などアメリカとの意見の隔たりが大きな指導者たちに歓迎される事態だ。

アメリカ大統領が自分の言葉の受け取られ方を堂々と無視するさまは、ときに世界を呆然とさせる。そこには、ヨーロッパやアジアの長年の同盟国も含まれる。私たちは非常に深く利益を共有しているため、同盟諸国は可能な限りアメリカとの協力を続けるだろう。しかし、トランプが信奉する一国主義的な思考様式が彼の退任後もアメリカに残ることを恐れる国は多く、私もそれを懸念している。

大統領が習慣的に他国をけなすせいで、アメリカが膨大な信用を失っただけでなく、アメリカの政府や政策に敵意を示す政治家が外国で当選しやすくなっている。また、イスラム教徒を敵視するトランプの姿勢は、アメリカはイスラムと戦争状態にあり、信徒を抑圧したがっているとのテロ指導者の言説を補強するため、さらに有害だ。彼は就任から間もない時期にアラビア半島を訪問し、イランを公然と非難し、アラブ諸国に武器を売り、それを暴力的な過激主義との戦いにおける歴史的勝利と呼んだ。しかし、そんなことはなかった。二〇一七年一二月には、エルサレムをイスラエルの首都と認定し、この決定により中東和平の実現が近づくと言った。発言が本当であればいいのだが、アメリカ外交官たちが中東における誠実な仲介者としての信頼を完全に失う可能性の方が高い。

トランプの時代遅れの貿易観にもコストがある。輸出入の不均衡を是正しても、アメリカ全体の繁栄や稼ぎのいい雇用の創出には効果がほとんどないのだが、彼はそれに執着している。時代に合わせた通商合意の改定に力を入れたり、労働・環境基準を引き上げたり、既存の法規を執行したりする代わりに、侮辱や最後通牒を口にすることを選ぶ。オバマ政権が提案した環太平洋連携協定（TPP）からの離脱は、アメリカがアジア・太平洋という世界一活発な地域で信望を失う一因となった。中国ではこの間、国家主席の習近平が、一八世紀の清王朝の最盛期以来、最も強力な指導者として台頭してきた。歴史上、アメリカはアジア・太平洋地域における中国のプレゼンスに対してカウンターバランスの役割を果たしてきたが、対外関係に対するトランプの場当たり的な姿勢は自国の印象を傷つけている。その間も、中国政府は太平洋地域、中央・南アジア、ヨーロッパ、中東、北アフリカ、ラテンアメリカ、つまりほぼ全世界で体系的に経済的影響力を拡大しているのである。トランプが「アメリカ第一」に執着するおかげで、中国はアメリカよりも著しく高い関税を課し、厳しい市場規制を施行し、外国投資に分厚い障壁を設けながら、自国を自由貿易の守護者と印象づけることができる。ひとつの領域における影響力はしばしば他の領域に及ぶ。そのため私は、次のアメリカ大統領が引き継ぐ世界では、経済問題だけでなく、労働条件やメディアの自由、宗教の自由、人権といった重要分野における基準の引き下げが、中国主導で進んでいるのではないかと危惧している。

現在の行動が将来の展望に大きく左右されることは、覚えておかなければならない。アメリカに見捨てられたと感じた国や、アメリカの指導力に不安を感じた国は、より強引な単独行動の必要があると考えるかもしれない。それが賢明な行動ではない可能性もある。少なくとも、外交政策上の保険をかける際、アメリカを投資先から外し、アメリカ以外との関係強化しか選択し得なくなることは考えられる。さらに、過激な言葉や不用意な脅しによって突発的に緊張が高まり、一部の者が恐怖で自制を失い、崖下で待ち受ける戦争へと全員で突き進むことになりかねない。中東と朝鮮半島をはじめ、不安に値するだけの問題含みの場所は十分に、そして確実に存在する。冷戦期のアメリカは、大統領が外国指導者と直接話して誤解を解消できるよう、ホットラインを設置した。しかし、この案がいまどれだけ信頼できるかは、私には分からない。

要するに、私は一九二〇年代や三〇年代を支配していた国際環境に戻ることを懸念し、その不安を以前よりもずっと真剣にとらえている。当時、アメリカは国際舞台から身を引いていた。また、世界中の国々がより大きな、より長期的な目標に目もくれず、みずからの国益と見定めたことばかりを追い求めていた。ホロコーストを生き延びたイタリアの作家、プリーモ・レーヴィは、どの時代にも独自のファシズムがあると記し、「警察の脅しによる恐怖だけでなく、情報を否定、歪曲し、司法制度を傷つけ、教育制度を麻痺させ、秩序が支配していた世界への郷愁を、無数の、巧妙な方法で広めることによって」も、事態は致命的な領域に達しかねないと続けた。彼が正しいのであれば（私は正しいと思っている）、今日の私たちに荒々しく打ち寄せる幾重もの政治的、社会的な潮流に対し、合理的な懸念が生じる。この潮流は、テクノロジー革命の暗い側面や、権力の腐食作用、アメリカ大統領による真実の無視、人格否定を含む侮辱を許容する姿勢の広まり、イスラム嫌悪、公の議論に広く存在する反ユダヤ主義によって加速される。私たちはまだそこに至っていない。しかし、ここに挙げた事柄からは、ファシズムが成長の糧を見つけ、個人の悲劇が数百万倍にも増大した時代に近づいていることが感じられる。

第16章　悪　夢

ベルトルト・ブレヒトの戯曲『アルトゥロ・ウイの興隆』は、ファシストが共同体のトップに上りつめるさまを、シカゴの青果市場を舞台に寓話化した作品だ。作中では、野心家のギャングが悪徳な取り巻きにうながされ、政治家をゆすって有力な地位に就く。そこから、少しの裏切りと、周到に狙いを定めたいくらかの暴力、わずかな演説指導、ちょっとばかりの脅しによって、ライバル全員を蹴落としていく。主人公のギャングは終幕までに、大衆をそそのかし、記者たちを沈黙させ、裁判所を恐怖で服従させ、反対派を残らず排除してしまう。しかもそれを、自分が「愛されていない」ことを認めながら実行する。

『アルトゥロ・ウイの興隆』は一九四一年に書かれた作品だ。ヒトラーの台頭を戯画化するとともに、ファシズムが獰猛な略奪者となり、臆病さ、強欲さといった人間の弱さに瞬く間につけ込む過程を描いている。さらにブレヒトは、街角に生まれたファシズムが国家の高い地位に到達するには、社会の複数の層から支持を得る必要があることを強調している。ブレヒトの洞察にはいまも価値がある。メディアのあいだで、ファシズムをポピュリズム〔大衆迎合主義〕の合理的な帰結として描き、その両方に対する支持の源泉を、不満を抱えた低位中所得層に見いだそうとする傾向が増しているからだ。反民主主義的な心理が、ひとつの経済階層に限られた特徴であるかのような扱いである。しかし、実態は違う。ポピュリストであることは、本質的に偏向や不寛容を伴うわけではない。メリアム・ウェブスター辞典が「大衆の権利、知恵、美徳（の存在や価値、力）を信じる者」と定義しているとおりだ。そう信じる人々の大きな輪に加わるかと訊かれたら、私は「入れてください」と答えるだろう。

アメリカでは、ポピュリズムという言葉は何よりもアメリカ人民党を連想させる。一八九〇年に創設された政党だ。作物を運ぶ鉄道料金の高さに憤る農家など、全土の労働者の支持を集めていた。党の大統領候補ジェームズ・B・ウィーバーは、富裕層への増税や電話・電信事業の国有化、「新世界の富を集めた高慢な億万長者たち」への抵抗を公約し、一八九二年の本選挙で五州をものにした。

四〇年後の一九三〇年代には、ルイジアナ州選出の上院議員、ヒューイ・ロングが左派の立場からフランクリン・ルーズベルトへの批判を繰り返した。「誰もが王である（Every Man a King）」とのスローガンを掲げ、アメリカン・ドリームの適正な分け前を否定された人々の代弁者を自称したのである。ロングが「富を共有せよ（Share Our Wealth）」と銘打った運動を通じ、所得保障、資産制限、老齢年金制度の導入を盛んに主張すると、それに共鳴して二万七〇〇〇を超える団体が創設された。ロングには政敵が多く、彼はそのひとりによって一九三五年に暗殺された。生きてさえいれば、世界恐慌が続く中で有力な大統領候補になったかもしれない。*

一九六〇年代末には、アラバマ州のジョージ・ウォレスが右派の立場から政府批判を展開し、富裕層や「福祉の女王」（福祉に頼って暮らす女性への蔑称。制度を不正に利用して贅沢をしているとの認識で使われ

＊ ロングは、シンクレア・ルイスによる一九三五年の警告的小説 *It Can't Happen Here*（仮訳『ここで起こり得ないこと』）の上院議員、ベルゼリウス・ウィンドリップのモデルと考えられている。ウィンドリップはファシストを支持基盤に大統領に当選する。

る」、ヒッピー、公民権運動家、「自転車をまっすぐ停めることさえできない頭でっかちの大学教授」に対し、巧みに愚弄の言葉を見舞った。ロングと同様、ウォレスもファシストと呼ばれることが多かった。第二次世界大戦の終盤に陸軍航空隊の軍曹を務めた彼は「君ら青二才がおむつをしていた頃、私はファシストを殺していた」と反論している。一九七二年、ウォレスはメリーランド州で選挙活動中に銃撃され、残りの人生を車椅子で生活することになった。また、その後は過去の人種差別を謝罪し、アラバマ州知事に再選された。

二〇年後、石油事業で巨万の富を築いたテキサス州の富豪、ロス・ペローは、親しみやすく、現状への強い倦怠感を抱え、リバタリアニズムを旨とする節約家のナショナリストという立場から、政界の既存権力層全体を批判した。一九九二年の大統領選、ペローはビル・クリントン、父ブッシュと戦い、一九パーセントを得票している。選挙戦では汚職と財政赤字への対策を訴えるとともに、「大きなすすり音」への反発を示した。アメリカの企業と雇用がメキシコに移ることを表現したのである。さらにペローは、二大政党が「ゲッベルスも羨んだであろうワシントンのプロパガンダ装置」として大きな政府を宣伝していると非難した。

ここで挙げた例は氷山の一角にすぎない。

共和制が始まった当初から、アメリカの選挙候補者たちは大衆の「権利、知恵、美徳」を深く信頼していると主張してきた。それはなぜか。大衆とは多数派のことであり、多数派を味方につけることはきわめて優れた選挙戦略だからだ。それを踏まえると、アメリカ大統領選で親しみやすいニックネームの候補者が勢いづくのもうなずける。例を挙げると、

- アンドルー・ジャクソン：年寄りヒッコリー（Old Hickory）〔頑健さをヒッコリーの木にたとえた。軍指揮官時代、病気で衰弱した部下に自分の馬を与えて行軍を続けたことから〕

・ジェームズ・ポーク：若いヒッコリー（Young Hickory）〔ジャクソンとの関係の深さから〕
・ザカリー・テイラー：古くて質実剛健（Old Rough and Ready）〔軍指揮官時代、現場の下士官たちと苦労を分かち合った姿勢から〕
・アブラハム・リンカーン：線路工（the Rail-Splitter）〔くさびと槌で木を割り、線路用の材木に加工する仕事をしていたことから〕
・ユリシーズ・グラント：無条件降伏（Unconditional Surrender）〔南北戦争中、敵に無条件降伏を要求したことから〕
・ジェームズ・ガーフィールド：ボート屋のジム（Boatman Jim）〔一〇代の頃に運河のボートで船員として働いていたことから〕
・ウィリアム・ジェニングス・ブライアン：偉大な庶民（the Great Commoner）〔一般大衆の知恵を信頼する姿勢から〕
・ロバート・M・ラフォレット：闘うボブ（Fighting Bob）〔共和党在籍中、改革を主張して幹部とたびたび衝突したことから〕
・ハリー・トルーマン：とっちめろ（Give 'Em Hell）〔共和党を批判する演説の際に沸き起こった歓声から〕
・ロナルド・レーガン：ザ・ギッパー（the Gipper）〔俳優時代の出世作の役名から〕

といった具合だ。さらに、バラク・オバマ、子ブッシュ、ふたりのルーズベルトなど、名門大学出身の候補者たちも、可能な限りポピュリスト心理を刺激したし、リチャード・ニクソンでさえ、無視された有権者、つまり「サイレント・マジョリティー」の守護者を名乗った。

歴史上、ポピュリズムは幅広く影響力を行使してきたが、いまや多くの人がその封じ込めを決意しているようだ。国際人権団体ヒューマン・ライツ・ウォッチの二〇一七年の年次報告書には、「ポピュリズムの危険な台頭」と題する論稿が掲載されている。ポピュリズムが本質的に市民的自由への脅威であるかのような書き方だ。ニュース編集者は、ウラジーミル・プーチンを世界的なポピュリズムの旗手と書くことが多い。側近を元KGB工作員で固め、拡声器を手にしたデモ参加者に何よりいらつく人物なのだが。ドナルド・トランプもまた、富豪らしい生活を送り、政権幹部に大金持ちを集め、ホテルのベッドメークやTRUMPブランドの衣料品の縫製に好んで外国人を雇っているにもかかわらず、いつもポピュリストと書かれている。ヨーロッパでは極右の政治運動が「非リベラル」的な傾向を理由にポピュリストと呼ばれているが、その基準を採用すると、軍事独裁体制を敷く国は世界屈指のポピュリズム国家ということになる。

だが、考えてもみてほしい。街頭デモをポピュリズムの象徴と考えることが理にかなっているとしても、韓国、ブラジル、ルーマニア、ペルー、グアテマラなどの例が示すように、デモ隊が最も頻繁に要求しているのは汚職の取り締まりだ。不正を暴くことに関して、非リベラル的な要素は少しもない。また、移民への反発はポピュリストの特徴とみなされることが多いが、従来のアメリカでポピュリズムの発露とされてきたのは、幼少期に親などに連れられて不法入国した移民「ドリーマー」を支援する運動の方だった。この運動は、地域社会で無視されてきた声に力を与えようとする取り組みだ。同様に、人種的偏見は必ずポピュリストと結びつけられるし、その連想が妥当な場合もあるが、誰よりも多くのアメリカ人を街頭デモに参加させた人物は、マーティン・ルーサー・キング・ジュニア牧師なのだ。大衆は牧師の呼びかけに応じ、腕を組み、変化を求めるプラカードを掲げて通りを歩いたのである。こんにちのヨーロッパでは、右翼と左翼のデモ隊が対峙することがよくあるが、一般大衆を代弁しているのは一体どちらなのだろうか。

これでは筋が通らない。一部の人が言うように、ポピュリストが民主主義の将来をめぐる壮大な議論の悪役なのだとしたら、正義は誰にあるのだろうか。エリート主義者だろうか。私はそうは思わない。事実として、自由に対する致命的な脅威は、ポピュリストよりもエリート主義者の方だ。ただし、どちらの単語も精密さに欠け、濫用がひどいせいでほとんど意味をなさなくなっている。私たちは、目の前の現実をもっと的確に表現する必要がある。

　ファシストには二種類いる。命令する者とされる者だ。大衆の支持はファシズムに対し、歩くための脚と、ものを言うための肺と、脅しに必要な腕力を与える。しかし、それはファシズムの首から下の部分だ。庶民の恐怖と希望から専制政治が生まれるには、資金力がいる。野心と歪んだ思考もいる。これこそが、致命的な組み合わせなのだ。裕福な支援者がいなければ、ムッソリーニ伍長とヒトラー伍長の名が広まることはなかっただろう。すべてを賭けて支配力を手に入れようとする衝動がなければ、ふたりが災禍を生み出すことはなかっただろう。

　一定以上の規模がある政治運動はたいてい、多かれ少なかれポピュリスト的だ。しかし、それだけでファシスト化することはないし、不寛容に陥ることさえない。移民受け入れの制限または拡大、イスラムへの非難または擁護、平和のためのロビー活動または戦争の扇動、どれを目指すにせよ、民主的な手段で目標を追い求めている限り、すべて民主主義的な取り組みだ。ある運動をファシズムにするのは、イデオロギーではない。勝利を手に入れ、他者を服従させるために必要であれば、武力行使も人権蹂躙もいとわず何でもするという意志だ。

　ファシズムには、もうひとつ覚えておくべき特徴がある。たいていの場合、目立たないかたちで登場するということだ。ぎゅうぎゅうの地下室にいたムッソリーニや街角にいたヒトラーをはじめ、往々にして重要そうに見えない人物から始まる。彼らは劇的な出来事が起こったとき、ようやく前面に出てくる。そして、行動の機会が訪れ、ファシストたちだけが攻勢の準備を整えてあるタイミングが来たときに事態が展開する。小さな侵害行為が看過されるうちに大きな侵害行為へと発展し、反対すべきことが容認されるうちに異論がかき消されるのだ。

政府はすぐにでも報道機関の抑圧に手をつけ、一社を沈黙させると、二社目を黙らせることをより簡単に考えるようになる。議会は政党をひとつ非合法化すると、それを前例にして同じことをする。多数派は一部のマイノリティーから権利を奪うと、そこから行動をエスカレートさせる。デモ参加者を殴り、処罰を免れた治安部隊は、躊躇せず同じことを繰り返すようになる。そして、ある国の独裁者が弾圧によって権力拡大を果たすと、別の国の支配者も同じ道を歩み出す。ムッソリーニのやり口がすぐに真似され始め、ニワトリの羽根を一本ずつむしり取ることが繰り返されてきた。

あるドイツ人は、自身が体験した第三帝国の勃興を次のように語っている。証言者は教養に優れていたものの、政治的感度が高くなかった人物だ。

このプロセスは、内部で暮らしていてもまったく気がつきません。どうか信じてください〔…〕一歩一歩がとても小さいか、重要そうに見えないか、うまく説明されているか、場合によっては「後悔」を伴っていたため、事態が日々展開していく様子が目に見えなかったのです。例外があるとすれば、始まりの時点でプロセス全体から切り離されている者か〔…〕、「愛国心のあるドイツ人」なら怒りを感じようのない一連の「小さな措置」が将来何を招くのか、理解している者だけでした。ちょうど、トウモロコシの一日の成長が畑にいる農民の目に見えないのと同じことです〔…〕。

そして、もし感じとれればの話ですが、すでに手遅れになったある日、信じていたものが崩れ、すべて自分に降りかかってきます。この頃には、自己欺瞞という厄介な荷物は、あまりに重くなっている。それで、小さな出来事によって、いきなりすべてが崩壊する。私の場合、それは小さな息子、まだ赤ん坊と言ってもいいくらいの子供が、「ユダヤの豚」と口にしたことでした。すべてが、まさにすべてが、目の前で完全に変わってしまいました。

ファシズムは一気に飛躍を遂げるのではなく、徐々に根を張る。この傾向を考えると、アメリカでも手遅れになる可能性はないだろうか。アメリカ合衆国はこの病に強いのか弱いのか、どちらなのだろうか。

それを考える前に、白い長丈のナイトシャツを着たアンクル・サム〔アメリカまたはアメリカ政府を擬人化した架空の男性。第一次世界大戦中の兵士募集ポスターで有名〕を想像してほしい。彼は寝返りを打ちながら、三つのひどい悪夢にうなされている。

第一の悪夢では、保守派の大富豪たちがメディアの独占を図り、お気に入りの大統領候補の選挙陣営に資金をつぎ込む。当選後、自分たちに従順な判事を選ばせる思惑だ。そして、イスラム教徒の入国禁止や妊娠中絶の非合法化、不当な投票制限、公立学校から私立学校への教育予算の付け替え、石油掘削地に関する規制の全廃を定めた法律が施行される。また、放送免許の交付・剝奪を決めることや、グアンタナモ収容所を拡張して国内の犯罪容疑者を拘束すること、大統領に対する捜査を妨害することが、すべて大統領権限として認められる。さらに、ゆりかごから墓場まで、一生を保守的なエコーチェンバーの中で過ごす国民がどんどん増えていく。彼らはFOXニュースだけを見て、ブライトバート・ニュースの理屈を頭に刷り込み、好戦的な右翼集団が知らしめたがることだけを学びながら暮らす。その結果、気候変動が進み、大洪水で都市が冠水する中、市民が重武装の自警団を組織し、私有地を警護することになる。

第二の悪夢では、大統領は「自衛」のため発砲した者には必ず恩赦を与えると公約し、彼らを鼓舞している。ハリウッドやニューヨーク出身のリベラル派富裕層が、お気に入りの大統領候補に資金をつぎ込む。当選の暁には、政府、警察、メディア、スポーツ団体、劇場、大学、幼稚園の教室に至るまで、主な公共機関すべてで厳格なポリティカル・コレクトネスの基準を施行させる思惑だ。そして、この曖昧な不文律を破った者、あるいは破ったとの疑いをかけられた者は誰であれ、偏狭の烙印を押されて仕事をクビになる。また、公の集会の講演者から右翼が締め出される。彼らが言論の自由を実践すると、強硬な反ファシストの神経を逆撫でしかねないからだ。さらに、トイレを男女別にすることは差別として禁止される。それから、テロリストが大量に流入する。入国を防ごうとすると、人種による選別が必要になるからだ。このほか、国民が武器を携行する権利を認めた合衆国憲法修正第二条は破棄され、化石燃料は禁止され、社会主義的なエコーチェンバーの中で一生を過ごす国民が増える。彼らは、ファシスト的リベラルたちが知らしめたがることだけを学ぶ。

第三の悪夢では、アメリカが複数のテロ攻撃を受け、数千人が死亡し、アメリカ国内を拠点とするイスラム過激派が犯行声明を出す。動揺した大統領は、政府を信じ、私刑に及ばないよう国民に懇願する。ホワイトハウスは強い姿勢が必要なことを認めながら、イスラム教徒の一斉検挙やモスクの閉鎖を拒む。次のテロ、その次のテロ、また次のテロが起こると、魅力的な若き雄弁家がテレビ、そしてツイッター上に出現し、二大政党の指導者たちは臆病者だと批判する。さらに、アメリカは嘘によって意気地を奪われ、枷《かせ》をはめられて力を発揮できなくなっていると言い、革命を起こしてその嘘から国を解放しようと呼びかける。この雄弁家は、忌まわしいテロ攻撃で罪のない男女、さらには子供たちが殺されたのと同じように、テロリストを粉砕し、壊滅させると宣言する。また、炎の洗礼によって大いなる覚醒をもたらし、かつての独立し、誇り高く、勇敢で、純粋で、神の祝福に値したアメリカを復活させることを誓う。聴衆は、来るべき苦しい闘いに向けて心身の準備を整えるよう求められる。テロリストだけでなく、テロリストを擁護する者、支援する者たちとの闘いだ。彼は、敵はすでに攻撃の準備を進めているため、先制攻撃しか勝つすべはないと警告し、「ためらうことは許されないのです！」と叫ぶ。「われわれは野蛮人と呼ばれるでしょう。結構です。われわれは野蛮人であることを目指しているのですから。名誉ある称号ではありませんか。決意を固め、アメリカを取り返すのです！」

私はジョージタウン大学大学院で担当している授業で、「ファシスト運動がアメリカに確たる足場を築く可能性はあるでしょうか」と問いかけた。すかさず、ひとりの若い男子学生がこう答えた。「はい、あります。理由は、そんな可能性はないと私たちが確信しているからです」。アメリカ国民は自分たちの民主主義体制の強靭さを信頼しているがために、その内部が劣化していくのを長く見過ごしてしまうという理屈である。私たちは対策に動く代わりに、すべてうまくいくと気楽に構えて事態を放置する。そして、ある朝目覚めてカーテンを開けたとき、アメリカがファシスト的な国家になっていることに気づくのだ。

学生は説明を続けた。彼の見解では、民主党と共和党、どちらの指導部もトランプへの対処の仕方が分からずにいる。トランプは大統領選に出馬して以降、貴重な戦略的助言をことごとく無視し、他の候補者なら一〇回は破滅するような不快な言動を繰り返しながら、共和党の候補者指名を勝ち取り、本選挙で当選を果たした。そんなことがどうして可能だったのか、二大政党の幹部たちはいまだに理解できていないのだ。さらに、トランプの支離滅裂な政治が多くの問題を引き起こすあいだ、彼の支持層が士気を保ち、揺るぎないままでいる理由も分からずにいる。政治家が理解できないことは、政治家には直せない。

トランプの支持率はさほど高くないのが実情だが、対決を強いられる議会指導者たちの支持率よりは堅調だ。それでいて、議会指導者たちは、トランプ躍進のきっかけとなった党派的な舌戦に加わり続けている。共和党は自分たちを見下す人物に党を乗っ取られたにもかかわらず、敢えて反発を示す者がほとんど現れず、腰抜けに見える。一方、民主党は、わが身に同じことが起こり得ると思っていないように見える。これまで「死活的に重要な中道」は、物議を醸す問題での分断からアメリカを救ってきたが、いまや孤立している。歴史的に見て、より極端な問題が起こる兆候だ〔死活的に重要な中道（vital center）。大統領在任中のビル・クリントンなどが、アメリカ国内の左派と右派の結束を呼びかける文脈で使った言葉。これを最初に政治用語として使った歴史家アーサー・シュレジンガーは「ファシズムを右、共産主義を左に置いた上での、自由民主主義」を意味すると説明し、左派と右派のあいだを示す用法に難色を示している〕。

いまのアメリカに必要なのは、両党の責任ある指導者が国民のニーズを満たすため協力すると率直に公約し、総合的な行動計画を示すことだ。しかし、共和党は右派、民主党は左派に寄った姿勢を変えない。広範な利益を代表した恒久的な合意が成立する余地はあるのだが、政治的スペクトルにおいて唯一、それが可能な位置には、ぽっかり穴が開いたままだ。数年後、トランプは民主主義の気まぐれを証明する忘れられない教訓になっているかもしれない。アメリカ政治に全治数十年の大怪我をさせた張本人にもなっているかもしれない。その傷が癒えるまで、すべての大統領が失敗するだろう。実現不可能な公約を掲げる候補者しか当選できなくなるからだ。トランプ流を拒絶すべきか模倣すべきか、政治家たちが最近の経験からどちらを学ぶかによって、多くのことが決まる。

そうした状況は、先行きに対する懸念の一因になっている。また、ほかにも不安材料がある。

歴史が教えているとおり、ファシストは選挙を通じて高い地位につくことができる。その第一歩は、権力の中枢の権威を貶めることだ。たとえば立法府、アメリカで言えば連邦議会が標的になる。先ほどとは別の学生が指摘したことだが、アメリカは二〇〇一年以降、同年九月一一日の同時多発テロを「計画、承認、実行、補助」した者への武力行使を認めた議会決議にもとづき、ずっと戦争を続けてきた。

全部でわずか六〇単語の規定だ。ブッシュ、オバマ、トランプの各大統領は、この簡潔なフレーズによって各国での対テロ作戦を正当化してきた。作戦の実施地はアフガニスタン、パキスタンにとどまらず、カメルーン、ジブチ、エリトリア、エチオピア、ジョージア〔旧グルジア〕、イラク、ケニア、リビア、ニジェール、フィリピン、ソマリア、シリア、ウガンダ、イエメンに及んでいる。それどころか、作戦の多くは、二〇〇一年の時点で存在すらしなかった組織を標的としている。元となった決議と後の行動をつなぐ糸がすっかり伸びきって、目に見えないほど細くなっているのだ。

憲法上、戦争を宣言し、武力行使の限度を定める権限は議会にある。そのことを議員たちが主張したがると思うかもしれない。だが一部を除き、民主、共和両党の主流派は責任逃れを選んできた。タカ派は新たな決議が大統領の枷になることを恐れ、ハト派は大統領に白紙の小切手を与えることになりかねないと警戒する。だから、議会は何年経っても何もしない。結果として、三代の政権にまたがる歳月、幾千もの攻撃が、効果と必要性に対する大統領の判断だけにもとづき命じられてきた。将来の濫用のリスクがこれより高い権限は想像しがたい。オバマはこのことに気づき、議会に新法の制定を求めたが、徒労に終わった。議会はこの分野で仕事をしていない。同じことは、ほかにも多くの分野で起こっている。議会が極度に政治化し、予算承認、政府人事案の審査、客観的な調査、政府機関の監視、あわただしく法案を採決する前のしっかりした公聴会など、機能を十分に果たしていないのだ。

学生たちは、さらに面倒な展開を指摘している。ファシズムが社会・経済的な不満を助長することだ。たとえば、「自分は受け取るべきものを受け取っていないのに、よその連中は過剰な厚遇を受けている」という思い込みがある。こんにち、何らかの不満を抱えている人は、すべてと言っていいほど多いらしい。製鉄工は失業し、ファストフード店員は低賃金に苦しみ、学生は借金漬けになっている。実業家は政府の規制を嫌がらせのように感じているし、退役軍人は病院の予約を延々待たされている。キリスト教原理主義者は、クリスマスが攻撃されていると思っている。専門的な職業に就いている女性たちは、ガラスの天井に頭を擦りつけている。ウォール街の金融業者は不当に悪者扱いされていると感じ、大富豪は相変わらず税金を取られすぎだと思っている。

正当かどうかは別にして、個人が不満を抱えることは、間違いなく人間を人間たらしめる要素だ。このことは、カインが弟への嫉妬を打ち消そうと決めたときから変わっていない。いま、懸念が高まっているのは、怒りを和らげる有効な仕組みがないせいだ。すでに書いたように、メディアと情報に関しては、誰もが透明な膜の中にとどまる傾向がある。その透明な膜が、私たちに難しい問題を多面的に見るよううながすのではなく、不満を強めるように働くのだ。私たちは客観的に分析・評価するよりも、自分と同じ意見を持ち、対立する判断や視点の持ち主たちの考えをあざ笑うことをうながす人を探してしまう。すでに多くの場面で、侮蔑がアメリカ政治の決定的な特徴となっている。そうなると、私たちは他者の意見を聞く気を失い、ときには他者が意見を言うことすら煩わしく感じる。そうやって、学習プロセスが急停止し、扇動家に好都合な聴衆が生まれるのだ。扇動家たちは、他者への正当な反発を旗印にして、さまざまな不満層を結集させるすべを知っている。例として、次の呼びかけを見てみよう。「いま、左派と右派の最も優れたところをすくい上げる運動が求められています。アメリカを構成する多様な人々のあいだに新たな連帯を生み出し、ひとつの国民、ひとつの国となるときなのです」。無害な内容だが、これを主張しているのは〈アメリカの黒シャツ隊〉を名乗る集団だ。

議論の節目で、学生たちは信頼というテーマに着目した。信頼はどのように構築されるのだろうか。あらゆる立場の人が耳を傾ける個人や機関など、存在するのだろうか。このふたつの疑問に答えることは、本来よりも難しくなっている。政治の世界では、幅広く尊敬を集める指導者が希少化している。理由はほかでもなく、中道に基盤を置こうとすると、極端な人々による攻撃に対して無防備になってしまうからだ。本選挙で勝つ可能性が最も高い候補者は、予備選を勝ち抜けない。対立派閥の橋渡しをしようとする議員がいても、片方からはその価値を否定され、もう片方からは不実を非難される。米誌『リーダーズ・ダイジェスト』がアメリカ国民に最も信頼されている人物が誰かを調べたところ、トム・ハンクスを筆頭に四位まで映画俳優が並んだ。架空の人物を演じる人たちだ。私たちが最も信頼する人物は、現実には存在しないらしい。

報道機関はどうだろうか。私の世代は、三つの夜のニュース番組を見て育った。ジョニー・カーソンの話を聞くために夜更かししたり、ジェームズ・レストン、フローラ・ルイス、マリー・マクグロリー、ウィリアム・ラズベリー、ウィリアム・バックリーといった著名コラムニストたちの思索を追ったりしたものだ。彼らが提供してくれる情報には、アメリカ社会をまとめる強い力があった。

皆がひとつの信条に賛同していたわけではない。むしろ、二大政党にはかなりの分断があったし、その狭間ではアメリカ・ナチ党、共産党、ブラックパンサー党、ジョン・バーチ協会、イッピー〔青年国際党〕、クー・クラックス・クラン〔KKK〕が勢力を競い合っていた。そんな中、釣り合いを保つ大きな役割をメディアが担っていたのである。大衆は主要各紙の社説に自分で目を通していたし、『ライフ』『タイム』『ニューズウィーク』『ローリング・ストーン』といった雑誌の最新号の表紙に誰が載っているのか、ほとんどの人が知っていた。皆でリビングルームに座り、大統領の埋葬、その弟の埋葬、ふたりのあいだに行われたキング牧師の埋葬を見守った。初めてテレビ中継された戦争も、最初の月面着陸も、史上初の大統領辞任も目撃した。意見が割れることもしばしばだったが、少なくとも皆が同じ情報を土台に話を始めていた。しかし、現在はそれが成り立たない。こんにちの国民の情報源は千差万別で、信頼に足るものもあるが、そうでないものも多い。そして私たちは、党派的なプロパガンダとフェイクニュースに騙されているのは自分ではなく、相手側なのだと信じて疑わない。

私の授業は決して悲観一色ではない。ある学生は、同時多発テロに際してジョージ・W・ブッシュが見せた対応のうち、軍事作戦以外のところに希望を見いだしていた。ブッシュは国民に対し、少数のテロ集団の行為でイスラム教やイスラム教徒を責めてはならないと釘を刺した。そして、任期を終えるまでこの原則を毅然と貫き、安い称賛を得るためにアメリカのイスラム教徒を犠牲にすることも、彼らに関する嘘を広めることも、彼らが憎悪犯罪《ヘイト・クライム》の標的になった際に沈黙を通すことも、一度としてなかった。ブッシュは真珠湾攻撃以降、最も重大なアメリカ国土への攻撃に直面しながら、記憶に残すべき模範を示したのだ。

別の学生は、慢心への懸念を示したクラスメートに同意しつつ、トランプの大統領当選への反応の中に救いがあるかもしれないと語った。仲間内で、社会問題への関心が一気に表に吹き出し、デモを計画したり、デモに加わったり、選挙陣営のスタッフになったりすることへの意欲が急速に高まったのだそうだ。さらに彼女は、優れた知恵を持つ女性が何人も選挙への立候補を表明したことに興奮を覚えていた。トランプの当選がアメリカの民主主義に必要な目覚めの鐘になったのかもしれない——そう期待していた。

私も同じ期待を抱いている。しかし、忘れてはならない事実がある。こんにちのアメリカや世界に働いている凄まじい力は、ひとりが引き起こしたわけではないということだ。この潮流は、トランプが表舞台を去ってからも長いあいだ感じられることだろう。私はこれまでずっと、時間は味方だと信じてきた。傷を癒やし、教えを授け、技術革新と斬新な発想が生まれる余地を生み出してくれると思ってきた。しかし、いまはそれほど確信がない。楽天的でありたいという願望はかつてないほど強いが、好ましくない物事がいくつも目に入ってくる。経済に関しては、ビートルズのアルバム『サージェント・ペパーズ・ロンリー・ハーツ・クラブ・バンド』の一曲「ゲッティング・ベター」を思い出す。ポールが「良くなっていると認めざるを得ない（I've got to admit it's getting better）」と歌い、ジョンが「悪くなりようがない（It can't get no worse）」と皮肉で応じるところだ。すべては視点次第というわけだ。株価は上がるかもしれないが、大半の人の生活水準が長らく向上していないし、両親ほど豊かに暮らせないと確信している若者も多い。

置き去りにされているという感覚がそれほど広がっていなかったなら、大衆はもっと楽観的で、インターネットや投票台で小さな事件を起こそうという気は起こりにくかっただろう。将来への期待は重要だ。第二次世界大戦後のアメリカでは、世帯所得が飛躍的に増大した。当時は当たり前に思えたかもしれないが、実のところこれは前例のない現象だった。世界の富のとりわけ大きな割合を占める国で、大恐慌と戦争からの回復が重なったことの産物だったのだ。いま、安定的で控えめな富の増大をよしとする人々が考え、より広範な利益分配を担保する税・予算政策の改革が実行されたなら、将来の見通しは明るくなるだろう。しかし、それが実現するまで、長く待つことになるかもしれない。

さらに範囲を広げれば、これまで活気と結束をもたらしてきた理想から、私たちが切り離されようとしているという懸念もある。笑みを浮かべるとき、共に笑うよりも、互いをあざ笑うことの方が多くなっている。親戚の集まりや大学の同窓会を必ず台無しにしてしまう話題が、どんどん増えている。ただ意見が一致しないだけでなく、相手が自明の理だと思っている見解に驚愕してしまう。同じ国に住みながら、離れた銀河に暮らしているかのようだ。ふたつの銀河を隔てる空間を探査するには忍耐強さが必要だが、私たちの大半がそれを備えていない。そのせいで私たちは弱くなり、間違いなく感情に流されやすくなっている。

夢の中の光景にありがちだが、この章で示した三つの悪夢も大げさな内容だった。しかし、あの光景に表れていた感情や姿勢は実在する。そして、膨張を続ける互いへの敵意の一部になっている。その敵意は覆しがたいように見える。次なる大不況、汚職スキャンダル、人種をめぐる動揺、さらなるテロ事件、暗殺、自然災害の続発、予想外の戦争の勃発――。憲法は民主主義の針と糸の役割を果たすが、それでは繕いきれないほど分断が広がる事態は容易に思い浮かぶ。

第17章　問うべきこと

怪物と戦う者は誰であれ、途中で自分が怪物にならないよう心せねばならない。

——ニーチェ

私たちの中には、自由に対する無尽蔵の渇望がある。あるいは、私たち民主主義者はそう信じたがっている。しかし、この願望はしばしば、何をすべきか教わりたいという欲求と競合するようだ。私たちはふたつの心理のあいだで揺れている。学校教育では、生徒たちに規律を身につけさせることと、好奇心や創造性を自由に発揮させることとのあいだで、つねに適切なバランスを保とうとする。宗教界では、教典を丸暗記して学ぶことを好む人がいる一方、教典の教えを出発点としつつ、知恵を追い求めることにより、普遍的経験や思考への扉が開かれると考える人もいる。ユダヤ教のラビたちがあらゆる疑問に疑問で応えると批判されたときは、「では、なぜあなたはそう考えるのでしょうか」と返すのが定番だ。キリスト教の福音書を見ると、イエスは自身が明言したことに対して、みずから多くの疑問を呈している。ビジネスや軍事の世界でも、従わなければならない鉄則がある一方、新たな見識を得るため教条的な因習を退けるべきだと言われることがある。

私たちは皆、制約にあらがう権利や前例のない挑戦をする権利の価値を認めている。しかし、別のことにも価値を認めている。特に、恐怖や怒りを感じているとき、混乱しているときには、自由を少し譲り渡してでも指示や命令が欲しくなるかもしれない。譲り渡すのが他人の自由なら、苦痛はなおのこと少なくてすむ。ビル・クリントンは、大衆は先が見通せなくなると、正しく弱い指導者よりも強く間違った指導者を選ぶと言った。歴史を通して見ると、大衆の熱狂を生み出すことに関しては、扇動政治家が民主主義者を上回ることが少なくない。前者の方が後者より決断力に優れ、判断に自信を持っていると思われることが大方の理由だ。

比較的平穏な時代であれば、私たちは辛抱強く待てるものだ。政策上の課題に一筋縄では行かない問題があることも、慎重に考えるだけの価値があることも理解している。指導者に対しては、専門家の意見を聞き、できるだけ多くの情報を集め、仮説を検証し、実行可能な選択肢を国民に示し、意見を言う機会を与えることを望む。このように、私たちは長期的な計画の必要性を理解し、熟慮は美徳だと思っている。だが、すぐに行動が必要だと判断すると、遅さが我慢できなくなるのである。

そういうとき、多くの人が「あなたの考えは?」と聞かれることを望まなくなり、進むべき先を示してもらいたくなる。ファシズムに始動のチャンスが訪れるのは、こうして他の選択肢への不満が募ったときだ。映画の世界では個人による復讐の物語が人気だが、それには理由がある。筋書きはご存知のとおりだ。まず、主人公の家族や恋人が殺されたり、娘が誘拐されたり、レイプ犯が裁きを免れたりと、法に従う善良な市民が傷つく。警察は役に立たない。そして、私たちは突然、リーアム・ニーソンやブルース・リー、ジョディ・フォスター、バットマンなど、スクリーン上の復讐者に自分を重ねる。強烈な怒りは必ず標的を探し求め、法的手続きが顧みられることはない。悪が滅ぶと、私たちは歓声を上げる。それが人間の性《さが》だからだ。少なくとも、それは人間の性の一部なのだ。

映画の主人公と異なり、国家や民族が短絡的解決を渇望し始めるとき、その怒りの源が個人に深く根ざした出来事にあるとは限らない。ムッソリーニとヒトラーは第一次世界大戦で多くの命が失われたあと、民衆の苦痛と不満を利用した。金日成は四〇年にわたる専横に傷ついた国において、守護者と導き手を演じた。ミロシェビッチとプーチンは、冷戦の余波が残る中で深い井戸の底から民族主義的な憤りをくみ上げた。チャベスとエルドアンは、政治・経済危機の打撃を受けた中所得層が貧困に陥る中、権力の座に上り詰めた。オルバーンや彼に同調するヨーロッパの右派政治家は、宗教、文化、人種の多様性に由来する心理的圧迫から有権者を守ることを約束している。時代を大きくさかのぼれば、敵に囲まれた古代イスラエル人たちは預言者サムエルに王が欲しいと嘆願し、「私たちを導き、私たちの先頭に進み出て、私たちのいくさを戦う王を持つことで、私たちは他のすべての国々と同じようになるのです」と訴えた。サムエルは民衆に考え直すよう言った。あなた方が求める王というものは、必ずやあなた方の息子を取り上げて兵隊にし、娘を取り上げて料理を作らせ、ブドウ園も、畑も、ウシも、ヒツジも、召使いも、みずからの必要を満たすために取り上げる――そう警告したのである。それでも人々は譲らず、望みはかなえられる。そして一世紀後、王国は分裂し、傾き、滅亡へと進んでいく。

強い指導者を欲することに反対すべき理由はない。弱い指導者を熱望する者など、ほとんどいないのだから。しかし、高潔だと思われていた国家指導者が、あとになってから重大な人格的欠陥をひとつならず露呈することは幾度もあった。最古の記録は歴史の始まりまでさかのぼり、最新の事例は現代でも生まれ続けている。一九八〇年、ロバート・ムガベはアフリカの英雄と称えられた。白人植民支配からのローデシア（現ジンバブエ）解放で担った役割を評価されたからだ。しかし、ジンバブエ大統領になってからは経済運営を誤り、汚職を助長し、人権を踏みにじり、政敵を弾圧し、二〇一七年一一月に九三歳でその座を追われるまで、長らく辞任を拒み続けた。一九八五年、ポル・ポト派（クメール・ルージュ）政権期の暴虐から立ち直る途上のカンボジアにおいて、フン・センは国を率いるのにふさわしい人物に見えた。しかし、それから三〇年余りの歳月は、彼が独裁者になるのに十分な時間だった。ウガンダでは一九八六年、ヨウェリ・ムセベニが凄惨な内戦の末に大統領になり、全面的な民主制を約束した。当時、多くの人が彼のことを、アフリカ指導者が新たな良識ある世代に移り変わる兆しと考えた。しかし、ムセベニは同輩たちが去ってからも延々と政権にとどまり、任期を重ねるごとに独裁的になっていった。

悲しいことに、このリストはまだまだ続く。ニカラグアのダニエル・オルテガ、ルワンダのポール・カガメ、アゼルバイジャンのイルハム・アリエフ。名前の長さでは、トルクメニスタンの「守護者」を自称するグルバングルイ・ベルディムハメドフが一番だ。知ってのとおり、権力には依存性があり、濫用されやすい。崇高な目的を持って公職に就いた者ですら、この誘惑にとらわれ得る。だからこそ、私たちはみずからの悪癖に注意しなければならないのだ。私たちには、きわめて深刻で少しも簡単ではない問題に直面しているときに、簡単な答えを探し求め、期待してしまう癖がある。ヒトラーの言葉を覚えておくといいだろう。一九三六年、自身の人気について説明したときの発言だ。「何が私を現在の地位に押し上げたのか、お教えしよう。政治上の問題が難しく見えたことだ。ドイツ国民にはまったく理解できなかった［…］。一方、私は［…］それをきわめて簡単な言葉に分解した。大衆はこのことに気づき、私に従ったのだ」

二〇一七年一〇月一九日、私は列車でニューヨークに向かった。ジョージ・W・ブッシュ〔子ブッシュ」主催の「自由の精神」を祝う会合に出席するためだ。ひと昔前、ブッシュが大統領で、私が元国務長官の肩書きで仕事をし始めた頃は、政策上の問題で意見が食い違うことが多かった。それでもなお、彼の鷹揚で楽観的な姿勢や個人としての品格に、私はいつも感心していた。いま、そういう資質が公職者のあいだで希少になりすぎている。

ブッシュはこの会合のため、重要なメッセージを用意していた。静かに、しかし断固とした口調で、国内外における政治的対話の劣化に警鐘を鳴らしたのだ。彼は、やむことのない党派的な分断や、孤立主義と保護主義の再来、自国や自民族を誇る気持ちが歪んで生まれた移民排斥的な偏見、一部の陰謀論や明らかな虚構を無分別に受け入れる姿勢を批判した。「私たちは心の底で知っています。抑圧が未来まで続く潮流ではないことを。〔…〕私たちは知っています。自由な政府こそが、強きを公正たらしめ、弱きを尊重されしめる唯一の道であることを。そして、私たちが理想を見失ったとき、それが民主主義の失敗ではないことを。それは、民主主義を維持し、守る責務を負った者の失敗なのです」

私にも発言の機会があったので、いつものように危機感を表明した。現政権には、アメリカに友人の助けは必要ないと考える人々がいる。しかし私の見解では、テロの阻止や核拡散の防止、生活水準の向上、環境保護、感染症対策、国際的な麻薬密売組織の検挙など、何に取り組むにせよ、アメリカは他国とうまく協力する必要がある。そこには当然、アメリカ国境の警備も含まれる。建設的な議論や連携を恐れたり、渋ったりする理由はどこにもない。アメリカは狡猾な外国人に五〇年も利益を奪われてきた間抜けな国だというのは、ばかげた発想だ。過去のどんな時代にも劣らないほど危険な時代にありながら、アメリカが責任を逃れられると考えるのは、単純に悲しいことだ。そんなアメリカは、私が知っているアメリカではない。

ジョージ・H・W・ブッシュ〔父ブッシュ〕、ビル・クリントンの両大統領はアメリカを「不可欠な国」と呼び、私も国務長官として誇らしい気持ちでそれに加わった。だが現在では、アメリカはみずからの選択の結果、国際情勢の形成において、以前よりも敬意に値しない、とるに足らない国になったのではないかと懸念している。また、そうしたアメリカの影響力の低下が一因となり、世界の自由、繁栄、平和に対するファシズムとファシスト的政策の脅威が、第二次世界大戦が終わって以降、類を見ないほど深刻化していると考える。ここで、第1章で示した私の結論に立ち戻ろう。ファシストとは、国や民族、集団全体の代弁者を自称し、他者の権利をまったく気にかけず、目標達成のため手段を選ばず、必要なら暴力でも何でもすすんで使う者のことだ。私は大人になってからずっと、アメリカはそういう指導者、政党、運動の行く手を阻むことに関し、頼りになる国だと思ってきた。八〇歳になって、そこに疑念が芽生えるとは思いもしなかった。

ここまでのページを覆っている影の主は、ドナルド・トランプにほかならない。トランプが大統領に当選したのは、自分は歯に衣着せぬ真実の語り部であり、交渉の達人であり、実力を伴ったアメリカの利益の代弁者であるという主張が、勝つべき州で十分な数の有権者に受け入れられたからだ。実際のところ彼がそのどれでもないという事実は、私たちを不安に陥れるだろうが、それとは別にもっと大きな不安の種がある。トランプが現代アメリカ史上初の反民主主義的な大統領であることだ。彼は民主主義の仕組みや平等と社会正義の理念、価値観や意見の異なる者同士の対話、市民道徳、アメリカそのものを、日々あまりにも頻繁に、朝早くから、これ見よがしに貶める。もしトランプが民主主義を守る仕組みが少ない国に移住したら、独裁者のオーディションを受けることだろう。彼の本能は独裁へと続いているからだ。この恐ろしい事実には望ましからぬ影響がある。国際問題における群集心理は強力だ。世界中の指導者たちは、互いを観察し、互いから学び、互いを真似する。他の指導者がどこに向かい、何から逃げおおせ、どうやって権力を固めて永続させるのか、様子を見ているのだ。ヒトラーがムッソリーニに続いたように、彼らは他の指導者のあとに続く。こんにち、この群衆はファシストへの道を進んでいる。

マドゥロ、エルドアン、プーチン、オルバーン、ドゥテルテ、そして唯一の真正のファシストである金正恩。一人ひとりに違いはあるものの、全員をつなぐ共通点もある。たとえば、数十年の闘争と犠牲の末に確立された民主主義の規範が共有されないよう、自国の人々を誘導し、そうした規範を支持する国民的合意から遠ざけてきた。また、頑なな性格で、国家指導者の地位に就くことを暫定的な特権ととらえず、強制的なやり方によってできるだけ長く欲求を満たす手段と考える。さらに、代弁者、代表者を名乗る集団の外部との協力について、公の場で関心を示すことはない。そして、全員が自国に不可欠な「強い指導者」を自任し、「国民」を代弁していると主張し、互いを当てにしながら、同類を増やそうとする。

この暴君の集団さえ出現していなければ、トランプによる憂鬱な影響は、一時的で、御しやすい、ちょっとした体調不良にとどまっただろう。もともと健康であれば、すぐにでも回復できたはずだ。しかし、法にもとづく国際秩序はかねてさまざまな病理と闘っていて、免疫が低下している。私たちはそういう危機に直面しているのである。

私はここ数年、趣味のようにシンクタンクのプロジェクトに参加し、中東の民主主義の展望や、アメリカ内外の政治的・社会的多元主義に対する脅威などについて考察している。こう言うのははばかられるが、楽しませてもらっている。その過程ではたいてい、有識者たちがカフェイン漬けでテーブルを囲んで意見を交わし、軽食に手を伸ばしながら政策提言を執筆する。それが内部で回覧され、修正を経て公開されるわけだ。こう書くと、エリート主義者たちが権謀術数を駆使して世界を動かそうとしているのを想像するかもしれない。しかし、実際に参加している者にとって、これはきわめて控えめな営みだ。苦労してまとめ、真摯な議論の末に発表した報告が、何らかの影響力を持つことはないに等しい。私としては、もっと多くの人が中身を読み込んで参考にしてくれたら、世界の利益になる可能性はあると思うのだが。

一連の報告はすでに公開され、読み手を必要としているため、本書で紙幅を割いて詳細を列挙することは控える。大まかに言えば、私たちの提言は、政治から過剰なお金を一掃し、市民教育を向上させ、報道機関の独立性を守り、労働環境の変化に対応し、宗教間対話を強化し、インターネットという名の荒れ馬の手綱を締めることに関するものだ。このすべてを実行しなければならないし、ほかの取り組みも求められる。しかし、それだけで事足りるだろうか。

オバマは大統領だった八年間、こうした分野の大半でアメリカを前進させようと努力し、一定の成功を収めた。政権の税・支出政策は、低所得層から中所得層の賃金上昇を直接の狙いとしていた。教育省は生涯教育や職業訓練を促進し、授業料の引き下げをうながし、それと同時に、学生からお金をむしり取るだけの一部の有名営利大学を取り締まった。大統領は懸命に人種間の分断を癒やす存在になろうとした。演説で「アメージング・グレース」を一節歌うことさえあった〔奴隷貿易に従事したのちに改心し、牧師となったジョン・ニュートンの作詞による賛美歌。オバマはアフリカ系アメリカ人が集う教会での銃乱射事件のあと、死者の葬儀でこの歌を歌った〕。過去のどの大統領よりも、ソーシャルメディアやサイバー空間の複雑な実情を注視していた。しかるべき人に市民権が与えられるよう、独創性を発揮して法的な道筋を探り、移民関連法の施行に情熱を燃やした。経済の崩落が続くさなかに政権を引き継ぎ、民間セクターの雇用拡大がアメリカ史上最長に及んだあとで任期を終えた。

そして、ここに不可解なことがある。二〇一六年一一月、オバマの支持率が任期を通して最高水準にあったにもかかわらず、アメリカは地獄に落ちると訴える大統領候補が当選したのだ。

同じ謎は別の年、別の国にも見られる。ロシアでのプーチンの台頭については、一九九〇年代の惨状で説明できるかもしれない。エルドアンが初めて大統領選に立候補した二〇〇二年のトルコについても、くたびれ果てた能力不足の前任者たちが国を失墜させたあとだったため、彼が救い主に見えたという背景がある。

しかし最近は、不満の原因が以前ほど明白でも重大でもなくなっている。ハンガリーやポーランド、フィリピンといった国々は、並外れた経済的困窮が生じているわけでも、歴史的なトラウマに襲われたばかりでもない。しかも、多くの指標において、世界はかつてないほど良好な状態にある。こんにちでは、赤ん坊が健康に生まれ育つ確率も、乳幼児が必要なワクチン接種を受けられる確率も、児童が教育を受けられる確率も、長生きできる確率も、すべて過去の世代を上回っている。世界銀行の統計によれば、世界人口のうち極度の貧困状態にある人の割合は初めて一〇パーセントを切った。さらに、支援機関と民間セクターの連携により、医薬品の普及、マラリアやエイズへの対策、電力と先進的な通信手段の利用拡大が進み、非常に大きな成果が上がっている。国際体制は欠陥だらけで、シリア難民危機で逼迫した人道支援能力は限界を超えているが、開発、公衆衛生、難民保護の分野の専門家たちは、かつてないほど多くの場所、多くの人に恩恵をもたらしている。

確かに、給料はあまりに長く横ばいが続いているし、次の世代やその次の世代に職を提供するため、今後も多くの仕事が待ち受けている。満足できる理由はない。それでもなお、全体主義を多少なりとも現実的な選択と考えたくなる誘惑には、決して負けてはならないのだ。「でも、中国はどうなんだ?」と疑問を持つ人もいるかも知れない。中国の興隆は世界の富の増大に大いに寄与してきたが、それは三〇年前の指導部が経済を開放し、自由経済の原則の多くを受け入れる決断をしたからだ。中国が主要国なのは、自己流を極めているからではなく、人々が資本主義に習熟しているからなのだ。

政府に求められていることをひと通り考えた上で、過去七〇年に起こった巨大な変化を思い起こしてみてほしい。植民地主義が終焉を迎え、鉄のカーテンが取り除かれ、南北格差の改善が進み、テクノロジー革命が起こり、人の移動が活発化した。民主主義は各地で試練に直面しているが、どんな客観的な基準においても、失敗はしていないし、失敗に向かっているわけでもない。それなのに、私たちはなぜ民主主義がすでに頓挫したとか、頓挫しようとしていると感じることが多いのだろうか。

良い答えが見つからないときは、探している場所が正しいのか自分に問い直す必要がある。私はそれを、二〇年余りの大学教授の仕事で学んだ。民主主義の担い手たる私たちは、正しい問いを立てるのを怠ってきたのではないだろうか。私たちは機械が一瞬にして満足を与えてくれることに慣れすぎ、民主主義のスピードの遅さに我慢できなくなっているのかもしれない。世界を銀の皿に乗せて届けると約束しながら、その方法を少しも知らない宣伝屋たちに、いいように操られているのかもしれない。見せかけの決断力や、息つく間もなく伝えられる些末な情報、テレビのリアリティー番組で繰り広げられる作り物のドラマなど、表面的なものに騙され、混乱させられるあまり、本当のことが見えなくなり、偽物を本物と信じ込んでいるのかもしれない。偉大さや強さといった概念について話すとき、私たちは一度立ち止まり、自分が言っていることの本当の意味をよく考えるべきなのかもしれない。

歴代アメリカ大統領の中で、アブラハム・リンカーンほど広く嘲笑されながら就任した者はそういない。南部諸州の批判派からの罵倒はもちろん、北部の主要政治家たち、それも身内である共和党の政治家たちまでもが、彼を「優柔不断かつ無能」「軟弱極まりない」「意志も、勇気も、実行力もない明らかな出来損ない」と呼んでいた。リンカーンは就任式のためワシントンに向かう際、高さのない帽子と大きなコートという服装を選んだ。列車を乗り換えるとき、周囲に気づかれないようにするためだ。つまり、安全上の理由である。これで嘲笑はさらに高まった。彼は「野暮ったい田舎者（bumpkin）」「騒がしい野蛮人（yahoo）」「ゴリラ」「愚鈍（idiot）」など、いくつもあだ名をつけられていたが、どうやら臆病でもあったようだ。また、四年後にフォード劇場でリンカーンを撃ったジョン・ウィルクス・ブースは、バルコニー席から飛び降りたときに彼を「暴君」と呼んでいる。

在任中に及ぼした影響に関しては、リンカーンほど分裂を引き起こしたアメリカ大統領はいなかった。しかしこんにちでは、全米の共和党支持者、民主党支持者、歴史家、一般市民、さらには世界中の何百万あるいは何千万の人々から深く尊敬される、ひと握りの大統領となっている。彼が強い指導者だったという歴史的な評価はとうの昔に確定しているが、それは本人が「私は強い」と公言したからではない。自身が散々笑い者にされる一方、リンカーンは虐げられた人々をばかにすることも、声高に業績を自慢することも、非情さを示すこともなかった。彼は円熟した政治家で、荒々しい手段に出ることもできたし、戦争中は市民の自由を損なう政策もとった。しかし、最悪の情熱と政策を抱えた国をその醜悪さから救い出すという真の目的は、決して揺るがなかった。

リンカーンは国民とのコミュニケーションにおいても、類を見ないアメリカ大統領だった。彼ほど国民に多くを求め、率直に意思を伝えた大統領は後にも先にも例がない。南北戦争勃発の直前に行った演説では「われわれが持つ善の本分」に呼びかけ、終戦が見え始めた頃には「誰にも敵意を向けず、誰にでも慈愛の心を向ける」原則に従うよう求めた。そして、悲しみを背負った国民全体に対し、長年にわたり奴隷制を容認したことで、みずから破滅的な内戦を招いた可能性を考えるよう言った。また、復讐を渇望する者たちには、アメリカが負った傷を手当てし、「戦わなければならなかった者たち、その寡婦たち、その孤児たち」に手を差し伸べるよう訴えた。

一世紀後、大西洋を隔てた南アフリカでネルソン・マンデラが服役を始めた。収監は二七年に及び、彼は壮年期を獄中で過ごすことになる。罪状は、国内の実権と特権を独占し続ける人種差別的な弾圧者たちに反抗したことだ。この勇敢な反体制活動家は、不満を感じるだけの深い理由を抱えていた。憤りを感じるだけの正当な理由もあった。憎悪を膨らませるのに十分なだけの、数千日もの時間を刑務所で過ごした。それにもかかわらず、自分を投獄したアフリカーナーと呼ばれる人々を知ることに獄中での時間を費やし、彼らの言語、歴史、怒り、恐怖を学んだ。ようやく訪れた釈放の日、マンデラは自分を牢屋に入れた人々を理解していただけでなく、彼らと話をすることや、共通点を見いだすこと、許すことができた。最大の驚きは、彼らを率いることさえできたことだ。マンデラの政党〈アフリカ民族会議（ANC）〉は、反アパルトヘイト運動メンバーへのおびただしい不当行為に即時の裁きを求めていた。しかし、彼は大統領として要求を押し戻し、すべての側から証言を集める〈真実和解委員会（TRC）〉を設置した。さらに、高い地位に潜む誘惑に著しく強く、二期目を目指す選挙への立候補を拒絶したことも、彼の特徴だ。任期最後の国連演説では、次のように語った。

私はこれから故郷の村クヌに腰を落ち着け、その丘と同じように歳を重ね、私自身の国、そして地域、大陸、世界において新たな指導者たちが現れていることに希望を抱き続けます。誰であれ、私たちのように自由を否定されたり、難民となったり、飢えることを運命づけられたり、人間としての尊厳を奪われたりすることは、もう決して看過されないでしょう。

リンカーンもマンデラも、怪物と闘いながら、自身は怪物にならなかったのだ。

『ファシズム――警告の書』という本書の題名と内容について、騒ぎすぎだと思う人もいるかもしれない。そう思っていただいても結構だ。だが私たちは、民主主義の価値観に対する攻撃が多くの国で威力を増し、アメリカ国内で分断を引き起こしていることに気づく必要がある。目を閉じて最悪のときをやり過ごしたいという思いは、私たちを強く誘惑する。しかし歴史が教えているとおり、自由というものは守ってやらなければ生き残れないし、嘘というものは暴かなければ止まらない。

もしドナルド・トランプが大統領に選ばれていなかったとしても、私はこの本を書いただろう。そもそも本書の出版を思い立ったのは、ヒラリー・クリントン政権の第一期に民主主義を後押しするためだった。トランプ当選の影響と言えば、仕事を急がなければと思ったことくらいだ。もちろん、リンカーンほどの見識やマンデラほどの魂の大きさをすべての指導者に期待することはできない。だが、将来の指導者たちは、私たちに何を語り聞かせる価値があると信じているのだろうか。最も有効たり得る問いを立てるには、まずはそれを見極めるべきなのかもしれない。

たとえば彼らは、民族、人種、信条、党派の異なる人々が尊厳や敬意に値しないと示唆することによって、私たちの偏見を助長するだろうか。

私たちが不当とみなす行為に関し、その主に対する怒りを助長し、不満を剝き出しにさせ、復讐に目を向けさせたがるだろうか。

政府機関や選挙手続きを軽視するよう仕向けるだろうか。

独立した報道機関や職務に忠実な裁判官など、民主主義に不可欠な役割を担う人々への信頼を破壊しようとするだろうか。

国旗や宣誓などの愛国心の象徴を不当に利用し、意図的に私たちをいがみ合わせようとするだろうか。選挙で負けたとき、結果を受け入れるだろうか。それとも、証拠もなく自分の勝利を主張するだろうか。

私たちに投票を求めるだけでなく、自分にはすべての問題を解決し、すべての不安を静め、すべての欲望を満たす能力があると得意げに語るだろうか。

暴力で敵を蹴散らすと放言し、力こぶを見せて男らしさを誇示して、私たちの歓心を買おうとするだろうか。

ムッソリーニの姿勢に同調するだろうか。「群衆は何も知らなくていい」と考え、大衆はただ言われたことを信じ、「従順にされるがままでいる」べきだと言うだろうか。

あるいは、権利と義務が公正に分配され、社会契約が尊重され、夢を持って成長する余地が誰にでもある社会をつくるため、健全な中道を構築し、維持する営みに加わるよう呼びかけるだろうか。

一連の問いに対する答えは、将来の指導者たちが右翼か左翼か、保守派かリベラル派か、あるいはアメリカの場合、民主党寄りか共和党寄りかといったことは教えてくれない。しかし、私たちを導かんとする人物について、さらに私たち自身について、知るべきことをいくつも教えてくれる。自由を愛する人々にとって、その答えは安心の土台になる。そうでなければ、目を背けてはならない警告になる。

謝辞

二〇〇一年一月にアメリカ国務長官の務めを終えたとき、自分の体験を本にするのが楽しみだった。回顧録 *Madam Secretary*（未邦訳）が出版されたのは、二年半後のことだ。すでに隠居するのが普通の年齢になっていたので、本を出すのはそれっきりになると思っていた。だが、私は間違っていた。この『ファシズム――警告の書』は私が書いた六冊目の本だ。潮時が分かっていないのか、世の中の出来事に命じられるがままに考えを示し続けてきただけなのか判然としないが、私は後者だと思っている。本書は他の五冊にも増して、公の場における最近の、そして現在進行中の出来事と結びついている。そのため、細かい点は今後の展開の影響を受けるかもしれない。しかし私は、主な内容は重要であり続けるのではないかと思っている（それを恐れてもいる）。本書で取り上げたテーマは人間の本質のみならず、異なる背景を持つ人々が平和的に共存する方法を見いだすことに成功する過程、あるいは失敗する過程と深くつながっているからだ。

どんな本もチームワークから生まれる。私たちはこれまで多くの実地経験を積み、チームとして成熟を重ねてきた。いつものように、家族の助力と支えには深く感謝している。妹のキャシー・シルバ、弟のジョンと義妹のパメラ・コーベル、娘のアン、アリス、ケイティー、義理の息子たちと六人の孫たち。

彼らなしでは私はほとんど何もできなかっただろうし、執筆を心から楽しむこともできなかっただろう。

ファシズムと呼ばれる現象は、私を含む多くの人の人生において、そして私たちが生きてきた時代の歴史において、重要な役を演じた。しかし、それを知っていたとしても、ファシズムの起源や手法を理解していることにはならない。だからこそ、研究が不可欠なのだ。長年執筆を共にしてきたビル・ウッドワードによる過去の調査と多くの着想、勤勉な仕事ぶりに感謝している。同じく長年の同僚であるエレイン・ショーカスは、草稿の確認と賢明な助言というかたちできわめて重要な支援をしてくれた。リチャード・コーエンは、本書を含む六冊すべてを編集してくれている（うち一冊は飾りピンに関するものだ）。そして毎回、中核的なテーマからカンマの打ち方まで、すべてを改善してくれる。共に仕事をすることに喜びを感じる編集者だ。絶対に引退しないでほしい。

本の書き手には出版社が必要だが、業界で最高の出版社とめぐり逢えるのは幸運な書き手だけだ。しかも私は、ジョナサン・バーナム、ジョナサン・ヤオを筆頭に、ハーパーコリンズでも一流の面々に世話になっている。特にソフィア・グループマンは、本書のために膨大な時間を割いてくれた。また、ブライアン・マレー、マイケル・モリソン、ティナ・アンドレアディス、ケイト・デズモンド、ジュリエット・シャプランドも含め、同社のチーム全員に借りがある。いまも続く彼らの信頼と指導に感謝している。

ボブ・バーネットとデニーン・ハウエルは、カウンセリングの専門家として卓越した能力を発揮してくれた。彼らより聡明で好意的な人はいない。ふたりの支えを高く評価するとともに、その友情をありがたく思っている。

この本の裏表紙には満足している。写真家のティモシー・グリーンフィールドサンダースが、世界屈指の技量の持ち主であるおかげだ。決して満足な被写体でないにもかかわらず、表面的な印象よりも深いものをとらえるすべをつねに探り当ててくれる。誇らしいことに、スミソニアン国立肖像美術館では、彼が撮影してくれたもう一枚の私の肖像写真が常設展示されている。

多くの書籍と同様、本書でも草稿の段階で幾度も書き直しがあった。米国民主党国際研究所（NDI）の所長を長年務めたケン・ウォラックをはじめ、ウェンディ・シャーマン、ジム・オブライエン、ジェイコブ・フリードマン、ファリバ・ヤサイーといった同僚たちが時間を割いていくつもの章を確認してくれたことに感謝している。ケンからは数多くの重要な考察を得た。また、情報技術と民主主義の関わりについては、ありがたいことにNDIのスコット・ヒューブリが協力してくれた。

本書のような仕事は多大な時間を要するが、他の義務的な仕事に寸断されることもある。幸い、私は周囲の理解を得ながら、オルブライト・ストーンブリッジ・グループの優秀な人材と共に日々の執筆に打ち込むことができた。ジャン・ステュワートとリザ・ロマノーは、終始私の傍らにいてくれた。ふたりの助力、忍耐、技量がなければ、この本を書き上げることはできなかった。全員の名前を挙げるには紙幅が足りないが、メリッサ・エストック、ミカ・カルミオ、ローレン・コッター、ナンシー・セアコには特に感謝しなければならない。

アンナ・ストークは、調査や事実確認のために多大な時間を割いてくれた。彼女はその健全な判断力と注意力により、本書の執筆に貴重な貢献をしてくれた。また、ウィル・パルマーがコピーエディターとして素晴らしい仕事をしたことも、ここで大いに称賛したい。

私がどこかを訪ねて旧交を温めるときは、世の中に役立つ目的を念頭に置いていることが多い。私にとって、これは人生の喜びだ。話は二〇〇三年にさかのぼる。私は当時、国務長官時代に仕事をした元外相たちと連絡を取り続けようと思い立った。当初のグループ名が「マデレーンと元カレたち」だったことを覚えているが、「アスペン大臣フォーラム」が正式名称になった。年に一、二回は顔を合わせ、新たに引退した閣僚経験者たちも続々加わっている。会合では、私たちの考えをまとめた声明を出すか、論説を書くことが多い。このところは、ヨーロッパ情勢やアメリカの政治環境、そのふたつが世界に及ぼす影響を議論している。当然、本書で取り上げたテーマも議題になった。「元カレ」ならぬ元大臣のなかには、本書に知見を提供してくれた人もいる。時間と頭脳を貸してくれた面々のなかでも、友人であるロイド・アックスワージー（カナダ）、ランベルト・ディーニ（イタリア）、エリック・デレイケ（ベルギー）、ヤン・エリアソン（スウェーデン）、ヨシュカ・フィッシャー（ドイツ）、ジャイメ・ガマ（ポルトガル）、スサナ・マルコーラ（アルゼンチン）、デイビッド・ミリバンド（イギリス）、マルコム・リフキンド（同）、アナ・パラシオ（スペイン）、ゲオルギオス・アンドレアス・パパンドレウ（ギリシャ）、ユベール・ヴェドリーヌ（フランス）、クヌート・フォルバエク（ノルウェー）に、特に感謝を伝えたい。ただし、本書に記した意見が、彼らではなく私ひとりの責任に帰すことは、はっきり申し添えておく。

最後になったが、ジョージタウン大学の私の学生たちにも、深く感謝している。彼らはファシズムに関して刺激的な見解を示し、本書の実験台となることに快く同意してくれた。ラザーニャをご馳走しただけでは足りないほどの貢献だ。名前を記して謝意を示したい。ティーチング・アシスタント（TA）のフリードリク・カイザー、シャノン・ミッツィ、キルビー・ノイナー。学生のハデイル・アブデルラオフ、バッシマ・アルジフセイン、キャサリン・アヤニアン、ダニエル・ビショップ、ダイニス・ブットネルス、ヤニク・キャンベル、サミュエル・デニー、シェーン・フェイファー、アンソニー・ジョンソン、メリッサ・カラカシュ、テッド・ケニヨン、アニー・コバレフスキー、ジェニファー・リンカーン、アメリー・ローマン、ジェームズ・ロー、ゲイル・マーティン、アレクサンドラ・メンモット、サラー・オルダム、齋藤雄介、ソニー・サンティステバン、サムタ・サブラ、サリー・スカダー、アマナト・シンド、アマンダ・トエト、パトリック・ジメト。ひとりひとりに感謝を捧げる。

『ファシズム――警告の書』が問いかけるもの

油井大三郎

現在、世界の各地で再びファシズム化の危険が高まっている。そう警告するのが本書の著者、マデレーン・オルブライトである。彼女は二期目のクリントン政権で、米国史上初めて就任した女性の国務長官であり、国務長官時代に、現代版「ファシスト」と疑われる旧ユーゴスラビアのミロシュビッチ、ロシアのプーチン、北朝鮮の金正日などと交渉した経験をもっており、その印象記も貴重な証言となっている。

二重の亡命者

彼女は、一九三七年五月一五日にチェコスロバキアのプラハで生まれた。両親は、ユダヤ系カトリックの家系で、彼女のチェコスロバキア時代の名前はマリー・ヤナ・マドレンカ・コルベルであった。しかし、一九三八年九月のミュンヘン協定後、ナチスがチェコスロバキアに侵攻し、ベネシュ大統領はロンドンに亡命政権を樹立、外交官であった父親もそれに従い、家族はイギリスに亡命した。また、彼女の三人の祖父母を始め、多くの親族がナチスの強制収容所に入れられ、殺害されたという。

第二次世界大戦後、チェコスロバキアに復帰したベネシュ政権とともに、父親もチェコスロバキアに帰国し、駐ユーゴスラビア大使に任命された。その折、スイスに留学したマリーは、名前を西欧風の「マデレーン」に改めたという。しかし、一九四七年六月に米国が提案した対欧経済復興計画であるマーシャル・プランにベネシュ政権が一時参加を表明したため、危機感を抱いたソ連の圧力を受けて、一九四八年二月にチェコスロバキア共産党が決起し、共産党単独政権を樹立すると、父親は米国への亡命を余儀なくされた。

つまり、幼少期の彼女は、ナチ独裁と共産党独裁の二重の独裁政権からの亡命を体験しているのであり、本書は、そうした体験者による「ファシズム再来」の警告であるだけに、重みがあるといえるだろう。米国に亡命した父親は、デンバー大学国際関係学部の教授となり、教え子には、後に国務長官となるコンドリーザ・ライスがいた。

マデレーンは、地元デンバーの高校を卒業後、奨学金を得て、マサチューセッツ州にあるウェルズリー大学に進学、政治学を専攻した。この学生時代の一九五七年に米国籍を取得、学内の民主党組織で活動するようになり、一九五九年に卒業した。卒業直後にジャーナリストのジョセフ・オルブライトと結婚。マデレーンは子育てをしながら、コロンビア大学の政治学大学院で修士、博士の学位を取得した。博士論文は一九六八年の「プラハの春」についてであった。

民主党系知識人としての系譜

大学院時代にマデレーンは、コロンビア大学で教えていた、ポーランド出身のズビグネフ・ブレジンスキーの授業をとったが、このブレジンスキーが民主党カーター大統領の安全保障担当補佐官に就任した関係で、マデレーンもスタッフとして採用された。

しかし、一九八〇年の大統領選挙でカーターが共和党のレーガンに敗れると、マデレーンは、首都ワシントンにあるジョージタウン大学で東欧学を教えるとともに、民主党の外交顧問の役割を続けていった。一九九二年の大統領選挙で民主党のビル・クリントンが当選すると、一期目はマデレーンを国連大使に、二期目に国務長官に任命したのであった。その二〇〇〇年の大統領選挙で共和党のブッシュ（子）政権が成立し、国務長官を退任してからも、民主党国際研究所（NDI）の所長などを務めているので、民主党系の外交ブレインを自負した人物といえるだろう。

つまり、マデレーン・オルブライトという人は、東欧からの亡命者、民主党系の政治家、東欧の専門研究者という三つの顔をもっているのである。ソ連崩壊後の東欧で民主化が進むかに見えながら、ハンガリーのオルバーン・ヴィクトル政権や、ポーランドのカチンスキ政権など、極めて権威主義的な政権が登場した原因を分析する上で、東欧専門家としてのオルブライトは適任者でもあった。

本書執筆の動機

彼女自身が本書の執筆を決断するきっかけは、「私たちの多くにとって当惑の年となった二〇一六年」に発生した二つの事件にあったと、「ペーパーバック版まえがき」で述べている。つまり、英国のEU離脱（ブレグジット）とトランプ大統領の当選である。その結果、オルブライトは、「世界中の民主主義国が直面している試練や罠」について分析する必要性を痛感し、本書を出版したのであった。

つまり、オルブライトの問題関心からすれば、現在の世界各地で台頭している、極めて国家主義・民族主義的で権威主義的な政権が、戦前の「ファシズム」前夜の現象に類似しているとして、警鐘を鳴らしているのである。そこで、彼女はまず、イタリアのファシズム、ドイツのナチズム、スペインのフランコ政権、英国のファシスト同盟、米国の銀シャツ隊、ハンガリーの矢十字党、チェコスロバキアの祖国戦線など、戦前の様々なファシズム運動や国家の分析から検討を始めている。

オルブライトのファシズム論

ここで、オルブライトが紹介するファシズム現象は、ムッソリーニやヒトラーの影響を受けた国際的現象であるとともに、それぞれの国の歴史や文化に由来する一国的現象でもあった。しかし、ファシズムには共通した特徴もあり、オルブライトはそれを、「ファシストの態勢が定着するのは、社会的な拠り所が見つけられず、誰もが嘘をつき、盗み、自分のことしか考えていないように思えてくるとき」(V頁)と説明している。つまり、ファシズム成立の前提には、民衆による既存の体制に対する深刻な不満や反発があり、その条件を利用してファシストは、反体制的なスローガンを掲げ、場合によっては、嘘や暴力を行使して民衆の支持を取り付け、権力を掌握した後には反対党を一掃し、人種的マイノリティなどを虐殺するといった反民主的・反人道的行動にでるという特徴があった。

現代の「ファシスト」とは?

このような「ファシズム」の初期段階の特徴が、現在の世界で見られる権威主義的で、国家主義・民族主義的な政権の特徴と類似しているというのがオルブライトの警告である。

具体的には、ベネズエラのウゴ・チャベス政権とか、トルコのエルドアン政権、ロシアのプーチン政権などが例示されている。しかし、いずれも今のところ、選挙で政権を獲得しており、反対党派への弾圧や規制を強めているものの、民主主義を全面的に否定しているわけではない。それ故、オルブライトも、国家保安委員会(KGB)出身のプーチンのことを「小柄で青白く、爬虫類のように冷たい」印象と語りながら、「プーチンは完全なファシストではない。そうなる必要を感じていないからだ」と評価している（一六六頁）。つまり、選挙で多数を獲得できる間は、選挙制度を維持するのが、現代型ファシストの特徴とみている。

このようにオルブライトは、現在の世界にも独裁色を強めている政権が存在しているが、それらの政権は完全に選挙制を否定するまでには至っていないが、将来、ファシズムに転化する危険があるとみているのだろう。

このような「ファシズム前夜」の状況を「ポピュリズム」との関連で把握する傾向もあるが、オルブライトは、一九世紀末の米国で農民層を基盤に展開した人民党を念頭に、ポピュリストを「民主主義の将来をめぐる壮大な議論の悪役」とみることに反対し（二三四－三五頁）、「ファシスト」と「ポピュリスト」を区別するよう主張している点も興味深い。

北朝鮮の評価

オルブライトは、「北朝鮮のファシズムは金一族の家業として営まれている」（二九七頁）と述べて、北朝鮮の体制も「ファシズム」と把握している。しかし、共産主義の場合は、既成体制を革命で打倒して新政権を樹立するが、ファシズムの場合は、運動段階では「反体制」的なスローガンを掲げて民衆の支持を獲得しながら、権力を獲得した後は、既成勢力と妥協する傾向がある点で違いがある。その点はオルブライトも本書の中で認めているが、ファシズムと共産党独裁を「全体主義」として同一視する考え方は、冷戦期の米国に特徴的な傾向であり、オルブライトもその系譜を共有しているといえるだろう。

オルブライトは、クリントン大統領の北朝鮮訪問の可能性を探るべく、二〇〇〇年一〇月末に北朝鮮を訪問し、金正日と会談した。当時の北朝鮮の核保有はわずかなもので、米朝が歩み寄る可能性はあったとオルブライトは見たが、一一月の選挙で当選したブッシュ大統領がのちに北朝鮮をイラン、イラクとともに「悪の枢軸」と規定したので、対話の芽は絶たれたという。

トランプ政権の危険性

トランプ大統領について、オルブライトは「現代アメリカ史上初の反民主主義的な」人物と評価している。それは、「民主主義の仕組みや平等と社会正義の理念、価値観や意見の異なる者同士の対話、市民道徳、アメリカそのものを、日々あまりにも頻繁に、朝早くから、これ見よがしに貶める」からだという（二五二頁）。

このような「反民主主義」的人物が大統領に当選すること自体に、現在のアメリカ民主主義の危機が示されているが、その背景には、「高等教育を受けておらず、経済的な状況に不満を持っている人々」がいるとオルブライトは指摘している（一一六頁）。

つまり、オルブライトは、グローバル化で職を失った旧製造業地域の白人労働者などがトランプを支持するというアメリカ社会の分断状況の危機を指摘し、この危機を克服するには、民主・共和「両党の責任ある指導者が国民のニーズを満たすため協力すると率直に公約し、総合的な行動計画を示す」べきと主張している（二四〇頁）。

ここで彼女が強調しているのは、クリントン大統領がめざした「死活的に重要な中道（vital center）」の精神で分断を克服することである。しかし、現在のアメリカ社会では、民主党の左傾化、共和党の右傾化という形で分極化が進行しており、かつての「中道」精神の復活でこの溝を克服できるかどうか、簡単に答えがでないのも事実であろう。

マデレーン・オルブライト
ファシズム
警告の書
白川貴子・高取芳彦 訳

2020年10月1日　第1刷発行

発行所 株式会社 みすず書房
〒113-0033 東京都文京区本郷2丁目20-7
電話 03-3814-0131(営業) 03-3815-9181(編集)
www.msz.co.jp

本文印刷所 精文堂印刷
扉・表紙・カバー印刷所 リヒトプランニング
製本所 東京美術紙工
翻訳協力 リベル

Printed in Japan
ISBN 978-4-622-08943-8
[ファシズム]

著者略歴

(Madeleine Albright)

第64代アメリカ合衆国国務長官（1997-2001年）．米国初の女性国務長官．1937年，チェコスロバキアのプラハでユダヤ系家庭に生まれる．父は同国の外交官．第二次世界大戦直前に英国に避難し，戦後プラハに戻るが，1948年の共産党政権成立を機に一家でアメリカに亡命．ウェルズリー大学を卒業後，コロンビア大学で政治学博士号取得．カーター政権の国家安全保障会議スタッフ，ジョージタウン大学教授を経て，1993年，第1期クリントン政権で国連大使．1997年，第2期クリントン政権の発足とともに国務長官に就任．2001年に退任後は，民主党国際研究所（NDI）所長を務め，ジョージタウン大学大学院でも教鞭を執る．著書に *Madam Secretary*（Miramax, 2003），*Prague Winter*（Harper, 2012），*Hell and Other Destinations*（Harper, 2020）などがある（いずれも未邦訳）．2012年に米大統領自由勲章，2018年に旭日大綬章を受章．

ビル・ウッドワード（Bill Woodward）

ワシントンDCのキャピトルヒルに，妻ロビン・ウッドワード，娘メアリーとともに在住．オルブライトとの共著多数．

訳者略歴

白川貴子〈しらかわ・たかこ〉翻訳家．国際基督教大学卒業．獨協大学外国語学部講師．訳書に，クレイン『ユー・アー・ヒア』（早川書房，2019），アレグザンダー『プルーフ・オブ・ヘヴン』（早川書房，2013），クライネンバーグ『シングルトン』（鳥影社，2014），オルドバス『天使のいる廃墟』（東京創元社，2020）ほか多数．

高取芳彦〈たかとり・よしひこ〉英語翻訳者．書籍翻訳のほか，ニュース記事の翻訳・編集を手掛ける．訳書にファイフィールド『金正恩の実像』（共訳，扶桑社，2020），サンガー『サイバー完全兵器』（朝日新聞出版，2019），ハーディング『共謀』（共訳，集英社，2018），ダントニオ『熱狂の王 ドナルド・トランプ』（共訳，クロスメディアパブリッシング，2016）ほか多数．

解説者略歴

油井大三郎〈ゆい・だいざぶろう〉1945年生まれ．東京大学名誉教授，一橋大学名誉教授．専門は日米関係史，国際関係史．東京大学大学院社会学研究科博士課程単位取得退学．博士（社会学）．著書『戦後世界秩序の形成』（東京大学出版会，1985），『未完の占領改革』（東京大学出版会，増補新装版，2016），『好戦の共和国アメリカ』（岩波新書，2008），『避けられた戦争』（ちくま新書，2020）ほか多数．

人名索引

ア行

カ行

サ行

タ行

ナ行

ハ行

マ行

ヤ行

ラ行

ワ行

原　注

第1章　怒りと恐怖を操る教義

2　**生まれる力** Mohandas K. Gandhi, Surendra Bhana and Bridglal Pachai, eds., *A Documentary History of Indian South Africans*（Cape Town: D. Philip, 1984）より引用。［邦訳　M・K・ガーンディー『南アフリカでのサッティヤーグラハの歴史』1、2（非暴力不服従運動の誕生／展開）、田中敏雄訳注、平凡社（東洋文庫）、2005年］“Gandhi Explains ‘Satyagraha,’ ” South African History Online, www.sahistory.org.za/archive/44-gandhi-explains-satyagraha.も参照。

4　**冷戦の終結は全人類にとっての勝利である** 1991年1月1日、ワシントンD.C.で行われたジョージ・H・W・ブッシュによる1991年第102回米国議会における一般教書演説より引用。

4　**ヨーロッパは統一化による新たな秩序の構築を模索している** 1994年1月1日、チェコスロバキアのプラハでヴァーツラフ・ハヴェルが国民に向けて行った演説より引用。

4　**攻撃を受け、退却している** *Freedom in the World 2018: Democracy in Crisis*（Washington, DC: Freedom House, 2018）, 1頁より引用。

5　**アメリカ国民の敵** 2017年2月17日付『ニューヨーク・タイムズ』紙“Trump Calls the News Media the ‘Enemy of the American People’ ”より引用したドナルド・J・トランプの言葉。

6　**もの笑いの種** 2017年11月3日付『ワシントン・ポスト』紙のRuth Marcus, “Our Criminal Justice System Is Not a ‘Joke,’ Yet”より引用したトランプの言葉。

12　**ファシズムは二〇世紀の重要な政治改革だった** Robert O. Paxton, *The Anatomy of Fascism*（New York: Vintage, 2004）, 3頁より引用。［邦訳　ロバート・パクストン『ファシズムの解剖学』瀬戸岡紘訳、桜井書店、2009年］

14　**すべての人民は自らが所属する主権を自由に決定する権利を持つ** 1916年5月27日平和強制連盟第1回年次総会におけるウッドロー・ウィルソンによる演説。American Presidency Project, www.presidency.ucsb.edu/ws/?pid =65391を参照。

第2章　地上最大のショー

15　**現代の天才** Richard Collier, *Duce! A Biography of Benito Mussolini*（New York: Viking, 1971）, 93頁より引用したトーマス・エジソンの言葉。

15　**超人的な男** 同上93頁より引用したガンディーの言葉。

15　**レーニン主義の貪欲な牙と闘う**　同上93頁より引用したウィンストン・チャーチルの言葉。

22　**民主主義者の屋台骨をへし折ってやる**　Paxton, *The Anatomy of Fascism*,［邦訳　パクストン前掲書］17頁より引用したベニート・ムッソリーニの言葉。

22　**われわれの統治を受け入れてもらう**　Denis Mack Smith, *Mussolini*（London: Phoenix Press, 1981), 51頁より引用したムッソリーニの言葉。

23　**多様な人々が混ざりあった**　Collier, *Duce!*, 25-26頁より引用した行進の描写。

24　**私はこの味気ない陰気な議場を**　Collier, *Duce!*, 66頁より引用したムッソリーニの言葉。

25　**私が生きているこの時代に、しるしを刻みつけたい**　同上。

26　**いまだかつて［…］国民が渇望した時代はなかった**　*Enciclopedia italiana di scienze, lettere ed arti*（Rome: Treccani, 1932）内の *La dottrina del fascismo*（ザ・ドクトリン・オブ・ファシズム）

26　**危険な生き方をしなさい**　Smith, *Mussolini*, 112頁より引用したムッソリーニの言葉。

26　**史上最大の植民地戦争**　同上201頁より引用。

26　**旗を掲げ**　Collier, *Duce!*, 130頁より引用したムッソリーニの言葉。

27　**シニョーレ・ムッソリーニが姿を現すと**　1939年5月15日付『ニューヨーク・タイムズ』紙 Herbert Matthews, "Mussolini Declares War Unnecessary; Present Problems Do Not 'Justify It'" より引用。

27　**私が前進するときには**　Collier, *Duce!*, 91頁より。この言い回しは、フランスの軍司令官アンリ・ド・ラ・ロシュジャクラン（1772-94）の言葉に由来している可能性がある。

28　**イタリアには決して過ちを犯さない人物はひとりしかいない**　Smith, *Mussolini*, 180頁より引用したムッソリーニの言葉。

29　**私はしばしば、間違っていたいと思うことがある**　同上110頁より引用。

第3章　蛮族を目指す

30　**その晩は宿屋で**　Patrick Leigh Fermor, *A Time of Gifts*（New York: New York Review Books, 1977), 77頁より引用。［邦訳　パトリック・ファーマー『ヨーロッパ徒歩旅行〈1〉贈物の時』田中昌太郎訳、図書出版社、1994年］

32　**あなた方の票はいりません**　Alan Bullock, *Hitler: A Study in Tyranny*（London: Penguin, 1990), 270頁より引用したアドルフ・ヒトラーの言葉。

32　**頑固で気難しく、横柄で**　同上27頁より引用した Dr. Eduard Hüner の言葉。

35　**超特大級の嘘**　同上70頁より引用したヒトラーの言葉。

35　**騙されたと感じている人々**　Karl Dietrich Bracher, *The German Dictatorship: The Origins, Structure and Effects of National Socialism*（New York: Praeger, 1970), 63頁より引用したフリードリヒ・ニーチェの言葉。［邦訳　カール・ディートリヒ・ブラッハー『ドイツの独裁II　ナチズムの生成・構造・帰結』山口定、高橋進訳、岩波書店、2009年］

35　**われわれ国民社会主義ドイツ労働者党は**　Hitler, *Mein Kampf*, Volume Two, chapter

VII.［アドルフ・ヒトラー『我が闘争』第２巻７章　室伏高信訳、第一書房、1940年ほか］www.hitler.org/writings/mein_kampf/mkv2ch07.html.も参照。

36　**独裁者になるために生まれてきた男** Bullock, *Hitler*, 117頁より引用したヒトラーの言葉。

36　**合法的な政治活動** Bracher, *The German Dictatorship*［邦訳 ブラッハー前掲書］118頁より引用したヒトラーの言葉。

38　**合法的革命** 同上48頁より引用したヒトラーの言葉。

39　**反動勢力は私を** Bullock, *Hitler*, 276頁より引用したヒトラーの言葉。

40-41　**私の死を望むなら** *The Triumph of Hitler*, The History Place, 2002.所収の"Night of the Long Knives"より引用したエルンスト・レームの言葉。www.historyplace.com/worldwar2/triumph/tr-roehm.htm.を参照。

42　**労働者諸君。私をあなた方の保証人であると思ってほしい** Bullock, *Hitler*, 632頁より引用したヒトラーの言葉。

42　**私たちはこの本を聖典にして** Erna Paris, *Long Shadows: Truth, Lies and History* (New York: Bloomsbury, 2000), 55頁より引用したマルティン・ボルマン・ジュニアの言葉。

43　**直接ヒトラーに会ったことのある人は** Winston Churchill, *Great Contemporaries* (New York: W.W. Norton, 1990； first published 1937), 170頁より引用。

44　**偉大なる詩人たちが夢見ていた大ゲルマン帝国を育てる** Bullock, *Hitler*, 632頁より引用したヒトラーの言葉。

第４章　同情無用

46　**愚かで野蛮な、ヨーロッパの国家には似つかわしくない** Collier, *Duce!*, 148頁より引用したベニート・ムッソリーニの言葉。

46　**アルプス山脈の南にいる偉大なる男** Robert M. Edsel, *Saving Italy: The Race to Rescue a Nation's Treasures from the Nazis* (New York: W.W. Norton, 2013), 10頁より引用したアドルフ・ヒトラーの言葉。［邦訳　ロバート・M・エドゼル『ミケランジェロ・プロジェクト　ナチスから美術品を守った男たち』（上・下）高儀進訳、角川書店、2015年］

47　**ヒトラーは話して話して話しまくり** Bullock, *Hitler*, 678頁より引用したガレアッツォ・チアーノの言葉。

49　**男にとっての戦争は** 1939年４月28日にムッソリーニがイタリア下院で行った演説より。

49　**容赦のない全面戦争** Peter Wyden, *The Passionate War: The Narrative History of the Spanish Civil War, 1936-1939* (New York: Simon and Schuster, 1983), 446頁より引用したムッソリーニの言葉。

50　**残忍になれ** Bullock, *Hitler*, 526頁より引用したヒトラーの言葉。

51　**ヒトラーはいつでも既成事実をつきつけてくる** Collier, *Duce!*, 178頁より引用したム

ッソリーニの言葉。

53　**恐怖の雰囲気を広める必要がある**　Wyden, *Passionate War*, 108頁より引用したエミリオ・モラ将軍の言葉。

56　**われわれ三人は**　Bullock, *Hitler*, 609頁より引用したヒトラーの言葉。

56　**人生で最大の過ち**　同上。ヒトラーの言葉。

第5章　カエサル勢の勝利

59　**前世紀は西欧の冬の時代**　Oswald Spengler, *Decline of the West* (New York: Knopf, 1922).［邦訳　オスヴァルト・シュペングラー『西洋の没落』村松正俊訳、五月書房；新装縮約普及版、1996年ほか］

59　**圧倒的な傲慢さ**　John Simkin, "Oswald Mosley", Spartacus Educational より引用したジェニー・リーの言葉。http://spartacus-educational.com /PRmosley.htm.を参照。

60　**ヘブライ人であろうと、他の何人であろうと**　同上より引用したウィリアム・ジョイスの言葉。

62　**数千年前に中央アジアの高原から移動して**　Houston Stewart Chamberlain, *Aryan World-View* (Henderson, NV: Patriot Press, 2002), 11頁より引用。

63　**アーリア文化の復活**　*Economic and Political Weekly* 2000年1月22日224号の Marzia Casolari, "Hindutva's Foreign Tie-Up in the 1930s: Archival Evidence" より引用。http://www.sacw.net/DC/CommunalismCollection/ArticlesArchive/casolari.pdf.を参照。

64　**イエス・キリストが幼子をそばに来させたように**　Mark D. Van Ells, "Americans for Hitler――the Bund", *America in WWII*, August 2007より引用。ウィスコンシン州ミルウォーキーでナチスのユースキャンプに参加した少女の言葉。

64　**ローゼンフェルトとジュー・ディール**　同上より引用したフリッツ・クーンの言葉。

65　**やつらがわめきはじめた**　Michael Feldberg, "But They Were Good to Their People", My Jewish Learning より引用したマイヤー・ランスキーの言葉。www.myjewishlearning.com/article/but-they-were-good-to-their-people/2.を参照。

第6章　崩　壊

71　**爆弾が落下してくる大音響**　Prokop Drtina, *Československo můj osud* (Prague: Melantrich, 1991), 573頁より。著者の翻訳による。

73　**何千万もの人々**　Bullock, *Hitler*, 642頁より引用。ヘルマン・ゲーリングによる1941年5月23日の戦争指令。

75　**ずっとましな**　David F. Crew, ed., *Nazism and German Society, 1933–1945* (London: Routledge, 1994), 180頁より引用。

75　**束縛の解放からの解放**　同上3頁より引用したドイツのスローガン。

78　**あなたは人民の献身的な協力を信じておられる**　Collier, *Duce!*, 218–19頁より引用したディーノ・グランディの言葉。

78　**あなたはイタリアで一番憎まれている人です**　同上229頁より引用したヴィットーリオ・エマヌエーレ国王の言葉。

79　**完全にバランス感覚を失う**　同上317頁より引用したベニート・ムッソリーニの言葉。

81　**犠牲になるな。独裁者の奴隷になるな！**　チャーリー・チャップリン監督『独裁者』(Hollywood, CA: Charles Chaplin Film Corporation, 1940). 清水俊二訳より引用。

第7章　民主政治の独裁

83　**国家の概念は包括的**　Benito Mussolini, "Doctrine of Fascism"〔ベニート・ムッソリーニ「ザ・ドクトリン・オブ・ファシズム」〕

85　**人間の魂を形作る**　Michael Geyer and Sheila Fitzpatrick, eds., *Beyond Totalitarianism* (New York: Cambridge University Press, 2009), 319頁より引用したヨシフ・スターリンの言葉。

89　**貴国の政策には賛成しかねます**　Josef Korbel, *Tito's Communism* (Denver, CO: University of Denver Press, 1951), 124-25頁より引用したユーゴスラビアの陸軍将校の言葉。

93　**沈黙か監獄かです**　I.F. Stone, *The Haunted Fifies: 1953-1963* (Boston: Little, Brown, 1963), 80頁より引用したロシア市民の言葉。

95　**名前を連ねたリストがあります**　Jack Anderson and Ronald W. May, *McCarthy: The Man, the Senator, the "Ism"* (Boston, Beacon Press, 1952), 194頁より引用したジョセフ・マッカーシーの言葉。

95　**非常に巨大な、きわめて不名誉な陰謀**　同上237ページを参照。

第8章　遺体がたくさん

99　**ファシズムはムッソリーニとともに滅びてはいません**　1945年6月26日、カリフォルニア州サンフランシスコにおける国際連合の創立総会でのハリー・S・トルーマンの言葉。

102　**われわれはセルビアとの統一を確保する**　1991年9月1日付『ニューヨーク・タイムズ』紙 Steve Engleberg, "Carving Out a Greater Serbia" より引用したスロボダン・ミロシェビッチの言葉。

第9章　難しい芸当

113　**憲法は戦いの舞台を描いているだけ**　Bracher, *The German Dictatorship*［邦訳　ブラッハー前掲書］193頁より引用したアドルフ・ヒトラーの言葉。

114　**統治するのは難しい芸当だ**　Edith Hamilton, *The Roman Way* (New York: W.W. Norton, 1932) 58頁より引用したキケロの言葉。

119　**専門家の意見にはもううんざり**　2016年6月3日「スカイ・ニュース」でファイサ

ル・イスラムのインタビューに答えたマイケル・ゴーヴの言葉。

122 **民主主義は単なる国家の形態ではなく** Karel Čapek, *Talks with T. G. Masaryk*, ed. and trans. Michael Henry Heim（North Haven, CT: Catbird Press, 1995).［邦訳　カレル・チャペック『マサリクとの対話——哲人大統領の生涯と思想』石川達夫訳、成文社、2004年］を参照。

第10章　終生の大統領

125 **無責任なポピュリズム** 2013年3月6日『スレート』誌の Brian Palmer, "Why Did Hugo Chávez Hate the United States So Much?" を参照。

131 **感覚に圧倒された** Rory Carroll, *Comandante: Hugo Chávez's Venezuela*（New York: Penguin Press, 2013), 4-5頁より引用したガブリエル・ガルシア・マルケスの言葉。［邦訳　ローリー・キャロル『ウーゴ・チャベス——ベネズエラ革命の内幕』伊高浩昭訳、岩波書店、2014年］

133 **あのときの気持ちを、どうやって忘れることができるだろう** 同上188頁より引用したウゴ・チャベスの言葉。

135-36 **一四年前には、貧しいこの地域の人たちは** Lisa Sullivan, "Yo Soy Chavez, Tu Eres Chavez, Todos Somos Chavez," Chicago Religious Leadership Network on Latin America, https://www.crln.org/refection-on-the-death-of-hugo-chavez. を参照。

137 **転がり込んでくる** ミュージカル『エビータ』（1976）のアンドリュー・ロイド・ウェバーとティム・ライス作詞・作曲による「金は出ていく湯水のように」。

139 **クーデターを扇動し、権力を奪い** 2017年4月12日付『ワシントン・ポスト』紙 Mariana Zuñiga and Nick Mirof, "Venezuela's Opposition Holds Its Biggest Protests in Years. Will They Change Anything?" より引用したニコラス・マドゥロの言葉。

第11章　偉大なるエルドアン

141 **モスクはわれわれの兵舎である** Ziya Gökalp, "The Soldier's Prayer"（1912）より引用。

143 **人民の意に反しても、人民のために** Steven Kinzer, *Crescent and Star: Turkey Between Two Worlds*, rev. ed.（New York: Farrar, Straus and Giroux, 2008), 47頁より引用した政治スローガン。

144 **よその党には党員がいる** Soner Cagaptay, *The New Sultan: Erdogan and the Crisis of Modern Turkey*（London: I.B. Taurus, 2017), 69頁より引用した、ネジメティン・エルバカン〔トルコ首相：1996～97年〕の言葉。

146 **暗闇に輝く星** 2014年11月24日付『デイリー・ビースト』（米ニュースサイト）William O'Connor, "The 20th-Century Dictator Most Idolized by Hitler" より引用したアドルフ・ヒトラーの言葉。

146 **トルコにどんな問題が起こっていようと** 1997年6月13日、ラトビア外相バルディ

ス・ビルカフスとワシントンで行った共同記者会見での著者の言葉。

150　**信仰の世代** 2017年9月30日付『エコノミスト』誌 “The Decline of Turkish Schools” より引用したレジェプ・タイップ・エルドアンの言葉。

150　**聖なる道** 2017年5月21日付『フィナンシャル・タイムズ』紙 “Erdoğan Strengthens Grip with AKP Return” より引用したエルドアンの言葉。

150　**「トルコ流」…「半人前」** 国際NGOフリーダム・ハウスが2017年3月に公開した年次報告書 “Freedom in the World 2017”（https://freedomhouse.org/report/freedom-world/2017/turkey）より引用。

153　**第二の独立戦争** 2017年4月12日付『エコノミスト』誌 “Brave ‘New Turkey’: The Legacy of an Attempted Coup” より引用したエルドアンの言葉。

155　**ナチズムが死の淵からよみがえった** 2017年3月12日付『ニューヨーク・タイムズ』紙 Patrick Kingsley and Alissa J. Rubin, “Turkey's Relations with Europe Sink amid Quarrel with Netherlands” より引用したエルドアンの言葉。

155　**西側が誰かを独裁者と呼ぶとしたら** 2017年3月17日付『ワシントン・ポスト』紙 Steven A. Cook, “Five Myths About Turkey” より引用したエルドアンの言葉。

155　**ハンスやジョージの言うことはどうでもいい** 2017年7月16日付『ニューヨーク・タイムズ』紙 Patrick Kingsley, “Erdogan and Supporters Stage Rally on Anniversary of Failed Coup” より引用したエルドアンの言葉。

156　**ヒトラーを超越した野蛮さ** 2014年7月20日付『インデペンデント』紙 Jack Simpson, “Turkish Prime Minister Says Israel Is ‘More Barbaric Than Hitler’” より引用したエルドアンの言葉。

第12章　KGBから来た男

159　**ソビエトの愛国教育の純粋かつ完全な成果** Vladimir Putin, with Nataliya Gevorkyan, Natalya Timakova, and Andrei Kolesnikov, *First Person*, trans. Catherine A. Fitzpatrick（New York: PublicAffairs, 2000), 41-42頁より引用。［邦訳　ウラジーミル・プーチン他『プーチン、自らを語る』高橋則明訳、扶桑社、2000年］

162　**ロシアを締め出そうとしては** Madeleine Albright, *Madam Secretary: A Memoir*（New York: Talk/Miramax, 2003), 560頁より引用したプーチンの言葉。

165　**国際関係におけるほぼ無制限かつ過度の力** 2007年2月10日、独ミュンヘンで開かれた第43回ミュンヘン安全保障会議でのプーチンの言葉。http://www.washingtonpost.com/wp-dyn/content/article/2007/02/12/AR2007021200555.html より引用。

165-66　**私たちに民主主義はありません** 2017年6月12日付『ニューヨーク・タイムズ』紙 Neil MacFarquhar and Ivan Nechepurenko, “Across Russia, Protesters Heed Navalny's Anti- Kremlin Rallying Cry” より引用した、法学生ニキータ・オルロフの言葉。

168-69　**ブタやイノシシを狩るのをやめ** 2014年12月18日、モスクワで開いた年次記者会見でのプーチンの言葉。

169　**ウクライナが離脱した場合** James A. Baker III, *The Politics of Diplomacy* (New York: Putnam, 1995), 560頁より引用した、ロシア外相エドゥアルド・シェワルナゼの言葉。［邦訳　ジェームズ・A・ベーカーIII『シャトル外交激動の四年』仙名紀訳、新潮社、1997年］

170　**嘘は誰かから見た事実なんかじゃない** 2008年2月24日に米テレビ局HBOで放送された *The Wire*, season 5, episode 8, "Clarifications", directed by Anthony Hemingway, written by Dennis Lehane and David Simon より引用。［邦題『ザ・ワイヤー』シーズン5、第8話「解明」］

170-71　**ええ、中華料理は好きです** Albright, *Madam Secretary*, 439-40頁より引用したプーチンの言葉。

172　**ファシズムの理念は世界を征服する** Collier, *Duce!*, 114頁より引用したベニート・ムッソリーニの言葉。

第13章「私たちは私たちです」

174-75　**私たち若者には** Timothy Garton Ash, *The Magic Lantern: The Revolution of '89 Witnessed in Warsaw, Budapest, Berlin, and Prague* (New York: Vintage, 1990), 51頁より引用したオルバーン・ヴィクトルの言葉。

175　**外国人嫌いで** 2017年7月1日付『ニューヨーク・タイムズ』紙 Carol Giacomo, "A Democracy Road Trip Through Hungary" より引用。

176　**朝から晩まで** 2006年9月18日付AP通信 Pablo Gorondi, "Hungary's Prime Minister in Trouble over Leaked Recording" より引用した、ハンガリー首相ジュルチャーニ・フェレンツの言葉。

178　**マフィア国家** 2017年6月1日付『ニューヨーク・タイムズ』紙 Palko Karasz, "George Soros Accuses Viktor Orban of Turning Hungary into 'Mafia State'" より引用したジョージ・ソロスの言葉。

181　**病気と寄生虫** 2016年2月26日付『フィナンシャル・タイムズ』紙 Henry Foy, "Poland's Kingmaker" より引用したヤロスワフ・カチンスキの言葉。

181　**ブダペストをワルシャワに持って来る** 2011年10月9日、ポーランドのテレビ局TVN24が伝えたカチンスキの言葉。

182　**悪党どもめ** 2017年7月19日付『ニューヨーク・タイムズ』紙 Rick Lyman, "In Poland, an Assault on the Courts Provokes Outrage" より引用したカチンスキの言葉。

182　**ポーランド人のなかで最悪の連中** 2017年2月7日付AP通信 Monika Scislowska, "Divisive Polish Party Leader Kaczynski Pulls the Strings" より引用したカチンスキの言葉。

183　**自由な国に暮らしていないことに恐怖を覚える** 2017年7月23日付『ワシントン・ポスト』紙 Isaac Stanley-Becker, "Led by Populist Law and Justice Party, Polish Parliament Moves to Strip Supreme Court of Independence" より引用した、ジャーナリストのポーリーナ・ウィルクの言葉。

184　**各国が国家主権を基盤として**　1943年8月5日、国民解放フランス委員会（CFLN）でのジャン・モネの言葉。

185　**市民がヨーロッパ統合の取り組みから**　2016年8月19日、仏ストラスブールで開かれた欧州評議会議員会議でのジャンクロード・ユンケルの言葉。

187　**私の見方では、イスラムは外来のもの**　2017年7月22日付『フィナンシャル・タイムズ』紙 Guy Chazan, "Gauland Struggles to Tame Germany's Wayward AfD" より引用したアレクサンダー・ゴーラントの言葉。

188　**ファシズムの古典的特徴と類似する**　Paxton, *The Anatomy of Fascism*［邦訳　パクストン前掲書］185-86頁より。

189　**チェコのトランプ**　2018年1月28日付『ワシントン・ポスト』紙 Griff Witte, " 'Czech Trump' Wins Second Term as President" より引用したミロシュ・ゼマンの言葉。

189　**他の文明から到来する集団**　2016年3月15日、ハンガリーの首都ブダペストで行った国民向け演説でのオルバーンの言葉。

190　**最も効果的な説得法**　2013年5月11日付『スペクテーター』誌 Rory Sutherland, "The Hitler Guide to Rigging a Referendum" より引用したヨーゼフ・ゲッベルスの言葉。

191　**仮にラテン人に市民権を与えたとして**　Mary Beard, *SPQR: A History of Ancient Rome*（London: W.W. Norton, 2015), 237頁より引用した共和政ローマの議員の言葉。［邦訳　メアリー・ビアード『SPQR ローマ帝国史』宮﨑真紀訳、亜紀書房、2018年］

193　**私たちは私たちです**　2016年3月15日、ブダペストで行った演説でのオルバーンの言葉。

第14章「首領様は永遠に私たちと共にいらっしゃる」

207　**戦争が避けられないのであれば**　2017年10月8日付『ニューヨーク・タイムズ』紙 Nicholas Kristof, "War Drums Inside the North" より引用したムン・ヒョクミョンの言葉。

207-08　**ロケットマンが自爆任務をやっている**　2017年9月19日、国連総会演説でのドナルド・トランプの言葉。

第15章　アメリカ大統領

212　**全ヨーロッパがわれわれの味方です**　Stacy Schiff, *A Great Improvisation: Franklin, France, and the Birth of America*（New York: Henry Holt, 2005), 64頁より引用したベンジャミン・フランクリンの言葉。

212　**アメリカの問題**　Don H. Doyle, *The Cause of All Nations: An International History of the American Civil War*（New York: Basic Books, 2015), 299頁より引用したジュゼッペ・ガリバルディの言葉。

212　**奴隷制を前提とする偉大な新社会秩序**　同上10頁より引用したアドルフ・ヒトラーの言葉。

213　**数百万の先住民**　2017年3月21日付『タイム』誌 James Whitman, "Why the Nazis Loved America" より引用したヒトラーの言葉。

214　**しばしば不注意な者の耳**　1821年7月4日、アメリカ下院でのジョン・クインシー・アダムズの言葉。

214　**黙れ、ばか女め**　2017年4月29日、ペンシルベニア州ハリスバーグで開催した集会「アメリカを再び偉大にする」でのドナルド・トランプの言葉。http://transcripts.cnn.com/TRANSCRIPTS/1704/29/se.02.html より引用。

214　**見下げ果てた者らの企みに動じない平和**　1944年6月6日、ワシントンで行ったラジオ演説でのフランクリン・ルーズベルトの言葉。

215　**死体は私が供給する**　*The Duterte Manifesto* (Quezon City, Philippines: ABS-CBN Publishing, 2016), 40頁より引用したロドリゴ・ドゥテルテの言葉。

215　**信じがたい仕事**　2017年6月22日付『ワシントン・ポスト』紙 Michael Gerson, "Trump's Embrace of Strongmen Is a Very Bad Strategy" より引用したトランプの言葉。

215　**素晴らしい**　同上。

216　**こじれは解消される**　2017年5月24日付『ワシントン・ポスト』紙 Kareem Fahim, "After assurances by Trump, Bahrain mounts deadliest raid in years on opposition" より引用したトランプの言葉。

216　**悪いやつだった**　2016年7月6日、ノースカロライナ州ローリーで開いた選挙集会でのトランプの言葉。

216　**認めるべきだ**　2016年1月9日、アイオワ州オタムアで開いた選挙集会でのトランプの言葉。

216　**国内外でとても敬われている男**　2016年7月29日付 CNN 電子版、Jeremy Diamond, "Timeline: Donald Trump's Praise for Vladimir Putin" より引用したトランプの言葉。

217　**悪い、非常に悪い**　2017年5月26日付『ワシントン・ポスト』紙 Anthony Faiola, "The Germans Are 'Bad, Very Bad': Trump's Alleged Slight Generates Confusion, Backlash" より引用したトランプの言葉。

217　**そうすべき相手の横面をはたき**　2017年9月14日、ホワイトハウスで行った記者会見でのニッキー・ヘイリーの言葉。

218　**明確なメッセージ**　2017年2月28日付『ニューヨーク・タイムズ』紙 Mike Ives, "Cambodian Government Cites Trump in Threatening Foreign News Outlets" より引用した、カンボジア政府報道官パイ・シパンの言葉。

218　**アメリカ大統領が自国の**　2017年12月13日付『ニューヨーク・タイムズ』紙 "Autocrats Across the Globe Echo Trump's 'Fake News' Swipes" より引用した中国共産党機関紙・人民日報の報道。

218　**アメリカのまずさを世界に見られ**　2016年7月21日付『ニューヨーク・タイムズ』紙 David E. Sanger and Maggie Haberman, "Donald Trump on NATO, Turkey's Coup

Attempt and the World" に掲載されたインタビューでのトランプの言葉。

220 **ここ数十年、わが国は世界史上最大の** ハリスバーグで開いた集会「アメリカを再び偉大にする」〔前掲〕でのトランプの言葉。

220 **手強い連中になめられ、あざけられ** 2016年3月26日付『ニューヨーク・タイムズ』紙 David E. Sanger and Maggie Haberman, "Donald Trump Expounds on His Foreign Policy Views" に掲載されたインタビューでのトランプの言葉。

222 **貿易、税金、移民、外交に関するあらゆる決定は今後** 2017年1月20日、ワシントンで行った大統領就任演説でのトランプの言葉。

222 **私はつねにアメリカを第一に置く** 2017年9月19日、ニューヨークで行った国連総会演説でのトランプの言葉。

222 **世界は『地球共同体』ではなく** 2017年5月30日付『ウォール・ストリート・ジャーナル』紙 H. R. McMaster and Gary Cohn, "America First Doesn't Mean America Alone" より引用。

225 **それで、私はポーランドに** 2017年7月19日付『ニューヨーク・タイムズ』紙 Peter Baker, Michael S. Schmidt, and Maggie Haberman, "Excerpts from the Times's Interview with Trump" に掲載されたインタビューでのトランプの言葉。

225 **重要なのは私だけだ** 2017年11月2日、米テレビ局 FOX ニュースの *The Ingraham Angle* に出演し、ローラ・イングラハムのインタビューを受けた際のトランプの言葉。

225 **私は非常に直観的な人間だが** 2017年3月23日、『タイム』誌のマイケル・シェーラーと行ったインタビューでのトランプの言葉。

225 **非常に安定した天才** 2018年1月7日付『ワシントン・ポスト』紙 David Nakamura and Karen Tumulty, "Trump Defends Fitness for Office" より引用したトランプの言葉。

226 **ある程度終わっている** 2017年5月28日付『インデペンデント』紙 Samuel Osborne, "Angela Merkel Says Germany Can No Longer Rely on Donald Trump's America" より引用したアンゲラ・メルケルの言葉。

229 **警察の脅しによる恐怖だけでなく** 2016年11月20日付『ラ・ヴォーチェ・ディ・ニューヨーク』紙 Stanislao Pugliese, "A Specter Haunting America: Trump and Italian Fascism" より引用したプリーモ・レーヴィの言葉。

第16章　悪　夢

231 **新世界の富を集めた高慢な億万長者たち** James B. Weaver, *A Call to Action* (Des Moines: Iowa Printing Co., 1892), 6頁より引用。

231 **誰もが王である** 1934年2月23日、国民向けラジオ演説 "Share Our Wealth" でのヒューイ・ロングの言葉。

232 **頭でっかちの大学教授** 1998年9月15日付『ワシントン・ポスト』紙 Ken Ringle, "The Enduring Symbol of an Era of Hate" より引用したジョージ・ウォレスの言葉。

232 **私はファシストを殺していた** Federico Finchelstein, *From Fascism to Populism in History* (Berkeley: University of California Press, 2017), 221頁より引用したウォレスの

言葉。

232 **大きなすすり音** 1992年10月15日、バージニア州リッチモンドで行われた第2回大統領選挙討論会でのロス・ペローの言葉。

232 **ゲッベルスも羨んだであろう** ブログ *Jeff Noonan: Interventions and Evocations*（www.jeffnoonan.org）の投稿記事“Lessons from History IV: Right Wing Populism in America: Too Close for Comfort”より引用したペローの言葉。

236-37 **このプロセスは、内部で暮らしていても** Milton Mayer, *They Thought They Were Free: The Germans, 1933-45* (Chicago: University of Chicago Press, 1981), 166-73頁より引用したドイツ国民の言葉。［邦訳 ミルトン・マイヤー『彼らは自由だと思っていた――元ナチ党員十人の思想と行動』田中浩、金井和子訳、未來社、1983年］

242 **いま、左派と右派の最も優れたところを**〈アメリカの黒シャツ隊（American Blackshirts)〉ウェブサイトの団体紹介ページ（https://www.americanblackshirts.com/about）より引用。

第17章 問うべきこと

247 **怪物と戦う者は誰であれ** Friedrich Nietzsche, *Beyond Good and Evil*, trans. R. J. Hollingdale (London: Penguin, 1973； first published 1886), 102頁より引用。［邦訳 ニーチェ『善悪の彼岸』木場深定訳、岩波書店、1970年］

249 **私たちを導き、私たちの先頭に進み出て** 1 Samuel 8：20（New International Version)（旧約聖書サムエル記上8章20節）より引用。

250 **何が私を現在の地位に押し上げたのか** Bullock, *Hitler*, 381頁より引用したアドルフ・ヒトラーの言葉。

251 **私たちは心の底で知っています** 2017年10月19日、ジョージ・W・ブッシュ・インスティテュートがニューヨークのリンカーンセンターで開催した「自由、自由市場、安全保障に関する全米フォーラム」でのブッシュの発言。

257 **優柔不断かつ無能** 2013年6月『アトランティック』誌 Mark Bowden, “‘Idiot,’ ‘Yahoo,’ ‘Original Gorilla’: How Lincoln Was Dissed in His Day”より引用。共和党上院議員のザカリア・チャンドラー（ミシガン州)、ウィリアム・フェッセンデン（メイン州）と、大統領選挙人のウィリアム・M・ディクソン（オハイオ州）の言葉。

258 **私はこれから故郷の村クヌに腰を落ち着け** 1998年9月21日、国連総会演説でのネルソン・マンデラの言葉。

260 **群衆は何も知らなくていい** Smith, *Mussolini*, 126頁より引用したベニート・ムッソリーニの言葉。